Dollinger · Ganztagsschule neu gestalten

Silvia Dollinger

Ganztagsschule neu gestalten

Bausteine für die Schulpraxis

Dr. Silvia Dollinger, geboren 1979, ist Professorin für Pädagogik in der Sozialen Arbeit im Studiengang Bildung und Erziehung im Kindesalter an der Katholischen Stiftungsfachhochschule München. Von 2005 bis 2012 war sie als Ganztagsschulkoordinatorin in der Schulberatung tätig und arbeitete u. a. am Qualitätsrahmen für Ganztagsschulen in Bayern mit. Von 2009 bis 2011 war sie Lehrerin und Konrektorin einer gebundenen Ganztagsgrundschule, ferner wirkte sie im INTERREG-Forschungsprojekt »Bewegter Ganztag« mit und promovierte über Gelingensfaktoren der Ganztagsschulimplementierung im Bundesland Bayern.
Im Beltz Verlag erschien 2012 ihr Buch »127 Tipps für die Ganztagsschule«.

Dieses Buch ist auch als E-Book erhältlich (ISBN: 978-3-407-29293-3).

Das Werk und seine Teile sind urheberrechtlich geschützt.
Jede Nutzung in anderen als den gesetzlich zugelassenen Fällen
bedarf der vorherigen schriftlichen Einwilligung des Verlages.
Hinweis zu § 52a UrhG: Weder das Werk noch seine Teile dürfen
ohne eine solche Einwilligung eingescannt und in ein Netzwerk
eingestellt werden. Dies gilt auch für Intranets von Schulen
und sonstigen Bildungseinrichtungen.

Lektorat: Dr. Erik Zyber

© 2014 Beltz Verlag · Weinheim und Basel
www.beltz.de
Herstellung und Satz: Lore Amann
Druck: Beltz Bad Langensalza GmbH., Bad Langensalza
Umschlaggestaltung: Sarah Veith
Umschlagabbildung: iStock
Printed in Germany

ISBN 978-3-407-25530-3

Inhaltsverzeichnis

Vorwort 9
Einführende Bemerkungen 10

Teil I: Theoretische Grundlagen der Ganztagsschule

1. Historie, Begründung und Zielsetzung von Ganztagsschule 14
    1.1   Ein kleiner Blick in die Vergangenheit 14
    1.2   Warum überhaupt Ganztagsschule? Ausgewählte
           Begründungsansätze für ihre Einführung 17
    1.3   Ziele und Merkmale von Ganztagsschule 19

2. Formen und Modelle von Ganztagsschule 22
    2.1   Begriffs- und Modellvielfalt der Ganztagsschule 22
           2.1.1 Additive Modelle 22
           2.1.2 Integrierte Modelle 23
    2.2   Begriffsbestimmung und Definitionsansätze 23
           2.2.1 Ältere Definitionsansätze für ganztägige Organisationsformen 23
           2.2.2 Aktuelle Definitionen der »modernen« Ganztagsschule 24
    2.3   Konkretisierung der Modelle von Ganztagsschule 25
           2.3.1 (Voll) Gebundene Ganztagsschule 27
           2.3.2 Teilweise gebundene Ganztagsschule 29
           2.3.3 Offene Ganztagsschule 30

Teil II: Ganztagsschule von A bis Z: Das pädagogisch-organisatorische
*   Konzept*

1. Strukturell-organisatorische Rahmenbedingungen der Ganztagsschule .. 35
    1.1   Personal 35
           1.1.1 Erweiterte Personalstruktur an Ganztagsschulen 35
           1.1.2 Lehrkräfte 36
           1.1.3 Externe bzw. außerschulische Kräfte 37

1.2	Raum- und Sachausstattung	39
	1.2.1 Ganztagsschule als Lern- und Lebensraum	39
	1.2.2 Ideen und Anregungen für pädagogisch-organisatorische Raumlösungen	40
1.3	Finanzmittel	43
	1.3.1 Finanzierung	43
	1.3.2 Öffentlichkeitsarbeit und Fundraising	45
1.4	Zeitstruktur und Zeitrahmen	47
1.5	Unterstützungssysteme	48

2. Pädagogische Gestaltungs- und Zieldimension 51

2.1	Bildungs- und Erziehungsauftrag	51
2.2	Rhythmisierung	52
	2.2.1 Vom Takt zur Rhythmisierung	52
	2.2.2 Äußere und innere Rhythmisierung	53
	2.2.3 Exemplarische Rhythmisierung eines Schultages	54
2.3	Freizeitgestaltung und Freizeitpädagogik	58
	2.3.1 Gebundene Freizeit	58
	2.3.2 Ungebundene Freizeit	59
2.4	Musisch-ästhetische Bildung und Erziehung	61
2.5	Gesundheitsförderung und Gesundheitserziehung	62
2.6	Mittagsverpflegung und Mittagszeit	64
	2.6.1 Mittags- und Tagesverpflegung	64
	2.6.2 Mittagspause und Mittagszeit	65
2.7	Medienerziehung	66
2.8	Soziales Lernen	68
2.9	Umgang mit Heterogenität	70
2.10	Kompetenzorientierung in der Ganztagsschule	72
2.11	Lehren und Lernen	73
	2.11.1 Lehr- und Lernkultur	73
	2.11.2 Individuelle Förderung und Differenzierung	74
	2.11.3 Offene Unterrichtsformen	76
	2.11.4 Hausaufgaben in der Ganztagsschule: Wie Hausaufgaben zu Schulaufgaben werden können	77
	2.11.5 Jahrgangsübergreifendes Lernen im Ganztag	80
2.12	Ganztagsschule und Schulleistung	81
	2.12.1 Wirkungsdimension von Ganztagsschule	81
	2.12.2. Lernerfolgsmessungen in einem ganztägigen Bildungs-Setting	83
2.13	Schulleben und Schulkultur	85

2.14 Schülerinnen und Schüler in der Ganztagsschule 87
    2.14.1 Der Beitrag der Ganztagsschule zur Chancengerechtigkeit 88
    2.14.2 Schülerstruktur in der Ganztagsklasse: die Frage nach der
           Auswahl 89
2.15 Lehrkraft in der Ganztagsschule 91
    2.15.1 Neue »Rolle« Ganztagslehrkraft 91
    2.15.2 Professionelle Kompetenz im (Ganztags-)Lehrberuf 91
    2.15.3 Tandemlehrkräfte und Team-Teaching 92
    2.15.4 Arbeitszeit und Arbeitsbelastung 92
    2.15.5 Vertretung in der Ganztagsklasse 93
2.16 Kooperation und Teamarbeit 94
    2.16.1 Kooperation auf institutioneller Ebene 94
    2.16.2 Kooperation auf personaler Ebene 96
2.17 Partizipation und Demokratie in der Ganztagsschule 98
    2.17.1 »Citizenship learning« 98
    2.17.2 Gründe und Möglichkeiten der Partizipation 100
2.18 Öffnung von Schule 103
2.19 Elternarbeit und Elternpartizipation in der Ganztagsschule 105
2.20 Jugendhilfe und Ganztagsschule 109

Teil III: Schul- und Qualitätsentwicklung an Ganztagsschulen

1. Schulprofil und Corporate Identity an Ganztagsschulen **114**

2. Schlüsselposition der Schulleitung **115**

3. Steuergruppenarbeit als wertvolles Instrumentarium zur Schul- und
   Qualitätsentwicklung **118**
   3.1 Verteilte Führung und Kooperation durch Steuergruppen 118
   3.2 Steuergruppe Ganztag 119

4. Phasen, Herausforderungen und Schlüsselfaktoren der Schul- und
   Qualitätsentwicklung an Ganztagsschulen **121**
   4.1 Ganztagsschule als Schulentwicklungsprozess 123
   4.2 Phasen der Ganztagsschulentwicklung im Zeitverlauf 123
   4.3 Schlüsselfaktoren für die Implementierung einer Ganztagsschule 128
   4.4 Ganztagsschule = »bessere« Schule? – Ausgewählte Fragen der Qualitäts-
       entwicklung an Ganztagsschulen 132

Teil IV: Porträt der Grundschule Künzing-Gergweis

1. Kontextdimension der Grundschule Künzing-Gergweis 136
2. Raumdimension 137
3. Personaldimension 139
4. Zeitdimension 141
5. Konzeptionelle Gestaltungs- und Zieldimension 142
6. Zusammenschau 144

Fazit und Perspektive – von der Ganztagsschule zur Ganztagsbildung 146

Teil V: Serviceteil

Links und Kontakte 150
Grundlagenliteratur zur ersten Orientierung 151
Literatur 152

Vorwort

An dieser Stelle möchte ich einigen Menschen und Einrichtungen danken, die mich bei der Erstellung des vorliegenden Bandes unterstützt und zu dessen Entstehen förderlich beigetragen haben.

Das Thema »Ganztagsschule« beschäftigt mich bereits seit 2003 in Forschung und Lehre, in unterstützender Funktion auf der Ebene der Schulverwaltung, aber auch in der praktischen Umsetzung als Lehrkraft und Konrektorin an einer gebundenen Ganztagsgrundschule. Nach der mehrjährigen empirischen Auseinandersetzung mit der Thematik und der daraus resultierenden Veröffentlichung war es mir nun ein großes Anliegen, die Konzeptarbeit von Ganztagsschulen pädagogisch zu untermauern und eine Art Praxishandbuch zu erstellen, welches sich neben der interessierten Fachwissenschaft in erster Linie an die Schulpraxis, hier besonders die Schulleitungen, Lehrkräfte und pädagogischen Fachkräfte sowie alle an Ganztagsschule Interessierten richtet.

Mein besonderer Dank gilt dabei allen Ganztagsschulen, mit denen ich in den zurückliegenden Jahren kooperieren durfte und die mir im Rahmen einer Vielzahl von Schulbegleitungsprojekten Einblick in ihre Schulentwicklung hin zur Ganztagsschule gewährten. Mein ausdrückliches Dankeschön gebührt der Grundschule Künzing-Gergweis, stellvertretend sei hier Frau Rektorin Weller genannt, die es mir ermöglichte, ihre Schule im vorliegenden Band darzustellen. In Form eines kurzen Schulporträts stelle ich Ihnen, liebe Leser, ein übersichtliches und anschauliches Umsetzungsbeispiel von Ganztagsschule exemplarisch vor.

Mein weiterer Dank gilt allen Menschen, mit denen ich immer wieder zahlreiche Gespräche, aber auch kontroverse Diskussionen zur Thematik »Ganztagsschule« führte und führe – gerade dieser fachliche, zuweilen auch kritisch-konstruktive Austausch half mir, den vorliegenden Band zielgruppengerecht für die Schulpraxis zu gestalten.

Schließlich danke ich meiner Familie, welche stets hinter meinem beruflichen Engagement steht, besonders meinem Ehemann, der seit vielen Jahren Verständnis für meine leidenschaftliche Arbeit zum Thema »Ganztagsschule« hat und gerade im Anschluss an meine berufsbegleitende Dissertation oft auf mich verzichten musste. Allen Beteiligten sei an dieser Stelle nochmal sehr herzlich für ihre aufgeschlossene Mitwirkung und Unterstützung gedankt.

Einführende Bemerkungen

Liebe Leserinnen, lieber Leser,

ein fortschreitender gesellschaftlicher Wandel und neue Anforderungen an Bildung und Erziehung führen dazu, dass Schule nicht mehr nur die Aufgabe hat, Schülerinnen und Schüler in ihrer individuellen Entwicklung zu fördern, sondern immer mehr auch Familien in ihrer Erziehungsarbeit zu unterstützen und kompensatorisch zu wirken. Um den ansteigenden Ansprüchen und Erwartungen nach Bildung, Betreuung und Erziehung in der Schule Rechnung zu tragen, entschließen sich immer mehr Schulen, sich zu einer Ganztagsschule zu entwickeln und dadurch ein ganzheitliches Bildungs-, Betreuungs- und Erziehungsangebot zu offerieren – nur so kann unser Bildungssystem im internationalen Vergleich anschlussfähig werden und einen Beitrag zur Reduktion sozialer Selektivität leisten.

Nachdem ich 2012 mein erstes Buch zum Thema Ganztagsschule publizieren durfte, habe ich mich über die zahlreichen Rückmeldungen und Reaktionen sehr gefreut. Dieses Buch »Gute (Ganztags-)Schule? Die Frage nach Gelingensfaktoren für die Implementierung von Ganztagsschule« (Dollinger 2012) beruhte auf einer qualitativen Studie, welche sich insbesondere mit den Schulentwicklungsprozessen sowohl auf der Strukturebene als auch auf der Einzelschulebene im Bundesland Bayern auseinandersetzte. Diese empirische Arbeit brachte nicht nur ausgewählte Schlüsselfaktoren für die Implementierung von Ganztagsschulen hervor, sondern darauf basierend auch Handlungsempfehlungen an die Fachwissenschaft, bildungspolitische Entscheidungsträger, die Schulaufsicht und Schulverwaltung, besonders aber auch Schulleitungen und Lehrkräfte, welche in Ganztagsschulen tätig sind oder sich auf den Weg zur Ganztagsschule machen (Dollinger 2012). Es folgte schließlich auf Anregung des Beltz Verlags ein knapper, aber konkreter Praxisband »127 Tipps für die Ganztagsschule«, der sich besonders an die Schulpraxis richtet und vor allem Schulleitungen und Lehrkräften, aber auch Studierenden basales Grundlagenwissen zur Ganztagsschule zu vermitteln versucht (Dollinger 2013). Da es sich dabei aber lediglich um ganz konkrete Tipps und Hinweise handelt, blieben viele Fragen aufgrund des Formats offen. Sie haben mich ermutigt, rasch nachzulegen und einen weiteren, umfassenderen Band mit Praxischarakter herauszubringen. Dies ist nur folgerichtig, schließlich behandelt das Buch »Gute (Ganztags-)Schule?« vor allem die systemische und schultheoretische Ebene, was mit der Forderung nach einer pädagogischen Untermauerung und Qualitätsentwicklung der Ganztagsschulentwicklung einhergeht, während das Buch »127 Tipps für die Ganztagschule« die Schlüsselfaktoren für die Schulpraxis konkretisiert. Demgegenüber setzt dieser Band den Schwerpunkt auf die pädagogisch-organisatorische Gesamtkonzeption von Ganztagsschule, welcher der Schulpraxis eine erste Orientierung bei der Schulentwicklung hin zur Ganztagsschule liefern soll.

Teil 1 des Buches informiert über die theoretischen Grundlagen der Ganztagsschule. Das erste Kapitel setzt den Fokus auf einige ausgewählte Begründungsansätze für ihre Einführung sowie auf Merkmale und Zielsetzungen. Schließlich sollen die einzelnen Modelle von Ganztagsschule näher beleuchtet, aber auch Definitionsansätze geliefert werden.

Teil 2 des Buches wendet sich unter dem Stichwort »Ganztagsschule von A bis Z« ausgewählten konzeptionellen Merkmalen von Ganztagsschule zu. Die Strukturierung erfolgt dabei anhand pädagogisch-organisatorischer Dimensionen von Ganztagsschule (Dollinger 2012), wobei das Ganztagskonzept im Mittelpunkt steht. Die Ausführungen setzen sich mit Aspekten der strukturell-organisatorischen Rahmenbedingungen innerhalb der Kontextdimension (z. B. Personal, Raum- und Sachausstattung, Finanzierung, Zeitstruktur, Unterstützungssysteme) auseinander sowie ausgewählten Elementen der pädagogischen Gestaltungs- und Zieldimension (z. B. erweiterter Bildungs- und Erziehungsauftrag, Rhythmisierung, Freizeitpädagogik, Mittagsverpflegung, Umgang mit Heterogenität, Lehr- und Lernkultur, Partizipation). In Form von Praxisempfehlungen versuche ich im Anschluss an alle theoretisch untermauerten Kapitel des Teils »Ganztagsschule von A bis Z«, konkrete Tipps und Hinweise für die praktische Umsetzung zu geben.

Teil 3 des Buches setzt den Fokus auf den Schulentwicklungsprozess hin zur Ganztagsschule und versucht die Entwicklungsschritte vom theoretischen Konzept zur praktischen Umsetzung aufzuzeigen. Welche Herausforderungen kommen dabei auf die Einzelschule zu? Welche Faktoren erweisen sich als günstig für die Einführung, welche eher als hemmend? Neben ausgewählten Aspekten der Ganztagsschulentwicklung setzt sich Teil 3 auch mit der Schlüsselposition der Schulleitung, Möglichkeiten der verteilten Führung durch Steuergruppenarbeit sowie der Schulprofilarbeit auseinander.

Teil 4 vollzieht schließlich die praktische Wende, indem exemplarisch das Ganztagskonzept einer ausgewählten gebundenen Ganztagsschule in Form eines kurzen Schulporträts dargestellt wird. Dies soll dem Leser zum einen ein Beispiel geben, wie Ganztagsschule gestaltet werden kann, welche Kooperationen möglich sind und wie Jahrgangsmischung und Umgang mit Heterogenität in ganztägigen Schulkonzepten umgesetzt werden können. Zum anderen soll das Kurzporträt die dargestellten theoretischen Grundlagen praktisch veranschaulichen und der Leserschaft Anregungen geben.

Teil 5 liefert eine knappe Zusammenschau des vorliegenden Bandes und versucht gleichzeitig, Perspektiven für die Ganztagsschulentwicklung aufzuzeigen: von dem Erfordernis einer Qualitätsentwicklung und des weiteren Ausbaus bis hin zu der Forderung nach Ganztagsbildung.

Teil 6 versteht sich abschließend als Serviceteil, welcher neben ausgewählten Links hilfreiche Literaturhinweise und Materialien zur Vertiefung und Anwendung anbietet.

Ich wünsche Ihnen abschließend viel Freude beim Lesen, insbesondere aber alles Gute für den von Ihnen eingeschlagenen Weg hin zur Ganztagsschule. Ganztagsschule muss keinesfalls die »bessere« Schule sein. Sie kann jedoch bei guter Qualität für unsere Kinder und Jugendlichen vielfältige und ganzheitliche Bildungsangebote bereitstellen, die Familien in ihrer Bildungs- und Erziehungsarbeit unterstützen, und sie kann mittels des kompensatorischen Ansatzes einen bedeutsamen Beitrag für mehr Bildungsgerechtigkeit und damit für das Ankommen in der Mitte unserer Gesellschaft leisten.

Silvia Dollinger

Teil I:

Theoretische Grundlagen der Ganztagsschule

1. Historie, Begründung und Zielsetzung von Ganztagsschule

1.1 Ein kleiner Blick in die Vergangenheit

Vergleicht man die Ganztagsschulentwicklung in Deutschland mit der anderer Länder, so lässt sich zwar konstatieren, dass Deutschland über kein historisch gewachsenes Ganztagsschulsystem verfügt (wie z. B. die angelsächsischen Länder oder Frankreich), sich aber durchaus eine historische Traditionslinie ausmachen lässt. So kann man die historische Entwicklung fast hundert Jahre zurückverfolgen, worüber insbesondere Ludwig eine aussagekräftige Zusammenschau liefert (Ludwig 1993a; Ludwig 1993b; Holtappels 1994; Ladenthin/Rekus 2005b). Ludwig differenziert die Entwicklung der Ganztagsschule dabei in eine traditionelle und moderne Ganztagsschule (Ludwig 2005, S. 261), woran sich auch die folgende Differenzierung orientiert. Zwar ist für die aktuellen Entwicklungen vor allem die neue oder moderne Ganztagsschule bedeutsam, dennoch soll auch ein Blick auf die historische Genese geworfen werden. Im Folgenden werden nur einige ausgewählte Stationen der Ganztagsschule genannt, welche die Ganztagsschulentwicklung bis in die Gegenwart in besonderer Weise beeinflussen.

Bereits im Jahr 1802 erfolgt mit der Einführung der allgemeinen Schulpflicht für Kinder vom sechsten bis zum vollendeten zwölften Lebensjahr die Aufteilung des Schultages in einen Vormittags- und Nachmittagsblock, in der Regel von acht bis zwölf Uhr und – nach einer daheim verbrachten Mittagspause – von 14 bis 16 Uhr (Ludwig 1993a; Ludwig 2008, S. 518). Zwar handelte es sich hier schon um eine gewisse Form von Ganztagsschule, doch beschränkte sich diese insbesondere auf die organisatorische Tatsache, dass sich die Kinder eben den ganzen Tag in der Schule aufhielten. Eine pädagogische Gesamtkonzeption ließ dieses Modell hingegen vermissen – es war primär von organisatorischen und lebensweltlichen Erfordernissen und Zwängen geprägt. Ende des 19. Jahrhunderts entwickelte sich schließlich die auf den Vormittag beschränkte Halbtagsschule (Radisch/Klieme 2003, S. 19 ff.; Ludwig 2003, S. 28 ff.). Ihr Ende fand die traditionelle Ganztagsschule mit der Einführung der allgemeinen Schulpflicht im Jahr 1919. Der Unterricht war nun grundsätzlich auf den Vormittag beschränkt, um den Kindern und Jugendlichen die Mithilfe in den heimischen Betrieben und Haushalten der Eltern zu ermöglichen (Burk 2006, S. 11). Aber auch organisatorische Gründe wie zu kleine Klassenräume oder zu wenig Lehrkräfte lassen sich als Ursachen für die Halbtagsschule ausmachen. Zwar blieb im höheren Schulwesen die Aufteilung des Vor- und Nachmittagsunterrichts noch längere Zeit bestehen, im Gegensatz zu angelsächsischen Ländern setzte sich schließlich aber auch hier ab 1920 die Kehrtwende hin zur Halbtagsschule durch (Holtkemper 1967, S. 3 f.).

Gerade die Reformpädagogik forderte jedoch, den »mechanisierten Frontalunterricht« mit neuartigen pädagogischen Konzepten zu überwinden (Zickgraf 2006) und eine ganztägige und ganzheitliche Bildung der Kinder anzustreben. Dieser Intention folgten die Landerziehungsheime von Hermann Lietz, die Jena-Plan-Schulen von Peter Petersen, die Erziehungsschule von Ernst Kapff oder die Waldschule von Baginsky, um nur einige Beispiele dieser Zeit exemplarisch zu nennen. Gerade die Landerziehungsheime können aufgrund ihrer pädagogischen Ausrichtung als Wegbereiter der Ganztagsschule gesehen werden. Ludwig charakterisiert den Weg hin zur »modernen« Ganztagsschule insbesondere durch die Weiterentwicklung der Konzeption einer bloßen Unterrichtsschule zur Erziehungsschule, wie sich dies insbesondere in Zeiten der Reformpädagogik entwickelt hat. So wurde in den Landerziehungsheimen nach Hermann Lietz (1869–1919) versucht, Unterricht nach der Leitidee der Erziehung in Form eines rhythmisierten Tagesablaufs zu verwirklichen (Ludwig 2005, S. 263). In den Folgejahren bis 1945 entwickelten ausgewählte Reformpädagogen Schulen von einer Unterrichtsstätte zu einem Lebensraum weiter; als Beispiele wären hier die Odenwaldschule von Paul Geheeb oder die Jena-Plan-Schule nach Peter Petersen zu nennen (Burk 2006, S. 12), aber auch die Erziehungsschule von Kapff, die eher als »Halbinternat« zu bezeichnen war. Dennoch blieb die Reformpädagogik nach Ludwig ohne nachhaltigen Einfluss auf die moderne Ganztagsschulentwicklung, da sie immer nur sehr wenige Schülerinnen und Schüler mit ihren Angeboten erreichte (Ludwig 2008, S. 518).

Die Fortentwicklung nach 1945 ist dabei untrennbar mit der ideologischen Auseinandersetzung um familiale und staatliche Erziehung verbunden. Während sich in der ehemaligen DDR, also den heutigen neuen Bundesländern, bereits frühzeitig ein Netz schulischer und außerschulischer Betreuungseinrichtungen etablierte, welches bis heute nachwirkt, ließ sich in der Bundesrepublik der 1950er Jahre ein eher tradiertes Rollenverständnis und Familienbild beobachten (Burk 2006, S. 12). 1955 folgte schließlich mit der Gründung des Ganztagsschulverbandes, der »Gemeinnützigen Gesellschaft Tagesheimschule«, ein weiterer Meilenstein der Ganztagsschulentwicklung, zumal sich im Folgejahr bereits die ersten beiden Ganztagsschulen als Tagesheimschulen gründeten. Von 1965 bis circa 1975 brachte die sozialwissenschaftliche und sozialpolitisch orientierte Bildungsreform neuen Auftrieb in die Ganztagsschulentwicklung, insbesondere die Empfehlungen des deutschen Bildungsrates aus dem Jahr 1968, die eindeutig die Etablierung von Ganztagsschulen forderten und dadurch als eine Art Schlüsseldokument bezeichnet werden können. 1973 forderte der Bildungsgesamtplan einen starken Ausbau der Ganztagsschulen, ebenso formulierte die Bund-Länder-Kommission Ziele für den weiteren Ausbau. Ende der 1980er Jahre zeigte sich schließlich eine Neubelebung der Diskussion um ganztägige Beschulungsformen (Ludwig 2005, S. 272), in deren Folge sich eine Reihe von Modellvorhaben und Organisationsformen als Vorläufer der heutigen modernen Ganztagsschule entwickelten. Den maßgeblichen Impuls für den bis in die Gegenwart fortschreitenden Ausbau von Ganztagsschulen setzte das von der damaligen Bundesregierung initiierte »Investitionsprogramm Zukunft Bildung und Betreuung« (IZBB). Dafür stellte die Bundesregierung vier Milliarden Euro mit einer Laufzeit von 2004 bis 2007 bereit, welche die Schaffung einer Infrastruktur in der Ganztagsschule fördern und stützen sollten (Rekus 2005, S. 280). Zielsetzung dieses Top-down-Programms war neben dem Ausbau bereits bestehender Ganztagsschulen vor allem die Schaffung zusätzlicher Angebote: Es solle die »Schaffung einer modernen Infrastruktur im Ganztagsschulbereich unterstützt« und der »Anstoß für ein bedarfsorientiertes Angebot in allen Regionen gegeben werden. […] Ziel des Programms ist es zusätzliche Ganztagsschulen zu schaffen und bestehende Ganztagsschulen qualitativ weiterzuentwickeln« (Präambel).

Mittlerweile haben sich – maßgeblich durch das »Anheizerprogramm« IZBB angestoßen – im gesamten Bundesgebiet Ganztagsschulen entwickelt, mögen diese aufgrund der Kulturhoheit der Länder auch unterschiedliche Schwerpunkte setzen, sowohl was die Varianten- und Modellvielfalt (z. B. Fokussierung einiger Bundesländer auf das offene Modell, beispielsweise Nordrhein-Westfalen im Primarbereich, oder auf das gebundene Modell, z. B. Bayern im Hauptschulbereich), die Organisation (z. B. sind in Bayern vier Anmeldetage pro Woche in der gebundenen Form verbindlich, in anderen Bundesländern und der KMK-Definition nur drei Tage) und spezifische Zielsetzung (z. B. Schwerpunkt auf der Förderung von Kindern und Jugendlichen mit Migrationshintergrund) betrifft. So hält auch Berkenmeyer den »heterogene[n] Umgang der Länder mit dem bildungspolitischen Programm ›Ganztag‹« fest (Berkenmeyer u. a. 2013, S. 136), die finanzielle Milliardenförderung im Rahmen des IZBB floss dabei jedoch vorrangig in die Förderung der offenen Ganztagsschule (Bertelsmann Stiftung 2013b).

Dennoch ist die Entwicklung der neuen Ganztagsschule immer noch nicht am Ziel angekommen. So heißt es in einer Studie der Bertelsmann Stiftung, Ganztagsschulen seien »zehn Jahre nach dem ersten Förderprogramm des Bundes noch immer Mangelware«, wobei die Nachfrage weit größer als das Angebot ist. Dabei besuchten laut der von Klaus Klemm im Auftrag der Bertelsmann Stiftung veröffentlichten Studie im Schuljahr 2011/12 30,6 Prozent, also beinahe jeder dritte Schüler, eine Form von Ganztagsschule. Es muss jedoch konstatiert werden, dass dabei »nicht einmal jeder Zweite der Ganztagsschüler […] eine Schule mit festem Nachmittagsangebot, also eine gebundene Ganztagsschule (13,7 Prozent aller Schüler)« besucht (Bertelsmann Stiftung 2013b). Betrachtet man sich die Schüleranteile an Ganztagsgrundschulen, so nahmen im Jahr 2002 lediglich 4,2 Prozent am Ganztagsbetrieb teil, im Jahr 2011 bereits 26,2, Prozent. Davon besuchten jedoch 81,9 Prozent mit einer großen Mehrheit die offene Form (KMK 2013 zitiert nach vbw 2013, S. 30).

Dabei zeigen sich große Differenzen zwischen den Bundesländern. So liegt der Ganztagsschulbesuch in Sachsen bei 80 Prozent, während in Bayern nur elf Prozent eine Ganztagsschule besuchen (Bertelsmann Stiftung 2013b). Ebenso steigt laut Bertelsmann-Studie der Wunsch der Eltern nach einer Ganztagsschule: Wünschten sich 2010 noch 63 Prozent der Eltern die Ganztagsschule für ihren Nachwuchs, so lag die Quote 2012 bereits bei 70 Prozent.

Neben dem erforderlichen quantitativen Ausbau von Ganztagsschulen über alle Schularten hinweg stellt für die nächsten Jahre aber nach wie vor auch die qualitative Weiterentwicklung eine große Herausforderung dar.

1.2 Warum überhaupt Ganztagsschule? Ausgewählte Begründungsansätze für ihre Einführung

Betrachtet man sich die vielfältigen Erwartungen, welche mit der Einführung von Ganztagsschulen verbunden sind, so entdeckt man eine Vielzahl von Zielzuschreibungen aller an Schule Beteiligten, und es lassen sich sozial- und familienpolitische, bildungspolitische, aber vor allem auch pädagogische Argumentationslinien ausmachen.

Zur Systematisierung der Begründungsmodelle für den Besuch bzw. die Einführung von Ganztagsschulen soll im Folgenden eine Orientierung an Holtappels erfolgen, der sozialisations-, bildungs- und schultheoretische Begründungskontexte differenziert (Holtappels 2009, S. 11–15):
- Ganztagsschule als Beitrag zur soziokulturellen Infrastruktur
- Ganztagsschule zur Entwicklung der sozialerzieherischen Funktion von Schule
- Ganztagsschule als Reaktion auf die gewandelten Bildungsanforderungen
- Ganztagsschule zur Entwicklung von Lernkultur und Förderung

Dieser Systematisierungsversuch macht sehr deutlich, welche vielfältigen Erwartungen mit der Ganztagsschule verbunden werden. Begreift man Ganztagsschule als Teil der soziokulturellen Infrastruktur, so steht hier die Betreuung neben den weiteren institutionellen oder auch privaten Lösungsansätzen im Vordergrund. Zwar sind »Pflege und Erziehung der Kinder das natürliche Recht der Eltern und ihnen die zuvörderst obliegende Pflicht« (Art. 6 Grundgesetz); es ist daher unbestritten, dass die Ganztagsschule in Deutschland keine familienersetzende Funktion erfüllt, sondern einzig familienergänzenden Angebotscharakter hat. Die Möglichkeit von Erziehungsberechtigten, ihre Kinder selbst zu betreuen, hängt dabei nicht nur von den gewandelten Familien- und Lebensformen ab, sondern insbesondere vom Ausmaß, der Notwendigkeit oder von dem Wunsch nach Erwerbstätigkeit eines oder beider Elternteile. Betrachtet man die steigenden Frauen- bzw. Müttererwerbstätigkeitsraten (Bellenberg 2001, S. 29; Statistisches Bundesamt 2008), so tritt auch die sozial- und arbeitsmarktpolitische Bedeutung von Ganztagsschulen zur Vereinbarung von Beruf und Familie in den Fokus. Sucht man also nach einer Antwort auf die Frage, warum Ganztagsschulen verstärkt nachgefragt werden, so kommt man schnell zu dem Schluss, dass dieses Angebot neben Horten und Angeboten der Jugendhilfe (z. B. freie Betreuungseinrichtungen, offene Jugendtreffs mit Hausaufgabenbetreuung) einen Beitrag zur sozialen Betreuungsinfrastruktur leisten muss. Die Familienunterstützung kann sowohl durch eine längere schulische Betreuungszeit am Nachmittag – egal ob in der gebundenen oder offenen Form – erfolgen, als auch besonders durch das Angebot einer Hausaufgabenbetreuung. Durch diese Bereitstellung eines verbindlichen Betreuungsangebotes für Kinder und Jugendliche über ein Schuljahr hinweg leistet die Ganztagsschule also einen gesellschaftlichen Beitrag zur besseren Vereinbarkeit von Familie und Beruf, aber auch zur lokalen Infrastruktur. 2010 führte das Institut Infratest dimap im Auftrag der Bertelsmann Stiftung folgende Umfrage durch: »Auf welche Schule würden Sie Ihr Kind am liebsten schicken? Auf eine Halbtagsschule, in der der Unterricht Mittags endet, oder auf eine Ganztagsschule, in der nach dem Unterricht ein zusätzliches freiwilliges Nachmittagsprogramm angeboten wird oder auf eine verpflichtende Ganztagsschule, in der sich den ganzen Tag über Unterricht, Ruhe- und Freizeitphasen abwechseln?« Dabei konnte sich die Halbtagsschule nur bei 34 Prozent der Befragten (n = 1 400, davon 350 Eltern) durchsetzen, alle anderen wählten eine Form der Ganztagsschule (Infratest dimap im Auftrag der Bertelsmann Stiftung 2010). 2013 haben sich diese Zahlen nochmal gesteigert, wie in den zurückliegenden Ausführungen bereits erläutert wurde.

Die Ganztagsschule muss aber aufgrund ihres erweiterten Bildungs- und Erziehungsanspruchs auch einen Beitrag zur sozialerzieherischen Funktion von Schule leisten, da sich seit jeher die Sozialisationsbedingungen und -verhältnisse, unter denen Kinder und Jugendliche aufwachsen, wandeln und zu einer Ausweitung des Erziehungsauftrags der Institution Schule führen. Dabei lassen sich unterschiedliche Prozesse ausmachen, die sich durch Veränderungs- und Auflösungserscheinungen kennzeichnen, wie zum Beispiel dem Rückgang von persönlichen Kontakten (z. B. steigende Zahl von Kindern, welche geschwisterlos aufwachsen, Individualisierungstendenzen) bei gleichzeitiger Globalisierung (z. B. globale Vernetzung über mediale Welt, steigende berufliche Mobilität) (Dollinger 2012, S. 57). Die Ganztagsschule kann dabei neben einem Lernraum auch Raum für ganzheitliche und ganztägige Bildung sein, Sozialisationsinstanz, sozialer Kontaktraum, Möglichkeit zum Rollenverständnis und Rollenerwerb, Ort sozialer Verantwortung und Teilhabe.

Nicht nur die Bedingungen des Aufwachsens sowie die Erwartungen der Arbeits- und Berufswelt an Schulabsolventen haben sich gewandelt, sondern in der Folge auch die inhaltlichen Bildungsanforderungen von Schule. Will man Kinder und Jugendliche ganzheitlich bilden und erziehen mit dem Ziel der Handlungskompetenz und Mündigkeit, so erfordert dies ein Mehr an Zeit, welche im Halbtagsschulbetrieb nicht immer ausreichend gegeben ist. Ganztagsschule bietet hier Möglichkeiten für den Erwerb von Schlüsselqualifikationen, Erfahrungsfelder sowie Gelegenheiten für Werkstatt- und Projektunterricht in erweiterten und flexiblen Lernzeiten. Neben der Förderung fachlicher und überfachlicher Kompetenzen sollen aber auch die »spezifische[n] Benachteiligungen durch mehr Chancengerechtigkeit für Schülerinnen und Schüler aus sozial und ökonomisch weniger privilegierten Elternhäusern« (vbw 2013, S. 20) ausgeglichen werden. Insbesondere dieser pädagogische Mehrwert und die damit verbundene pädagogische Chance für Chancengerechtigkeit und Schulentwicklung sollen daher im Zentrum des vorliegenden Bandes stehen.

Die Ganztagsschule kann die ihr immanenten Bildungschancen nur nutzen, wenn Kinder und Jugendliche sie überhaupt besuchen können, indem ihnen der Zugang zu diesem Angebot ermöglicht wird. Analysen im Rahmen der StEG-Studie haben gezeigt, dass die Teilnahmewahrscheinlichkeit steigt, wenn die Einzelschule flexibel auf die Nachfrage nach Ganztagsplätzen reagieren kann, eine Doppelerwerbstätigkeit der Erziehungsberechtigten gegeben ist und das Kind von alleinerziehenden Eltern stammt (StEG-Konsortium 2010, S. 11, zit. nach DKJS 2013, S. 21).

> **Empfehlungen für die praktische Umsetzung**
>
> Eruieren Sie in Ihrer Schulfamilie genau, was die spezifischen Erwartungen an »die« Ganztagsschule sind – nur so finden Sie das für Sie passende Modell!
>
> Achten Sie darauf, möglichst ein Modell zu wählen, das den Bedürfnissen Ihrer Schule (z. B. pädagogisches Profil) und den Interessen und Erfordernissen der Eltern und Kinder (z. B. Betreuungsbedarf, spezifischer Förderbedarf) entspricht, sich in die lokale Bildungslandschaft bzw. Infrastruktur einfügt (z. B. Verhältnis offene Ganztagsschule und Hort)!

1.3 Ziele und Merkmale von Ganztagsschule

Wie die vorausgehenden Ausführungen bereits zeigten, lassen sich Begründungen und Zielsetzungen für die Ganztagsschule mannigfach ausmachen. Teilweise ist sogar davor zu warnen, (Ganztags-)Schule zu überfrachten und mit zu vielen Aufgaben und Erwartungen zu versehen: Beitrag zur Chancengerechtigkeit und Entkoppelung des Schulerfolgs von der häuslichen Unterstützung, Betreuungsangebot aufgrund veränderter Familiensituationen und Müttererwerbstätigkeit und damit verbundene kurative Aufgaben, erweiterter Bildungs- und Erziehungsauftrag (z. B. Freizeiterziehung, Medienerziehung, Gesundheitsförderung, soziales Lernen, ganzheitliche Bildung) und vieles mehr – kann Schule all dies alleine überhaupt leisten? Aus diesem Grund sollen im Folgenden die mit dem Ganztagsschulausbau verbundenen Zielsetzungen fokussiert sowie eine Merkmalsbeschreibung vorgenommen werden. Ganztagsschule bietet einen erweiterten Zeitrahmen zur pädagogischen Arbeit, muss sich aber auch selbst vor unrealistischen Erwartungen schützen, um ihre eigentlichen Aufgaben zu erfüllen. Hartmut von Hentig umschreibt die zentrale Zielsetzung von Schule dabei wie folgt: »Das Hauptgeschäft der Schule bleibt: Sachen erklären, Vorstellungen ordnen, die dazu nötigen Kenntnisse und Fertigkeiten vermitteln. Die andere Aufgabe, die aus dem [...] Wandel ihrer Funktion hervorgeht – nämlich ein Lebensraum für junge Menschen zu sein, weil die Gesellschaft, wie sie ist, einen anderen für diese nicht bereithält –, kann nur deshalb an der Schule erfüllt werden, weil diese um der anderen Aufgaben willen existiert« (Hentig 1993, S. 31).

Das Bundesministerium für Bildung und Forschung formulierte bereits 2003 Kriterien, welche nicht nur für den Erhalt von Fördermitteln aus dem Programm IZBB als Maßstab dienten, sondern auch als Basis für den Ausbau von Ganztagsschulen über die Ländergrenzen hinweg verstanden werden sollten (BMBF 2003b, S. 6):

- Individuelle Förderung durch Umsetzung einer Pädagogik der Vielfalt,
- eine vom 45-Minuten-Takt gelöste, pädagogisch veränderte Unterrichts- und Lernkultur,
- soziales Lernen,
- Partizipation,
- Öffnung von Schule,
- kreative Freizeitgestaltung,
- Qualifizierung des multiprofessionellen Personals.

Aufgrund der Kulturhoheit der Länder kam es jedoch zu keinem einheitlichen Verständnis oder einer Formulierung kongruenter Qualitätsstandards. Diese wurden erst mit fortschreitender Ganztagsschulentwicklung von den Ländern selbst formuliert, was sich teilweise für die Einzelschulen als Herausforderungen zeigte, da der quantitative Ausbau vorangetrieben wurde, die konzeptionelle Ausgestaltung und Formulierung von Zielvorgaben sowie expliziter Qualitätsindikatoren aber hinterherhinkte.

Holtappels umschreibt die Ganztagsschule dabei als eine »organisierte, auf eine Mindestdauer angelegte Einrichtung, in der unabhängig vom Wandel der Lehrer und Schüler zusätzlich zu den Aufgaben einer Halbtagsschule folgende Funktionen zu erledigen sind:
- Durch individuelle Förderung wird den unterschiedlich begabten Schülern zusätzliche Förderung gewährt.
- Durch zusätzliche Angebote werden Möglichkeiten zur sinnvollen Gestaltung und Planung der Freizeit eröffnet.
- Durch verstärkte Hilfen wird in Kompensation und Ergänzung zur Familie intensivere Erziehungsarbeit geleistet« (Holtappels 2004, S. 34).

Zentrale Zielsetzung der Ganztagsschule muss es in jedem Falle sein, den Schülerinnen und Schülern mehr und ganzheitliche Bildungschancen zu offerieren und durch das erweiterte Betreuungsangebot auch eine familienunterstützende Funktion zu erfüllen. Eine gelungene und detailliertere Übersicht über die Ziele ganztägiger Schulen gibt Holtappels schließlich einige Jahre später (Holtappels 2009, S. 16):
- differenzierte Lernkultur im Unterricht entwickeln
- individuelle Förderung und Lernchancen
- Gemeinschaft, soziales und interkulturelles Lernen
- Öffnung der Schule zu Lebenswelt und Schulumwelt
- freizeit-, medien- und spielpädagogische Ziele
- Partizipation und Demokratie Lernen
- erweiterte Lerngelegenheiten für fachliches und fächerübergreifendes Lernen

Obgleich Holtappels damit eine Zusammenschau der pädagogischen Ziele und Merkmale von Ganztagsschule liefert, liegt es nach wie vor an der Profilgestaltung der Einzelschule, eigene Schwerpunkte hinsichtlich der Bedürfnisse vor Ort zu setzen, sodass

»das zarte Pflänzchen Ganztagsschule, [...] inzwischen weit verzweigte Wurzeln geschlagen und bunte Blüten entwickelt [hat, A.d.V.]« (Luise Köhler, die bis 2010 amtierende Vorsitzende der Deutschen Kinder- und Jugendstiftung in ihrer Eröffnungsrede zum 4. Ganztagsschulkongress 2007).

Betrachtet man die beschriebenen Zielsetzungen von Ganztagsschule, so erschließt sich sehr schnell, dass sich diese nicht in allen Modellen und Formen von Ganztagsschule gleich gut umsetzen lassen. Die Wandlung der Lehr- und Lernkultur sowie Angebote der individuellen Förderung innerhalb eines ganzheitlichen Bildungskonzeptes lassen sich nach Ansicht der Autorin insbesondere in der gebundenen Form umsetzen. Zwar können offene Modelle einen Beitrag dazu leisten, sehr häufig lässt sich in der Praxis jedoch eine mangelnde Verzahnung der Vormittags- und Nachmittagsangebote beobachten, was zum einen in einer fehlenden personellen Kontinuität (Lehrkräfte vorwiegend am Vormittag, externe Kräfte primär am Nachmittag tätig) wurzelt, zum anderen aber auch in der Fokussierung von Unterricht am Vormittag sowie Hausaufgaben- und Freizeitbetreuung am Nachmittag. Aktuelle Teilstudien zu Fragen der Ganztagsschulentwicklung innerhalb IGLU 2011 und TIMSS 2011 zeigen, dass nach wie vor nur 31,4 Prozent der Schulen über ein verbindliches Konzept zur Verzahnung des Unterrichts mit den zusätzlichen Angeboten verfügen, wobei dies für 50,2 Prozent der voll gebundenen Ganztagsschulen und nur 24,3 Prozent der teilweise gebundenen und offenen Ganztagsschulen Gültigkeit besitzt (vbw 2013, S. 31). Diese Ergebnisse unterstreichen erneut die Notwendigkeit einer Fokussierung auf die organisatorische, aber auch pädagogisch-konzeptionelle Verzahnung von Vormittag und Nachmittag, gerade in der offenen Ganztagsschule.

Empfehlungen für die praktische Umsetzung
→ Achten Sie auf Schwerpunkte und Zielklarheit in Ihrem Ganztagsprofil – nur so verlieren Sie sich nicht in Beliebigkeit und vermeiden eine Überfrachtung Ihres Ganztagskonzeptes!
→ Finden Sie heraus, was für Ihre Schule geeignete Schwerpunkte im Ganztagskonzept sein könnten (z. B. musikalische Erziehung, sportliche Ausrichtung) – beziehen Sie dabei auch die Ressourcen des Kollegiums sowie der näheren Umgebung sowie die Neigungen und Interessen der Schülerinnen und Schüler und Eltern ein!
→ Haben Sie immer im Bewusstsein, dass Bildungs- und Erziehungsziele nur in Kooperation und bei einer konzeptionellen Einheit von Vormittag und Nachmittag nachhaltig verfolgt werden können!
→ Klären Sie Eltern von Beginn an offen darüber auf, was Ganztagsschule leisten kann und wo ihre Grenzen liegen – dies schützt vor unrealistischen Erwartungshaltungen!

2. Formen und Modelle von Ganztagsschule

2.1 Begriffs- und Modellvielfalt der Ganztagsschule

Während der Terminus »Ganztagsschule« in vielen Ländern nicht existiert – schlichtweg weil es selbstverständlich ist, dass Schule den ganzen Tag dauert oder ganztägige Angebote für Kinder und Jugendliche offeriert (z. B. in Schweden) –, besteht bei uns eine Vielzahl von Begrifflichkeiten, welche zum Teil immer noch sehr uneinheitlich und variantenreich gebraucht werden (z. B. stellt das Modell »gebundene Ganztagsschule« in Bayern eigentlich nur eine »teilweise gebundene« Form dar) und nach wie vor eine einheitliche Statistik erschweren. Auch lassen sich regionale Unterschiede in der Begriffsdefinition und der sich dahinter verbergenden Konzeption auf Bundesebene feststellen. Die aktuell vielschichtige Diskussion um Ganztagsschule zeigt, dass es die Ganztagsschule als Konsensmodell nicht gibt.

Grundsätzlich können jedoch Ganztagsorganisationsformen in zwei grobe Richtungen eingeteilt werden, nämlich additive Modelle und integrierte Modelle. Diese sollen in den folgenden Ausführungen kurz voneinander abgegrenzt werden, bevor die einzelnen Modelle von Ganztagsschule eine Konkretisierung und Begriffsbestimmung erfahren.

2.1.1 Additive Modelle (nebeneinander)

Diese Modelle bieten ihre pädagogischen Angebote zusätzlich – also »additiv« – nach der regulären Unterrichtszeit an und werden von den Schülerinnen und Schülern (allen oder meist nur einem Teil) freiwillig in Anspruch genommen. Die Angebote zeichnen sich leider meist nur in Ansätzen durch eine konzeptionelle Verbindung von Angeboten am Vormittag, also dem regulären Unterricht, und Angeboten am Nachmittag aus.

Ein häufiges Beispiel für diese Organisationsform ist die offene Ganztagsschule mit einem Mittagessen nach der regulären Unterrichtszeit und freiwilligen, meist jahrgangsübergreifenden Angeboten (z. B. Hausaufgabenbetreuung, Freizeitangebote). Diese Form wird im weiteren Verlauf noch näher charakterisiert. Aber auch freie Modelle zur Hausaufgabenbetreuung, Nachmittagsbetreuungsangebote und Horte könnten als additive Formen bezeichnet werden, da sie zusätzliche Förder- und Betreuungsangebote im Anschluss an das reguläre Unterrichtsende bereitstellen. Additive Angebote können direkt im Schulhaus angeboten werden, aber auch im lokalen Schulumfeld.

2.1.2 Integrierte Modelle

In Abgrenzung zu den additiven Modellen sieht diese Organisationform eine möglichst enge Verzahnung des schulischen Vormittags und Nachmittags vor. Der Schultag wird integriert, ganzheitlich betrachtet und in der Folge rhythmisiert gestaltet, sodass sich Phasen von Unterricht und Freizeit, Anspannung sowie Entspannung und Erholung während des Tages abwechseln und in einem konzeptionellen Zusammenhang miteinander stehen. Daher stehen diese integrierten Angebote meist auch unter Verantwortung der Schule und finden im Schulhaus statt. Ein Beispiel für das integrierte Modell ist die gebundene Ganztagsschule, die im Mittelpunkt des vorliegenden Bandes steht und im weiteren Verlauf noch umfassend erläutert wird.

Wie die vorausgehenden Ausführungen deutlich machten, zeichnen sich die additiven Modelle vor allem durch eine Trennung von (Klassen-)Unterricht im engeren Verständnis am Vormittag und jahrgangsübergreifender Betreuung, Hausaufgabenhilfe und Freizeitangeboten am Nachmittag aus. Letztlich können diese Angebote auch als Fortsetzung der traditionellen Halbtagsschule im Anschluss an den Unterricht bezeichnet werden, welche um die genannten Elemente am Nachmittag erweitert werden und in den meisten Fällen eine konzeptionelle Verzahnung von Vormittag und Nachmittag missen lassen.

Integrierte Angebote versuchen diese mangelnde konzeptionelle Verbindung von Vor- und Nachmittag aufzuheben und durch eine organisatorisch-inhaltlich-pädagogische Verzahnung einen rhythmisierten Schultag zu gestalten, in dessen Mittelpunkt die am Lerner orientierte, ganzheitliche Förderung, Bildung und Erziehung steht.

2.2 Begriffsbestimmung und Definitionsansätze

Es finden sich nicht nur vielfältige Begriffsverwendungen und konzeptionelle Varianten für ganztägige Organisationsformen im Sprachgebrauch, unter Berücksichtigung der historischen Entwicklung lassen sich auch verschiedene, für das heutige Verständnis von Ganztagsschule jedoch immer noch bedeutsame Definitionsansätze ausmachen.

2.2.1 Ältere Definitionsansätze für ganztägige Organisationsformen im schulischen Kontext

Eine systematische und ausführliche Zusammenschau älterer Definitionsversuche findet sich bei Ludwig (1993a, S. 19 ff.), Bargel und Kuthe (1991, S. 8 ff) sowie Radisch (2009, S. 12 ff.). Einen der ersten nachhaltigen Definitionsansätze erarbeitete das UNESCO-Institut für Pädagogik in Hamburg um 1960/61. Dieser Ansatz besaß nicht nur sehr lange Zeit Gültigkeit, sondern differenzierte auch zwischen den Begrifflichkeiten der Ganztagsschule im weiteren Sinne, der offenen Schule, der Ganztagsschule im engeren Sinne und den Tagesheimschulen. Hierbei ist das Hauptdifferenzierungsmerkmal der zeitliche Umfang, in dem Schülerinnen und Schüler an den Aufenthaltsort Schule gebunden sind. Dabei wies das UNESCO-Institut aber bereits in den frühen 1960er Jahren darauf hin, dass neben den drei ausgewiesenen Modellen in der Realität auch eine Vielzahl von Mischformen existiert, die sich nicht genau in die Klassifikation einordnen lassen.

Zu Beginn des Jahres 1972 erfolgte eine Definition der Gemeinnützigen Gesellschaft Tagesheimschule, welche die Formen Ganztagsschule als Minimalform, Ganztagsschule in konsequenter Ausprägung und Ganztagsschule als Tagesheimschule differenzierte (Gemeinnützige Gesellschaft Tagesheimschule 1972, zit. nach Bargel 1991, S. 11).

Für die Weiterentwicklung zur modernen Ganztagsschule spielte ferner der Deutsche Bildungsrat, eine Bund-Länder-Kommission zum Zwecke der Bildungsplanung, eine tragende Rolle, da dieser 1968 mit den »Empfehlungen der Bildungskommission. Einrichtung von Schulversuchen mit Ganztagsschulen« ein Schlüsseldokument für die Ganztagsschulentwicklung verabschiedet hat (Deutscher Bildungsrat 1969). Nicht nur, dass sich die darin genannten Begründungen für das Erfordernis von Ganztagsschulen kaum von den heutigen unterscheiden – viele der darin aufgeführten Aspekte können auch für die aktuelle Entwicklung immer noch eine gewisse Gültigkeit in Anspruch nehmen.

2.2.2 Aktuelle Definitionen der »modernen« Ganztagsschule

Unter den ebenso vielfältigen aktuellen Definitionsversuchen stellt der am 27./28. März 2003 auf der 348. Sitzung des Schulausschusses der Ständigen Konferenz der Kultusminister der Länder der Bundesrepublik Deutschland (KMK) verabschiedete Definitionsansatz einen ersten Versuch dar, die Begrifflichkeiten auf Bundesebene zu vereinheitlichen, weshalb er als bundeseinheitlicher Minimalkonsens verstanden werden kann. Dieser Ansatz konzentriert sich jedoch auf die zentralen Organisationsmerkmale von Ganztagsschulen und weniger auf ein pädagogisches Konzept (Sekretariat der Ständigen Konferenz der Kultusminister der Länder in der Bundesrepublik Deutschland 2004, S. 4). Dabei werden Ganztagsschulen als Primar- und Sekundarschulen beschrieben, an denen »über den vormittäglichen Unterricht hinaus an mindestens drei Tagen in der Woche ein ganztägiges Angebot für Schülerinnen und Schüler bereitgestellt wird, das täglich mindestens sieben Zeitstunden umfasst, an allen Tagen des Ganztagsbetriebs den Schülerinnen und Schülern ein Mittagessen bereitgestellt wird, die nachmittäglichen Angebote unter der Aufsicht und Verantwortung der Schulleitung organisiert, in enger Kooperation mit der Schulleitung durchgeführt werden und in einem konzeptionellen Zusammenhang mit dem vormittäglichen Unterricht stehen« (Sekretariat der Ständigen Konferenz der Kultusminister der Länder in der Bundesrepublik Deutschland 2004, S. 4; Kiper 2005, S. 175).

Als zwingend zu erfüllende Merkmale lassen sich also festhalten:
- ein über den Pflichtunterricht am Vormittag hinausgehendes Angebot
- mindestens an drei Tagen der Woche
- täglich mindestens sieben Zeitstunden
- Mittagessen
- konzeptioneller Zusammenhang zwischen Vor- und Nachmittag

Zusammenfassend lässt sich die KMK-Definition sehr wohl als Minimaldefinition von Ganztagsschule beurteilen, welche den organisatorischen Rahmen von Ganztagsschule definiert und festschreibt – alle Angebote, welche zeitlich diese Anforderungen nicht erfüllen, dürfen sich in der Folge nicht Ganztagsschule nennen. Was dieser Begriffsbestimmung jedoch fehlt, ist die Erfassung der nach wie vor existierenden Vielfalt an Modellen und Zwischenformen sowie die Festschreibung der pädagogischen Ausgestaltung, wie dies spätere Definitionsversuche (z. B. Holtappels 2004) tun.

Die Ganztagsschule kann daher als Angebot verstanden werden, das in der Verantwortung der Schulleitung in Kooperation mit externen Partnern liegt und neben den traditionellen Aufgaben einer Halbtagsschule zu verlässlichen und festgeschriebenen Zeiten zusätzliche Leistungen im kurativen Bereich, im Betreuungssektor sowie vor allem im Feld eines erweiterten ganzheitlichen Bildungs- und Erziehungsauftrages (z. B. individueller Förderangebote, Freizeiterziehung, Gesundheitsförderung) erbringt und dabei familienunterstützend und kompensatorisch wirken kann sowie einen Beitrag zur Bildungsgerechtigkeit leisten soll.

2.3 Konkretisierung der Modelle von Ganztagsschule

Die KMK differenziert zwischen Ganztagsschulen in der voll gebundenen Form, Ganztagsschulen in der teilweise gebundenen Form und Ganztagsschulen in der offenen Form (Sekretariat der Ständigen Konferenz der Kultusminister der Länder in der Bundesrepublik Deutschland 2004, S. 4).

→ *Voll gebundene Ganztagsschule*
In dieser Form ist die Teilnahme am Ganztagskonzept für alle Schülerinnen und Schüler verpflichtend. Ein Halbtagsangebot, welches wahlweise besucht werden kann, besteht an dieser Schule nicht.

→ *Teilweise gebundene Ganztagsschule*
Hier verpflichtet sich nur ein Teil der Schülerschaft (z. B. einzelne Jahrgangsstufen, einzelne Klassen) zur Teilnahme am rhythmisierten Ganztagsangebot. Ebenso besteht an der Schule ein Halbtagsangebot.

→ *Offene Ganztagsschule*
Im Rahmen dieser Organisationsform hält die Schule additive Angebote im Anschluss an den regulären Vormittagsunterricht bereit, welche aber nicht von allen Schülerinnen und Schülern genutzt werden.

Neben diesen Modellen gibt es eine Reihe von Mischformen und Varianten, wobei Schulen, die weniger Lern- und Betreuungszeit anbieten, nicht als Ganztagsschulen bezeichnet werden dürfen. Abbildung 1 gibt eine Zusammenschau über die Spezifika und Merkmale der einzelnen Ausprägungsformen von Ganztagsschule.

Formen und Modelle		
additive Modelle	integrierte Modelle	
offene Ganztagsschule	teilweise gebundene Ganztagsschule	voll gebundene Ganztagsschule
Spezifika		
Angebot an mindestens drei Wochentagen	Angebot an mindestens drei Wochentagen	Angebot an mindestens drei Wochentagen
täglich mindestens sieben Zeitstunden	täglich mindestens sieben Zeitstunden	täglich mindestens sieben Zeitstunden
Mittagsverpflegung	Mittagsverpflegung	Mittagsverpflegung
Freizeitangebote	Freizeitangebote	Freizeitangebote
kaum Verzahnung von Unterricht am Vormittag und Angebot am Nachmittag	rhythmisierter Schulalltag bei enger Verzahnung von Vor- und Nachmittag	rhythmisierter Schulalltag bei enger Verzahnung von Vor- und Nachmittag
Hausaufgabenbetreuung im Anschluss an das reguläre Unterrichtsende	Hausaufgaben werden durch Integration in den Schulalltag zu Schulaufgaben	Hausaufgaben werden durch Integration in den Schulalltag zu Schulaufgaben
externes Personal und Lehrkräfte, Einsatz der Lehrkräfte konzentriert sich auf den Vormittag	externes Personal und Lehrkräfte, Einsatz der Lehrkräfte am Vor- und Nachmittag	externes Personal und Lehrkräfte, Einsatz der Lehrkräfte am Vor- und Nachmittag
zusätzliche Förder- und Neigungsangebote	zusätzliche Förder- und Neigungsangebote	zusätzliche Förder- und Neigungsangebote
Fokus primär auf der Betreuung	Fokus primär auf einer ganzheitlichen, rhythmisierten Lehr- und Lernkultur	Fokus primär auf einer ganzheitlichen, rhythmisierten Lehr- und Lernkultur
Teilnahme eines Teils der Schülerinnen und Schüler am Angebot im Anschluss an den Vormittagsunterricht auf freiwilliger Basis	Teilnahme am Ganztag für einen Teil der Schülerinnen und Schüler einer Schule verpflichtend, parallel besteht ein Halbtagsangebot	Teilnahme am Ganztag für alle Schülerinnen und Schüler der Schule verpflichtend

Abbildung 1: Zusammenschau der Formen, Modelle und Merkmale von Ganztagsschule

In den folgenden Unterpunkten sollen die drei Hauptformen der Ganztagsschule eine Konkretisierung und Erläuterung hinsichtlich Zielsetzung, Merkmalen und personeller Struktur erfahren.

2.3.1 (Voll) Gebundene Ganztagsschule

Wie bereits angesprochen, lässt sich zwischen der voll gebundenen und teilweise gebundenen Ganztagsschule differenzieren. Abgesehen von der Anzahl der teilnehmenden Schülerinnen und Schüler unterscheiden sich die konzeptionellen Schwerpunkte dieser beiden Angebote jedoch kaum, da es sich bei beiden Organisationsformen um integrierte Angebote handelt. Nach erfolgter begrifflicher Differenzierung soll im weiteren Verlauf der Einfachheit halber von offener und gebundener Ganztagsschule gesprochen werden, wobei bei der zweiten Form die teilweise gebundene Form mitgedacht ist.

Gemäß der Definition der Kultusministerkonferenz vom 27. März 2003 kann man eine Schule dann als gebundene Ganztagsschule bezeichnen, wenn die Schülerinnen und Schüler (alle oder teilweise) die Verpflichtung haben, an mindestens drei Tagen der Woche für täglich mindestens sieben Zeitstunden am Ganztagsangebot teilzunehmen (Sekretariat der Ständigen Konferenz der Kultusminister der Länder in der Bundesrepublik Deutschland 2004, S. 4).

Ziele und Merkmale der gebundenen Ganztagsschule

Eingangs soll die Beschreibung der gebundenen Ganztagsschule gemäß dem Ganztagsschulverband erläutert werden, da diese auch hilfreiche Impulse und Aussagen zur pädagogisch-konzeptionellen Umsetzung in der Praxis liefert.

In einer gebundenen Ganztagsschule wird der Pflichtunterricht auf den Vor- und Nachmittag verteilt, wobei geraten wird, »die langen Tage nicht in die herkömmlichen 45-Minuten-Stunden zu zerteilen, sondern längere Phasen (z. B. Doppelstunden) zu schaffen« (GGT e. V. o. J.). Hierbei fallen offene Unterrichtsformen und Großformen (z. B. Projektunterricht) nicht nur auf den Nachmittag, sondern die Tagesgestaltung und -organisation »erfolgt nach dem biologischen Rhythmus und/oder den Elternwünschen und/oder den unterrichtsorganisatorischen Prioritäten oder anderen pädagogischen bzw. weltanschaulichen Vorgaben« (ebd.). Das Mittagessen gestaltet sich demnach eher obligatorisch, Hausaufgaben sind konzeptioneller Bestandteil (z. B. als Hausaufgabenbetreuung in der offenen Form), wobei diese teilweise auch »in modifizierter oder substituierter Form (tägliche Übungs- und Ergänzungsphasen, daneben auch erhöhte Fachstunden oder obligatorische Arbeitsstunden)« (ebd.) Eingang in das Konzept finden können. Freizeitphasen gliedern sich sowohl in jahrgangsgemischter als auch klasseninterner Organisation in den Schultag ein, wobei »Neigungskurse,

Hobbygruppen und Arbeitsgemeinschaften […] überwiegend nachmittags in obligatorischer oder teilobligatorischer Einbindung« (ebd.) angeboten werden. Ebenso führt der Ganztagsschulverband Förderangebote auf, welche in »gesondert ausgewiesenen klassen- oder jahrgangsbezogenen Differenzierungsstunden realisiert« (ebd.) werden, ähnlich wie »modifizierte Unterrichtsfächer (z. B. Umweltkunde, Museumsunterricht) und auch deutliche Anteile reformpädagogischer Unterrichtssequenzen« (ebd.).

Ziel der gebundenen Ganztagsschule ist die Realisierung eines ganzheitlichen Bildungs- und Erziehungskonzeptes, welches die flexibilisierten Unterrichtsphasen, Lehr- und Lernprozesse rhythmisiert über den ganzen Schultag verteilt, dabei für ausreichend Phasen der Regeneration, Freizeit sowie Verpflegung sorgt.

Nur durch die ganzheitliche, rhythmisierte und integrierte Gestaltung einer Ganztagsschule können die erhofften positiven und lernförderlichen Wirkungen voll ausgeschöpft und so Beiträge zur Bildungsgerechtigkeit geleistet werden.

Personal in der gebundenen Ganztagsschule

In der gebundenen Ganztagsschule sind sowohl externe Kräfte als auch Lehrkräfte tätig. Der Schwerpunkt der gebundenen Ganztagsschule liegt im Gegensatz zur offenen Ganztagsschule eher im Einsatz von Lehrkräften oder Lehrertandems (z. B. in Formen von Team-Teaching), gerade auch am Nachmittag. Finden sich in der offenen Ganztagsschule am Nachmittag vor allem externe Kräfte, so erfordert die Realisierung von Pflichtunterricht am Nachmittag in der gebundenen Ganztagsschule die Präsenz von Lehrkräften. Dabei soll der Einsatz von Lehrkräften am Nachmittag über eine bloße Betreuung (z. B. im Rahmen der Hausaufgabenbetreuung) hinausgehen, vielmehr in Form individueller Förder- und Lernangebote oder eines über den ganzen Schultag verteilten Pflichtunterrichts erfolgen.

Mit der Berufsrolle der »Ganztagslehrkraft« und dem erweiterten Personalgeflecht setzten sich detailliert die Ausführungen zur Personaldimension im vorliegenden Band auseinander.

> **Empfehlungen für die praktische Umsetzung**
> → Richten Sie das bestehende Schulprofil auf den gebundenen Ganztag aus und nutzen Sie vorhandene Synergien!
> → Stimmen Sie Ihr Ganztagskonzept stets neu auf die lokale Schulsituation ab!
> → Gestalten Sie Ihr Ganztagskonzept dynamisch und hinterfragen Sie es immer wieder hinsichtlich Voraussetzungen, Zielsetzung und Spezifika von Lernenden, Lehrenden und Elternschaft!
> → Achten Sie darauf, wirklich einen rhythmisierten Schultag zu gestalten und nicht bei additiven Zusatzangeboten zu stagnieren!
> → Betreiben Sie gezielt Elterninformationsarbeit hinsichtlich der Verlässlichkeit des Betreuungsangebotes, aber auch der Verpflichtung zum ganztägigen Schulbesuch (keine Ausnahmen, z. B. für Reitstunde, Klavierunterricht, Arztbesuch, Geburtstag)!

2.3.2 Teilweise gebundene Ganztagsschule

Diese Form unterscheidet sich in ihrer Zielsetzung, Konzeption und Gestaltung kaum von der voll gebundenen Ganztagsschule. Auch hier wird für die teilnehmende Schülergruppe der Schultag rhythmisiert gestaltet, und es wechseln sich Phasen der Anspannung und Entspannung ab. Einziger Unterschied ist dabei, dass das Ganztagsangebot nur von einem Teil der Schülerschaft wahrgenommen wird, der in Ganztagsklassen (einzelne Ganztagsklassen, welche ganztägig geführt werden) oder Ganztagszüge (mehrere aufeinanderfolgende Jahrgangsstufen, welche ganztags geführt werden, dazu existiert jedoch ein paralleler »Halbtagszug«) zusammengefasst wird. Die Begriffsdiskussion, ob man bei dieser Form wirklich von einer Ganztagsschule sprechen kann, wird zu Recht geführt, da gerade in den ersten Jahren der Implementierung oftmals nur ein geringer Teil der Schülerschaft ein Ganztagsangebot besucht. Hinsichtlich des statistischen Vergleichs des quantitativen Ausbaus ist daher der Prozentsatz der ganztägig betreuten Schülerinnen und Schüler wesentlich aussagekräftiger als der Prozentsatz der Ganztagsschulen. Für diese im Ganztag angemeldeten Kinder ist die Teilnahme dann jedoch verpflichtend, sodass sie an mindestens drei Tagen der Woche, täglich mindestens sieben Zeitstunden das Ganztagsangebot besuchen (vgl. Definition der KMK vom 27. März 2003).

Parallel dazu besteht an der Schule weiterhin die Möglichkeit des halbtägigen Schulbesuchs, sodass Eltern in der Regel die Wahlfreiheit haben, ob ihre Kinder an diesem Schulstandort eine Ganztagsklasse oder die reguläre Halbtagsklasse besuchen. In mehrzügigen Schulen kann z.B. ein Zug als Ganztagsklasse je Jahrgangsstufe geführt werden, während die anderen Züge als Halbtagsklassen bestehen bleiben. Ebenso findet sich in der Schulpraxis, dass nur gewisse Jahrgangsstufen (z.B. 5. bis 7. Jahrgangsstufe als Eingangsstufe oder 9. und 10. Jahrgangsstufe als Abschlussklassen) in ganztägiger Form geführt werden, der Rest der Schule hingegen in Halbtagsform.

> **Empfehlungen für die praktische Umsetzung**
> → Achten Sie darauf, dass sich gerade bei der teilweise gebundenen Form Ganztagsklassen und Halbtagsklassen innerhalb der Schulgemeinschaft nicht entzweien!
> → Es empfiehlt sich hierzu beispielsweise, bestimmte Angebote, gerade im Neigungs- und Freizeitbereich, auch für Schülerinnen und Schüler aus Halbtagsklassen zu öffnen!
> → Vermeiden Sie organisatorische Überforderung und Systemüberlastung, insbesondere in der Anfangsphase Ihres Ganztagsbetriebes (z.B. durch das Anregen und Einrichten zu vieler Arbeitsgemeinschaften, die sowohl Sie als auch die Schülerinnen und Schüler organisatorisch überlasten, zu häufige Kurswechsel, Fehlplanungen in der Organisation der Mittagsverpflegung, zu wenig Freizeitphasen)!
> → Nehmen Sie die Anmeldungen für den Freizeit- und Neigungsbereich möglichst für einen längeren Zeitraum vor (z.B. ein Trimester, zu Beginn auch ein Halbjahr, unter Umständen sogar ein Schuljahr), da dies die Organisation für Sie in der Anfangsphase erleichtert und auch finanzielle Planungssicherheit bietet, den Kindern darüber hinaus ein »Einfinden« im Ganztag vereinfacht!

> → Informieren Sie Eltern gezielt über die entsprechenden Vor- und Nachteile der möglichen Ganztagsformen und Ganztagsangebote an Ihrer Schule bzw. im lokalen Schulumfeld (z. B. Hort) – nicht jede Betreuungs- und Schulorganisationsform eignet sich für jedes Kind und jede Familienkonstellation gleich!

2.3.3 Offene Ganztagsschule

Ziele und Merkmale der offenen Ganztagsschule

Gemäß Definitionsansatz der Kultusministerkonferenz ist an einer offenen Ganztagsschule »ein Aufenthalt verbunden mit einem Bildungs- und Betreuungsangebot in der Schule an mindestens drei Wochentagen von täglich mindestens sieben Zeitstunden« (Definition der KMK vom 27. März 2003) für die Schülerinnen und Schüler auf freiwilliger Basis möglich. Dabei ist die Teilnahme jedoch für mindestens ein Schulhalbjahr, in den meisten Ländern für ein Schuljahr, verbindlich in Form eines Aufnahmevertrages zu erklären. Dies ist sowohl aus Gründen der Finanz- und Personalplanung (z. B. Jahresverträge für zusätzlich angestelltes externes Personal) als auch aus Gründen der Organisationsplanung (z. B. Gruppenbildung für Hausaufgaben- und Freizeitangebote) erforderlich.

Der Vormittagsunterricht findet in einer offenen Ganztagsschule ganz regulär im Klassenverbund, zusammen mit Schülerinnen und Schülern der Halbtagsschule, statt. Im Anschluss daran bietet die Schule ein Mittagessen, Hausaufgabenbetreuung und Freizeitangebote sowie Arbeitsgemeinschaften, wobei diese Angebote nur von denjenigen Schülerinnen und Schülern genutzt werden können, die sich für die offene Ganztagsschule zu Schuljahresbeginn angemeldet haben. Die übrige Schülerschaft geht nach dem Unterrichtsende heim und erledigt dort ihre Hausaufgaben. Da nur ein Teil der Schülerinnen und Schüler aus verschiedenen Klassen das Ganztagsangebot besucht, hat dies zur Folge, dass die offene Ganztagsschule meist in jahrgangsübergreifenden Gruppen organisiert ist. Besuchen sehr viele Schülerinnen und Schüler eine offene Ganztagsschule, so ermöglicht dies die Bildung von altersorientierten Gruppen (z. B. Sechs- bis Zehnjährige, 11- bis 14-Jährige, 15- bis 17-Jährige), je nach konzeptioneller Gestaltung und Erfordernis. Dies bleibt jedoch der einzelnen Einrichtung selbst überlassen – an dieser Stelle kann auch die Ausschöpfung lernförderlicher Effekte in jahrgangsgemischten Gruppen, gerade im Bereich des sozialen Lernens, die Gruppenbildung beeinflussen.

Die Ziele der offenen Ganztagsschule unterscheiden sich auf pädagogisch-theoretischer Ebene in der Literatur grundsätzlich nicht allzu stark von denjenigen der gebundenen Ganztagsschule, wobei in der Praxis der Schwerpunkt meist mehr auf den Betreuungsaspekt der Schüler gesetzt wird. Als zentrales Merkmal der offenen Ganztagsschulen kann aber meist die Hausaufgabenbetreuung, verbunden mit weiteren Angeboten im Freizeit- und Neigungsbereich, betrachtet werden. Zweifelsohne besteht hierbei die Möglichkeit, individuelle Förderung im Rahmen der Betreuungsangebote zu leisten, nachteilig wirkt sich jedoch der mangelnde Einsatz der Lehrkräfte am Nachmittag sowie der fehlende konzeptionelle Bezug zwischen vormittäglichen und nachmittäglichen Angeboten aus, wie schon zuvor erörtert.

Personal in der offenen Ganztagsschule

Die Personalstruktur und der Personaleinsatz differieren zwischen der offenen und der gebundenen Ganztagsschule meist deutlich. Während die gebundenen Modelle von einer Präsenz der Lehrkräfte am Nachmittag unter Gesamtverantwortung der Schulleitung ausgehen, findet sich die Gestaltung der offenen Ganztagsschule vor allem in der Hand außerschulischer Kooperationspartner, die für die Schule externes Personal unter Vertrag nehmen. Nach dem herkömmlichen Halbtagsunterricht, der traditionell von Lehrkräften gestaltet wird, folgt das additive Ganztagsangebot, das vorwiegend von außerschulischen Kräften gestaltet wird.

Daten auf Basis von IGLU 2011 und TIMSS 2011 zeigen, dass 100 Prozent der Lehrkräfte in einer rhythmisierten (gebundenen) Ganztagsschule an außerschulischen Gestaltungselementen mitwirken, aber nur 86,8 Prozent der Lehrkräfte in einem additiven Modell von Ganztagsschule (vbw 2013, S. 85). Dabei ist die pädagogische Qualifikation der außerschulischen Kräfte differenziert zu betrachten. Zum Teil verfügen auch sie über Expertise in der Jugendarbeit und Erlebnispädagogik oder haben Erfahrung als Übungsleiter im Sport. Die Leitung der offenen Ganztagsschule muss jedoch über eine nachweisliche pädagogische Ausbildung und Qualifikation verfügen, um der Verantwortung für die Lernentwicklung und Persönlichkeitsbildung einer zunehmend heterogener werdenden Schülerschaft gerecht werden zu können.

> Empfehlungen für die praktische Umsetzung
> → Sorgen Sie an der offenen Ganztagsschule für einen regelmäßigen und verlässlichen Informationsfluss zwischen dem Personal am Vormittag und dem – meist externen – Personal am Nachmittag!
> → Achten Sie auf die Qualifizierung des externen Personals, vor allem für die Hausaufgabenbetreuung!
> → Beziehen Sie auch die externen Kräfte in Ihre schulischen Weiterbildungskonzepte mit ein (z. B. bei schulhausinternen Fortbildungen, didaktisch-methodischen Angeboten, beim Schulrecht und bei erlebnispädagogischen Angeboten)!
> → Hinterfragen Sie in Ihrem Schulentwicklungsprozess immer wieder, ob sich das Angebot am Nachmittag in Ihr Schulkonzept integriert! Nur so können Sie vermeiden, dass es sich als »additives Anhängsel« isoliert und zusammenhanglos an den Vormittag anfügt.

→ Beachten Sie bei der Erstellung Ihrer schulischen Vertretungskonzepte, dass auch der Nachmittag einbezogen werden muss. Klären Sie mit Ihrem Kooperationspartner bereits bei Vertragsabschluss, wer für die Vertretung der außerschulischen Kräfte zuständig ist!

→ Achten Sie auf die Zusammensetzung der Teilnehmer in den Angebots- und Neigungsgruppen!

→ Führen Sie mit Schülerinnen und Schülern sowie Eltern Auswahlgespräche hinsichtlich des Besuchs der offenen Ganztagsschule. Schnuppertage können die Entscheidung erleichtern!

Teil II:

Ganztagsschule von A bis Z: Das pädagogisch-organisatorische Konzept

Im zweiten Teil »Ganztagsschule von A bis Z« werden ausgewählte konstituierende Merkmale einer pädagogisch begründeten Ganztagsschule näher betrachtet. Die strukturell-organisatorischen sowie pädagogisch-konzeptionellen Grundlagen werden dabei in Dimensionen und Kategorien gegliedert, welche sich am schulpädagogischen Dimensionenmodell von Ganztagsschule (Dollinger 2012, S. 85 ff.) orientieren. Bei den ausgewählten und näher beleuchteten Faktoren handelt es sich um Bausteine, welche insbesondere für die Schulpraxis von zentraler Bedeutung bei dem Aufbau bzw. der quantitativen und qualitativen Weiterentwicklung einer Ganztagsschule sind.

Neben einer theoretischen Grundlegung schließt jedes Unterkapitel mit konkreten Handlungsempfehlungen für die Schulpraxis, welche auf einer qualitativen Untersuchung von Schlüsselfaktoren einer gelungenen Ganztagsschulentwicklung beruhen (Dollinger 2012) und somit nicht nur theoretisch, sondern auch empirisch gestützt werden. Ebenso fließt dabei die Erfahrung der Autorin als Koordinatorin für Ganztagsschulen, Lehrkraft und stellvertretende Schulleitung in einer Ganztagsschule ein.

1. Strukturell-organisatorische Rahmenbedingungen der Ganztagsschule

Um den vielfältigen Zielsetzungen, Betreuungs- und Bildungsansprüchen an Ganztagsschulen gerecht zu werden, die zuweilen von sehr hohen Erwartungen zeugen, bedarf es materieller, räumlicher und insbesondere auch personeller Ressourcen. Wie sich die Rahmenbedingungen hierbei gestalten und was es für die Ganztagsschule vor Ort zu beachten gilt, soll im Mittelpunkt des folgenden Kapitels stehen.

1.1 Personal

Zentrales Merkmal von Ganztagsschule ist die erweiterte Personalstruktur – Ganztagsschule kann nur durch Multiprofessionalität auf Augenhöhe gelingen.

1.1.1 Erweiterte Personalstruktur an Ganztagsschulen

Nicht nur aufgrund des ausgeweiteten Zeitrahmens, sondern auch wegen des erweiterten Bildungs- und Erziehungsauftrages haben Ganztagsschulen einen höheren und auch anders gearteten Personalbedarf als Schulen ohne Ganztagsbetrieb (Rollett/Tillmann 2009, S. 132). An Ganztagsschulen erweitert sich nicht nur das Verständnis schulischer Professionalität von Lehrkräften, sondern es müssen sich durch die Einführung einer Ganztagsschule auch andere Professionen im sozialen Handlungsfeld Schule einfinden. Für die Schulleitung bedeutet dies aufgrund der Multiprofessionalität des Personals auch eine erweiterte Personalführung, worauf im weiteren Verlauf dieses Bandes noch näher eingegangen wird.

Züchner differenziert folgende Beschäftigungsgruppen an Ganztagsschulen (Züchner 2008):
- Schulleitungen
- Lehrkräfte, die unterrichten
- Lehrkräfte, die unterrichten und außerunterrichtliche Angebote realisieren
- weitere Personen, welche außerunterrichtliche Angebote bereitstellen
- weitere Personen, die am Unterricht mitwirken und außerunterrichtliche Angebote durchführen

Das Spektrum der möglichen Professionen ist bunt und weit gefächert, das heißt, es kann sich um Lehrkräfte, Sozialpädagogen, Erzieher, Kinderpfleger, Übungsleiter aus Vereinen, Ehrenamtliche, Musik- und Erlebnispädagogen handeln. Ferner können sich Eltern, Studierende sowie Schülerinnen und Schüler einbringen – letztere zum Beispiel in Form von Mentoren- und Tutorenprojekten.

1.1.2 Lehrkräfte

Eine zentrale Säule innerhalb der Personaldimension – gerade bei gebundenen Ganztagskonzepten – ist die Lehrkraft. Je nach Realisierungsform kommen Lehrkräfte auch an den Nachmittagen in der Ganztagsschule zum Einsatz. Hierbei unterscheidet sich jedoch nicht nur die finanzielle Ausstattung für externes Personal, sondern auch das quantitative Ausmaß des Lehrerwochenstundeneinsatzes von Bundesland zu Bundesland, ebenso lassen sich Unterschiede zwischen den offenen und gebundenen Modellen ausmachen. Dies soll am Beispiel des Bundeslandes Bayern anschaulich gemacht werden:

> **Gebundene Ganztagsschule**
>
> *An Grund-, Haupt-, Mittel- und Förderschulen:*
> Zwölf Lehrerwochenstunden zusätzlich je Ganztagsklasse und Schuljahr, finanziert vom Freistaat
> 6 000 Euro für die Finanzierung externer Kräfte, davon 5 000 Euro von der Kommune/Stadt als Sachaufwandsträger zu erbringen, 1 000 Euro aus Landesmitteln
> (Klassen der Jahrgangsstufe 1 erhalten weitere 4 500 Euro, Klassen der Jahrgangsstufe 2 weitere 3 000 Euro pro Klasse und Schuljahr für den Personalaufwand)
>
> *Real- und Wirtschaftsschulen, Gymnasien:*
> Acht Lehrerwochenstunden je Ganztagsklasse und Schuljahr, 6 000 Euro für außerschulische Partner pro Schuljahr
> Anmerkung: Gemäß der Terminologie der Kultusministerkonferenz der Länder handelt es sich dabei jedoch nur um eine teilweise gebundene Form, da in jeder Jahrgangsstufe auch eine Halbtagsklasse existiert, um die Wahlfreiheit für Eltern zu gewährleisten, da die Halbtagsschule die Regelschule im Bundesland Bayern ist.
>
> **Offene Ganztagsschule**
>
> In der Regel kein Einsatz von zusätzlichen Lehrerwochenstunden am Nachmittag, dafür je jahrgangsübergreifender offener Ganztagsgruppe eine Auszahlung des Gegenwertes der zwölf zusätzlichen Lehrerwochenstunden im gebundenen Modell in Landesfinanzmitteln zur Anstellung der externen Betreuungskräfte.
> Dazu 6 000 Euro je Ganztagsgruppe für die Anstellung externer Kräfte, davon analog zum gebundenen Modell 5 000 Euro von der Kommune/Stadt als Sachaufwandsträger zu erbringen, 1 000 Euro aus Landesmitteln
> In Summe ergibt dies je nach Schulart einen Betrag von 23 000 Euro bis 30 000 Euro je Gruppe und Schuljahr. *(Quelle KMK, Stand: Schuljahr 2013)*

Die Tätigkeit in einer Ganztagsschule erfordert ein den pädagogischen Anforderungen angepasstes Lehrerbild und Verständnis pädagogischer Professionalität. Nicht nur dass sich die Arbeitsbedingungen ändern (z. B. erweiterte Präsenz am Nachmittag), über die traditionellen Aufgaben einer Lehrkraft (Lehren, Erziehen, Beurteilen, Beraten, Innovieren) hinausgehende Aufgaben hinzukommen (z. B. kurative Aufgaben, Aufgaben aus dem sozialpädagogischen Handlungsfeld) – auch die Organisation der Lehrerarbeitszeit, Teamarbeit und Kooperation werden zu maßgeblichen Gelingensfaktoren auf der Personalebene. Dies spiegelte sich ansatzweise bereits 2004 in der Arbeit einer OECD-Expertengruppe wider, welche empfahl:

> »1. Die zunehmende Heterogenität der Schülerpopulation und die größere Wahrscheinlichkeit, dass die Lehrkräfte auf die Bedürfnisse von Schülerinnen und Schülern eingehen müssen, die auf Grund verschiedener Handicaps, Lernschwierigkeiten, sozialer Nachteile oder besonderer Fähigkeiten in ihrem Unterricht auch eine besondere Art der Betreuung brauchen;
> 2. die immer stärkere Betonung der Notwendigkeit, jeder Schülerin und jedem Schüler individuelle Unterstützung zukommen zu lassen und neue, kreative Methoden zu nutzen [...];
> 3. die wachsende Bedeutung der Schule als Organisation, mit Schwergewicht auf intensiver interner Kommunikation und Kooperation, Teilhabe an gemeinsamer Strategieplanung, Qualitätsmanagement, Selbstevaluation und Planung der beruflichen Entwicklung.« (OECD 2004, S. 50)

Zentrale Herausforderung ist dabei, die gerade in den weiterführenden Schularten tradierte Rolle der Lehrkraft als Fachlehrkraft zu erweitern und die erzieherische Aufgabe weiterzuentwickeln. Da diese verantwortungsvolle und anspruchsvolle Aufgabe die Lehrkraft allein nicht zu erfüllen vermag, wird das Personalkonzept an Ganztagsschulen um externe Kräfte mit spezifischen Kompetenzen erweitert, welche im Zentrum der sich nun anschließenden Ausführungen stehen werden.

Die Implementierung einer Ganztagsschule muss auch einen Gewinn für die Lehrkräfte selbst bringen – dazu muss es jedoch zentrales Anliegen der Personal- und Organisationsentwicklung sein, »Betroffene zu Beteiligten zu machen« (Burisch 1994, S. 103 ff., S. 199; Burisch 2006, S. 133), wobei Burisch die Förderung von Identifikation und Kreativität durch die den Betroffenen gewährten Freiräume betont. Dabei sind es oftmals gerade die kreativen Lehrkräfte, welche bestehende Rituale und tradierte Regeln ignorieren und dadurch neue Wege und Perspektiven für die Schulentwicklung aufzeigen (Burow 1998, S. 20 ff.).

Stellt die Organisation sowohl der Lehrerarbeitszeit als auch der Kooperations- und Präsenzzeiten auch eine zentrale Herausforderung für die Schulleitung dar, so darf diese nicht einzig handlungsentscheidend sein. Vielmehr kommt es auf das passgenaue Angebot eines rhythmisierten Tages- und Lernkonzeptes für die Schülerinnen und Schüler an. Dennoch können sozialverträgliche Lösungen für die arbeitsmarktpolitische Gestaltung des Lehreralltages gefunden werden, allerdings muss das tradierte und von der Halbtagsschule dominierte Denken überwunden werden.

1.1.3 Externe bzw. außerschulische Kräfte

An Ganztagsschulen haben Schülerinnen und Schüler selbstverständlich und gerade auch außerhalb des Unterrichts Kontakt mit Lehrkräften als ihren primären Ansprechpartnern, aber auch mit einer Reihe anderer Professionen. Dabei soll gleich zu Beginn dieser Ausführungen angemerkt werden, dass es sich bei dem Terminus »externe Kräfte« um einen Ausdruck handelt, der sich zwar im Sprachgebrauch ganztägiger

Bildung und Betreuung etabliert hat, der aber eher ein Verlegenheitsbegriff sein dürfte, um die Abgrenzung zu dem bisher an der Schule tätigen Personal deutlich zu machen. »Externe Kräfte« sollte nämlich keinesfalls zweitklassig als »nicht dazugehörig« verstanden werden, sondern mit fortschreitenden Personalentwicklungsprozessen sollen diese »externen« Kräfte selbstverständlich zu »internen« und vollwertigen Mitgliedern der Schulfamilie werden. Dennoch verwenden wir zur weiteren Differenzierung im Folgenden diesen Begriff. Zuweilen wird auch von außerschulischem Personal oder weiterem bzw. zusätzlichem in der Ganztagsschule tätigen Personal gesprochen – alle diese Termini beziehen sich jedoch meist auf dieselbe Gruppe: das zusätzliche Personal im Ganztagsangebot. Dabei ist nicht nur die begriffliche Bestimmung vielfältig: Nach Berkenmeyer existieren auch gravierende Unterschiede in den einzelnen Bundesländern hinsichtlich der Zuweisung zusätzlichen Personals (Berkenmeyer 2013, zit. nach vbw 2013, S. 86).

Die externen Kräfte lassen sich differenzieren in pädagogisches Fachpersonal (z. B. Sozialpädagogen und Sozialpädagoginnen, Erzieher und Erzieherinnen), aber auch nicht pädagogisches Personal (z. B. Sportübungsleiter, Handwerker, Künstler). Ebenso finden sich viele externe Fachleute und Praktiker, welche zuweilen auch nur kurzfristige Angebote in die Ganztagsschule einbringen. Untersuchungen von Rollett und Tillmann zeigten, dass 52 Prozent des Personals an Grundschulen und 66 Prozent an Sekundarschulen hinsichtlich ihres Ausbildungs- bzw. Studienhintergrundes pädagogisch qualifiziert sind (Rollett/Tillmann 2009, S. 135). Dabei tat sich aber auch ein Zusammenhang zwischen dem Beschäftigungsstatus und dem Qualifikationsniveau auf, sodass »die weitaus meisten hauptberuflich tätigen Personen pädagogisch qualifiziert sind (76%), während dies bei den meisten nebenberuflich und ehrenamtlich Tätigen nicht der Fall ist (26% bzw. 23%)« (Rollett/Tillmann 2009, S. 135). Für die Auswahl des externen Personals sollte keinesfalls der Zufall oder die Gelegenheit, aber auch nicht nur das Qualifikationsniveau maßgeblich sein, sondern vor allem die »Passung«, sowohl auf personeller Ebene zur Schulfamilie als auch auf der Kompetenzebene zum Schulprofil der Einzelschule. Die Ressourcen und Kompetenzen der externen Kräfte können maßgeblich dazu beitragen, die Angebotspalette eines ganzheitlichen Bildungsangebotes zu erweitern.

> **Empfehlungen für die praktische Umsetzung**
>
> → Orientieren Sie Ihre Personalakquise und Personalauswahl primär an pädagogischen und weniger an rein organisatorischen oder gar pragmatischen Aspekten!
> → Passgenaue Stellenausschreibungen, verbunden mit gezielten Auswahl- und Bewerbungsgesprächen sowie »Schnupper-Probearbeitstage« helfen Ihnen und oftmals auch den Bewerbern bei der richtigen Entscheidung.
> → Beachten Sie stets die spezifischen Kompetenzen der jeweiligen Professionen – nur so können Sie Irritationen, Kompetenzüberschreitungen, Über- und Unterforderung vermeiden!

> → Betreiben Sie auch bei externen Kräften eine gezielte Personalführung und Personalentwicklung!
> → Achten Sie auf Zeitfenster und Präsenzzeiten innerhalb des Stundenplanes, die Lehrkräften, Lehrertandems und Jahrgangsstufenteams sowie externen Kräften Absprachen, Abstimmung der Tätigkeiten und regelmäßige Gespräche ermöglichen!
> → Seien Sie sich gerade als Schulleitung von Anfang an der erweiterten Personalführungsaufgabe bewusst und beziehen Sie besonders die externen Kräfte in die Schulgemeinschaft ein!

1.2 Raum- und Sachausstattung

Eine Ganztagsschule als Lern-, Erfahrungs- und Lebensraum stellt zwingend gewandelte Anforderungen an den »dritten Pädagogen« (Kahl 2009) Raum – Schularchitektur und Raumplanung müssen zur zentralen konzeptionellen Fragestellung werden.

Der von Reinhard Kahl formulierte und mittlerweile zum geflügelten Wort gewordene Terminus vom Raum als dritten Pädagogen besitzt nicht nur für die Halbtagsschule Gültigkeit, sondern vielmehr noch für die Ganztagsschule, welche sich vom Lernort hin zum Lebens- und Erfahrungsraum entwickeln soll.

1.2.1 Ganztagsschule als Lern- und Lebensraum

Die Gestaltungselemente der Ganztagsschule legen nahe, dass die Umstrukturierung hin zum Ganztag spezifische Anforderungen an die Schulhausgestaltung als Lernort und in weiten Teilen auch immer mehr als Lebensort stellt. Leider stammt ein Großteil unserer Schulbauten aus einer Zeit, in der Schule vor allem als Lernort betrachtet wurde und nur bedingt zu einem ganztägigen Verweilen einlädt und geeignet ist.

Bei der Funktionszuweisung von Räumlichkeiten an einer Ganztagsschule sollte sowohl den Lern-, Freizeit- und Betätigungsbedürfnissen der Schülerinnen und Schüler als auch den Arbeitsbedürfnissen des Personals (z. B. Lehrkräfte, externe Kräfte) Rechnung getragen werden. Grob kann man zwischen Lern- bzw. Arbeitsbereichen, Erfahrungsräumen und Lebensräumen differenzieren. Gerade den Bereich der Raumausstattung kann Schule nicht allein bewerkstelligen – nicht nur weil Lehrkräfte und Schulleitungen keine Architekten oder Raumausstatter sind, sondern vor allem, weil die bauliche und räumliche Ausstattung in die Zuständigkeit des Sachaufwandträgers fällt. Neben der Entwicklung eines pädagogischen Raumnutzungskonzeptes und dessen architektonischer Umsetzung spielen daher auch rein wirtschaftliche Faktoren mit.

Hilfreiche Informationen für die praktische Umsetzung liefert die von der Service Agentur Nordrhein-Westfalen herausgegebene Broschüre »Materialien zum Schulbau«, welche im Literaturverzeichnis aufgeführt ist (Schneider u. a. 2012).

1.2.2 Ideen und Anregungen für pädagogisch-organisatorische Raumlösungen

Lern- und Arbeitsbereiche

Lern- und Arbeitsbereiche können in erster Linie die Klassenzimmer der Ganztagsklasse sein (z.B. eine Art »Stammraumprinzip«). Nicht empfehlenswert ist die Mitnutzung von Klassenzimmern anderer Klassen bzw. Jahrgangsstufen, da dies in der Praxis oftmals zu Problemen und Reibereien führen kann (z.B. wenn am Nachmittag Schülermaterialien infolge des Aufenthalts einer anderen Klasse verschwinden oder beschädigt werden). Dabei ist auch eine Veränderung der Unterrichtsräume durch Sitzgruppen, PC-, Lese-, Mal- oder Forscherecken ratsam. Es bietet sich an, auch weitere Gruppenräume der Schule für Differenzierungs- und Individualisierungsmaßnahmen einzubeziehen. Ebenso können Fachräume in das Raumnutzungskonzept integriert werden (z.B. Musikraum, Werkraum, Zeichensaal, Computerraum) oder auch die Lernwerkstatt und Schülerbibliothek. Gerade in offenen Ganztagsschulen kommt den Räumlichkeiten für die Hausaufgabenbetreuung große Bedeutung zu. Hier empfiehlt es sich, eigene Zimmer dafür vorzusehen und explizit als solche auszuweisen (z.B. Hausaufgabenraum, Lernraum, Studierzimmer, gegebenenfalls kann man auch Jahrgangsetagen einrichten oder Jungen- bzw. Mädchenräume). Innerhalb des Lern- und Arbeitsbereichs dürfen Räumlichkeiten für die Lehrkräfte und das im Ganztagsbetrieb tätige Personal nicht vergessen werden, wie beispielsweise ein Lehrerarbeitsplatz, Besprechungszimmer für Teamsitzungen oder Räumlichkeiten für das außerschulische Personal (z.B. für Elterngespräche).

Verpflegungsbereich

Das Raumkonzept muss auch auf die Organisation und Ausgestaltung der Mittagsverpflegung abgestimmt werden. Ob eine Küche, Vorratsräume, Kühlräume oder Spülanlagen erforderlich sind, hängt vom gewählten Versorgungsmodell ab (z.B. Kochen vor Ort versus Catering), ein Speiseraum in ausreichender Größe ist jedoch stets unverzichtbar. In manchen Fällen wird die Mensa einer benachbarten Schule oder des Kindergartens mitbenutzt. Zum Essen ist diese Raumlösung zweifelsohne denkbar, doch unter sozialen Aspekten ist es etwas anderes, ob man sich gemeinsam im Klassenverbund in den schuleigenen Speiseraum begibt oder eine nahegelegene Kantine bzw. Mensa mitnutzt (von dem Zeitverlust durch Hin- und Rückweg bzw. von dem möglicherweise erforderlichen Begleitpersonal nicht zu sprechen). Innerhalb des Verpflegungsbereiches kann sich auch eine Cafeteria, ein Lehrer- und Elterncafé oder ein Schülercafé (das z.B. eine Schülerfirma betreibt) befinden.

Spiel- und Erholgungsbereiche

Spiel- und Erholungsbereiche sind für den ganztägigen Aufenthalt in der Schule unabdingbar, gerade Schülerinnen und Schüler der Primarstufe benötigen vielzählige Bewegungs- und Spielmöglichkeiten. Denkbar sind hier z. B. Ecken für Tischtennis, Billard oder Kicker, aber auch eigene Freizeiträumlichkeiten oder Aktivfreizeiträume (z. B. mit Kletterwand). Ebenso sind für die aktive Spiel- und Freizeitphase Sporthalle, Sportgelände, der Schulhof und insbesondere die Außenanlagen (z. B. Freispielflächen, Schulgarten, Schulteich) einzubeziehen. Es empfiehlt sich, eigene Bewegungs- und Entspannungszonen (z. B. Ruheraum) auszuweisen, um den unterschiedlichen Bedürfnislagen gerecht zu werden.

Dass die räumlichen Voraussetzungen den Rahmen für die Realisierung von Spiel und Erholung in der Ganztagsschule darstellen, wird im Verlauf des Bandes noch näher erläutert, ebenso die Bedeutsamkeit des Spiels in der Ganztagskonzeption gerade für jüngere Kinder.

Begegnungs- und Sozialerfahrungsbereiche

Begegnungs- und Sozialerfahrungsbereiche können Aufenthaltsräume, ausgestaltete Flure, Sitznischen, Schüler-, Lehrer- und Elterncafés sein. Zudem können speziell eingerichtete Räumlichkeiten mit einem sozialpädagogischen Konzept (z. B. Trainingsraum) geschaffen werden. Innerhalb der Begegnungs- und Sozialerfahrungsbereiche dürfen auch Beratungs- und Besprechungsräume für Lehrkräfte und externes Personal nicht vergessen werden, welche diese sowohl für Gespräche untereinander als auch für Elterngespräche nutzen können (z. B. für eine sogenannte Erzieher/innen-Sprechstunde).

Rückzugszonen

Das Erfordernis von Rückzugsbereichen wird zuweilen unterschätzt, und in der Folge in den Raumkonzepten zu wenig berücksichtigt und umgesetzt. Dabei lässt sich – gerade bei jüngeren Schülerinnen und Schülern – das Bedürfnis nach Ruhe, Alleinsein und Rückzug zwecks Regeneration in der Praxis sehr häufig beobachten. Denkbare Raumlösungen wären Stille- bzw. Ruheräume, ein Meditationsraum, die Schulbibliothek, Nischen zum Alleinsein oder auch die Außenanlagen (z. B. Lauben, Sitzgruppen im Pausenhof).

Neben diesen räumlichen Gegebenheiten leistet auch die Raumausstattung einen entscheidenden Beitrag zur Aufenthaltsqualität an der Schule. So sollte man neben den zwingend erforderlichen Ausstattungsgegenständen (z. B. ausreichend Essgeschirr, Gläser) an Dinge wie Sitzsäcke und Matten für Ruhezonen, Hängematten, Bücher, Spiele für drinnen und vor allem auch für Bewegungspausen auf dem Schulgelände,

Bastelmaterial und Experimentierkästen denken. Zuweilen empfiehlt es sich – gerade bei Schülerinnen und Schülern in der Primarstufe –, Kleiderboxen mit Ersatzschuhen, -hosen, -socken und -sportsachen aufzustellen, die von den Kindern bei Bedarf ausgeliehen werden können.

Freibereiche und Außenanlagen

Wenn Kinder den ganzen Tag über in der Schule sind, ist es zwingend erforderlich, dass sie sich nicht bloß in Innenräumen aufhalten. Dies ist nicht nur aufgrund der Rhythmisierung und Frischluftzufuhr nötig, sondern auch weil dem Drang nach Bewegung und Betätigung Rechnung getragen werden muss. Der konsequente Einbezug der Freibereiche und Außenanlagen ist daher ein zentraler Bestandteil des Raumnutzungskonzeptes. Naheliegend ist dabei der Einbezug des Pausenhofes sowie der Sportaußenanlagen – es sollten jedoch auch das lokale Schulumfeld und die damit verbundenen Möglichkeiten (z. B. Tennisplatz, Fußballplatz, Spielplatz) mitgedacht werden, besonders zugängliche Freiflächen (z. B. nahe gelegener Bach, Wiese, einsehbares Waldstück).

> **Empfehlungen für die praktische Umsetzung**
> → Erarbeiten Sie ein auf Ihr individuelles Ganztagskonzept hin abgestimmtes Raumkonzept, das guten Unterricht, Lehren und Lernen, Differenzierung und Individualisierung, Erfahrung und Erholung, Aktivität und Freizeit sowie Verpflegung und Gemeinschaft ermöglicht!
> → Setzt eine Schule A als »Bewegte Ganztagsschule« den konzeptionellen Schwerpunkt auf Spiel, Sport und Bewegung, so benötigt sie zweifelsohne ein anders Raumkonzept als eine Schule B mit musisch-kreativem Schwerpunkt. Vertreten und begründen Sie diese spezifischen Erfordernisse auch gegenüber Ihrem Schul- bzw. Sachaufwandsträger.
> → Achten Sie auf eine ausreichende, funktionale und anregungsreiche Ausstattung der Räumlichkeiten! Beziehen Sie dabei sowohl die Innen- und Außenanlagen als auch das lokale Schulumfeld in Ihre Planungen mit ein (z. B. Bibliothek, Schwimmbad, Sportzentrum, Musikschule)!
> → Legen Sie Wert auf die Aufenthaltsqualität Ihrer Ganztagsschule als attraktiver Lern- und Erfahrungsraum, vor allem aber auch als Lebensraum!
> → Erarbeiten Sie – bei Bedarf mit benachbarten Schulen im lokalen Schulumfeld – ein Gebäudemanagement- und Raumnutzungskonzept (z. B. Belegungspläne für Sporteinrichtungen, Absprachen für außerschulische Lernorte, Nutzung von Fachräumen)!
> → Beachten Sie, dass Ihr Raumnutzungskonzept gegebenenfalls auf die Jahreszeiten abgestimmt werden muss. Sind im Sommer Außenanlagen zu integrieren und frei nutzbar, so benötigt eine Ganztagsschule im Winter Alternativen für diese Angebote und Räumlichkeiten!

1.3 Finanzmittel

1.3.1 Finanzierung

Gerade von Schulträgern wird bereits sehr früh die Frage nach der Finanzierung einer Ganztagsschule gestellt. Dabei gestaltet es sich bei Ganztagsschulen ähnlich wie bei Halbtagsschulen: Diese werden zum Großteil durch Landesmittel und die Kommune finanziert, wobei zwischen Personalmitteln (z. B. Lehrkräfte, externe Kräfte, Verwaltungskräfte) und Sach- bzw. Raummitteln (z. B. laufende Unterhalts- und Sachkosten, Schulbaumaßnahmen) differenziert wird. Ersteres trägt bei Halbtagsschulen in der Regel das Land, letzteres der Schul- bzw. Sachaufwandsträger. Für die Ganztagsschulen werden zusätzliche Stunden für Lehrkräfte auch als Finanzmittel für außerschulisches Fachpersonal zur Verfügung gestellt, wobei die Ausstattung (genau wie die konzeptionelle Schwerpunktsetzung) von Bundesland zu Bundesland variiert.

Elternbeiträge für den Besuch einer Ganztagsschule werden in den meisten Fällen nicht erhoben, da es sich bei den meisten Ganztagsschulen um eine schulische Veranstaltung handelt und der Schulbesuch kostenfrei zu sein hat (dies bezieht sich auf staatliche Schulen). Die finanzielle Gestaltung durch Elternbeiträge kann jedoch variieren, gerade auch wenn über das schulische Angebot hinausgehende Betreuungsleistungen erbracht werden (z. B. Abendbetreuung bis 18 Uhr, Betreuungsangebot am Freitagnachmittag, Ferienangebote).

Weitere Möglichkeiten der Finanzierung von Angeboten, Projekten und Maßnahmen in der Ganztagsschule bestehen – genau wie an Halbtagsschulen – neben der staatlichen Förderung durch:

- ehrenamtliches Engagement (z. B. Lesepaten, Tutoren, Elternpartizipation, Bewerbungshelfer, Lese-Omas, ehrenamtliche Vertreter aus Vereinen)
- Sponsoren und Spenden
- Patenschaften für die Ganztagsklassen
- Förderpartner und Netzwerke (z. B. Stiftungen)
- projektbezogene Fördermittel (z. B. Künstler in der Grundschule, vertiefte Berufsorientierung, Praxis an Hauptschulen)
- Fördervereine und Elternvereine (z. B. Freundeskreis der Schule, Verein der Freunde und Förderer der Schule)

Unmittelbar in Verbindung mit der Frage nach den Kosten einer Ganztagsschule und den damit verbundenen materiellen Ressourcen steht meist die Gestaltung oder auch Schaffung der erforderlichen Räumlichkeiten. Diese Frage ist für die Initiierung einer Ganztagsschule zentral, zumal die Umbau- bzw. Sanierungsmaßnahmen sowohl für das Land als auch für die Kommune bzw. Stadt meist das höchste Investitionsvolumen darstellen.

Dass sich diese Finanzierung nicht auf Land und Kommune beschränken muss, zeigte das »Investitionsprogramm Zukunft, Bildung und Betreuung« (IZBB) des Bundes (2003–2007). Die Förderung durch dieses Programm ist zwar bereits ausgelaufen, da es jedoch maßgeblich zum Ausbau der Ganztagsschulen im Bundesgebiet beigetragen hat, ist es an dieser Stelle unverzichtbar, der Vollständigkeit halber dennoch darauf hinzuweisen. Ziel dieses Programmes war es, »zusätzliche Ganztagsschulen zu schaffen und bestehende Ganztagsschulen qualitativ weiterzuentwickeln« (Bundesministerium für Bildung und Forschung 2003b, S. 2).

Unterschiedliche Schwerpunkte im Ausbau der Ganztagsschule führten aufgrund der Kulturhoheit der Länder zu einer divergierenden Verteilung der finanziellen Fördermittel aus dem IZBB, sowohl hinsichtlich der Bundesländer als auch der geförderten Schularten. So beträgt der Anteil der durch das IZBB geförderten Grundschulen in Berlin 94,1 Prozent, in Nordrhein-Westfalen 82 Prozent und im Saarland 69,9 Prozent, in Ländern wie Bayern – welche zu Beginn vor allem in den Ausbau von Ganztagsgymnasien investierten – lediglich 6,1 Prozent, ähnlich wie Baden-Württemberg mit 7,8 Prozent (Berkenmeyer u. a. 2013, S. 140 f.).

Letztlich löste dieses Programm aber bundesweit einen »Bildungsdruck« aus und wirkte durch den Anreiz der Fördermittel in Höhe von vier Milliarden Euro (bei 90-prozentiger Förderung der Einzelmaßnahmen) als »Anheizer« für den Ausbau der Ganztagsschulen. Die konkrete Umsetzung lag dabei im Zuständigkeitsbereich der Länder, also der Erlass von Förderrichtlinien, die Schulauswahl sowie die Durchführung des Verfahrens. Heute sind diese Mittel erschöpft bzw. wurden in einzelnen Bundesländern durch eigene Programme abgelöst (z. B. »FAGplus15« in Bayern), die jedoch in der Höhe der Bezuschussung von Baumaßnahmen nicht mit dem IZBB vergleichbar sind, da dieses nicht nur die Räumlichkeiten, sondern auch die Ausstattung förderte (z. B. PCs für den Computerraum, Kletterwände für Aktivfreizeit, Essgeschirr, Bücher für eine Schülerbibliothek usw.). Baumaßnahmen für Ganztagsschulen sollten daher frühzeitig und in enger Abstimmung mit dem Sachaufwandsträger geplant werden. Die Finanzierung erfolgt über Stadt bzw. Kommune (Schul-/Sachaufwandsträger) und die staatliche Schulbauförderung.

> **Empfehlungen für die praktische Umsetzung**
> → Überzeugen Sie Ihren Sachaufwandsträger von den Chancen einer Ganztagsschule. Ist dieser sowohl ideell als auch materiell von Ihrem Konzept überzeugt und diesem gegenüber offen eingestellt, erleichtert dies die Umsetzung vor Ort – und nebenbei möglicherweise auch manch fällige Investition.
> → Qualität hat ihren Preis – dies gilt auch oder vielmehr besonders im Ganztag! Fordern Sie daher ausreichende Sach-, Mittel- und Personalressourcen für Ihre Schule an, verbunden mit Planungssicherheit, um auch langfristige Personal- und Investitionsentscheidungen treffen zu können!
> → Erschließen Sie gezielt Ressourcen im lokalen und regionalen Umfeld, beispielsweise durch die Kooperation mit Ehrenamtlichen, Freiwilligenagenturen, Betrieben oder Jugendhilfeeinrichtungen! Hinterfragen Sie dabei aber stets kritisch, mit welchen Erwartungen eine finanzielle Unterstützung Ihrer Schule einhergeht, ob Sie diese erfüllen können bzw. wollen und ob die Angebote des Partners zum pädagogischen Konzept Ihrer Schule passen!

> → Betreiben Sie offensive Öffentlichkeitsarbeit – dies erleichtert es Ihnen, Partner für materielles, aber auch soziales Sponsoring zu gewinnen! Gerade wenn Sie Ihre Schule aufgrund bestimmter Spezifika (z. B. Modellschule, Qualitätsstandards, Besonderheiten und Schwerpunkte im Profil) in den lokalen und regionalen Fokus rücken können, erhalten Sie leichter Zuwendungen als eine bloße »Durchschnittsschule«!
> → Betreiben Sie gezielt Fundraising und beziehen Sie auch Sponsoren, Spender und anderer Förderer in die Mittelakquise ein! Tipp: Die Gründung eines Fördervereins oder Freundeskreises erleichtert nicht nur diese Arbeit, sondern auch die Mittelverwaltung.
> → Gestalten Sie die schulinternen Finanzen möglichst transparent!

1.3.2 Öffentlichkeitsarbeit und Fundraising

Was zeichnet Öffentlichkeitsarbeit an Ganztagsschulen aus?

Steigender Wettbewerb von Schulen – nicht nur aufgrund demografisch bedingter rückläufiger Schülerzahlen – erfordert eine zunehmende Öffentlichkeitsarbeit. Gerade die Initiierung und Neueinführung einer Ganztagsschule an einem Schulstandort – etwas »Neuem«, bisher in der Schullandschaft nicht Dagewesenem – erfordert eine umfassende Elterninformations- und Öffentlichkeitsarbeit, um die Akzeptanz dieser neuen Organisationsform zu fördern und die pädagogischen Vorzüge publik zu machen.

Ziele der Öffentlichkeitsarbeit

Ziele von Öffentlichkeitsarbeit können nach Regenthal sein: Imageprofilierung, Erhöhung des Bekanntheitsgrades, Marktpositionierung, Vertrauensaufbau, Unterstützung von Anliegen gegenüber Behörden, Transparenz von Erfolgen und Organisationszielen, Identitätsstärkung nach innen und außen oder auch die Kommunikation der Corporate Identity (vgl. Regenthal 2006, S. 49). Gerade in der Initiierungsphase von Ganztagsschulen erweist sich eine offensive Öffentlichkeitsarbeit nicht nur als förderlich für die Akzeptanz der Eltern gegenüber dieser Schulform, sondern auch als hilfreich für die Unterstützung durch lokale Behörden sowie die Positionierung und Abgrenzung der eigenen Ganztagsschule und ihrer Leistungen von anderen Förder- und Betreuungsangeboten.

Fundraising und Sponsoring – oder: Wie komme ich an Geld für meine Ganztagsschule?

Die materielle und finanzielle Ausstattung von Ganztagsschulen wurden im vorausgehenden Teil dieses Buches bereits erläutert. An dieser Stelle soll mit Blick auf das Fundraising gezielt auf die Bedeutsamkeit der Öffentlichkeitsarbeit hingewiesen werden. Die Mittelbeschaffung ist für eine Schule wesentlich einfacher, wenn sie sich durch ein klares und abgrenzbares Profil oder eine Besonderheit auszeichnet und ihre Qualität und Erfolge offensiv nach außen kommuniziert.

Voneinander abzugrenzen sind dabei die Begriffe Fundraising und Sponsoring, welche im Schulalltag oftmals nicht genau differenziert werden. Fundraising bedeutet die »strategisch geplante Beschaffung sowohl von finanziellen Ressourcen als auch von Sachwerten, Zeit (in Form von ehrenamtlicher Mitarbeit) und Know-how zur Verwirklichung von am Gemeinwohl orientierten Zwecken unter Verwendung von Marketingprinzipien« (Fabisch 2006, S. 7). Sponsoring dagegen ist ein Sammelbegriff für »die Planung, Organisation, Durchführung und Kontrolle sämtlicher Aktivitäten, die mit der Bereitstellung von Geld, Sachmitteln, Dienstleistungen oder Know-how durch Unternehmen und Institutionen zur Förderung von Personen und/oder Organisationen in den Bereichen Sport, Kultur, Soziales, Umwelt und/oder den Medien verbunden sind, um damit gleichzeitig Ziele der Unternehmenskommunikation zu erreichen« (Bruhn, zit. nach Fabisch 2006, S. 5). Während Fundraising also Überschneidungen mit der Spende aufzeigt – das Erhalten einer Leistung ohne Gegenleistung –, ist beim Sponsoring stets eine Gegenleistung zu erbringen. Hierbei ist zu beachten, dass »beim Fundraising, also dem Bezug von Spenden, kaum steuerrechtliche Konsequenzen zu erwarten sind« (steg Hamburg mbH 2007, S. 4), was jedoch »beim Sponsoring der Fall ist, da die Schule unter Umständen in Bereiche des wirtschaftlichen Geschäftsbetriebes eindringt. In der Regel liegt der Steuerfreibetrag für erhaltene Sponsorengüter für Körperschaften des öffentlichen Rechts bei 35 000 Euro« (ebd.).

Fundraising kann für die Ganztagsschule Aufmerksamkeit schaffen, neue Kontakte und Kooperationen herstellen, die Zusammenarbeit verbessern, vor allem aber Geld einbringen – und nicht zuletzt allen Beteiligten auch noch Spaß machen. Was jedoch kaum gelingen wird, ist für die Schule schnell das große Geld zu machen, Imageprobleme kurzfristig zu beheben oder ohne Eigeninvestitionen finanzielle Wunder zu bewirken, weshalb man sich vor unrealistischen Erwartungen schützen sollte. Dabei zeigt sich (Dollinger 2012), dass die Mittelakquise und die Zahl der damit verbundenen Kontaktpartner im Laufe des Entwicklungsprozesses der Ganztagsschule sowohl quantitativ als auch qualitativ ansteigen und zu vielfältigen Kooperationen führen können.

Hilfreiche Informationen zum Thema Fundraising finden Sie in »Fundraising macht Schule – Ein Leitfaden der Mittelakquise für Schulen und deren außerschulischen Partner zur Unterstützung eines Ganztagsschulprogramms«, der im Rahmen des Programms »Ideen für mehr! Ganztägig lernen« erarbeitet wurde (vgl. steg Hamburg mbH 2007).

> **Empfehlungen für die praktische Umsetzung**
> → Eine offensive Öffentlichkeitsarbeit erleichtert den Gewinn von Partnern für soziales und materielles Sponsoring!
> → Entwickeln Sie ein gemeinsames Fundraising- und PR-Konzept zur Öffentlichkeitsarbeit durch Schüler, Lehrkräfte und Eltern! Beziehen Sie die Elternvertretung und Fördervereine Ihrer Schule mit ein!
> → Arbeiten Sie Sponsoring-Verträge aus, die den Partnern die Kooperation mit Ihrer Schule erleichtern!
> → Entwickeln Sie einen Informationsflyer über die Spezifika Ihrer Ganztagsschule ... und natürlich: Internetauftritt nicht vergessen!
> → Akquirieren Sie gezielt ehrenamtliche Kräfte, Helfer und Förderer! Ein Förderverein bzw. Freundeskreis kann ein hilfreiches Gremium sein!

1.4 Zeitstruktur und Zeitrahmen

Ganztagsschulen bieten in erster Linie ein Mehr an Zeit – es liegt in der Verantwortung der Schule, diese Zeit mit Sinn und Qualität auszugestalten, denn es handelt sich dabei um die wertvolle Lebenszeit unserer Kinder.

Die Minimalanforderungen an die Zeitstruktur einer Ganztagsschule sind bereits durch die Definition der Kultusministerkonferenz gegeben, welche täglich mindestens sieben Zeitstunden vorsieht. Für die Einzelschule ist damit die Herausforderung verbunden, den Tagesablauf sowie das Lehr- und Lerngeschehen für die Kinder und Jugendlichen neu zu organisieren, aber auch zusätzliche Angebote bereitzustellen und dem individuellen Tagesrhythmus der Kinder und Jugendlichen gerecht zu werden. Es bleibt der Einzelschule überlassen, inwiefern sie beispielsweise bereits eine Morgenbetreuung oder einen offenen Beginn in die Zeitstruktur integriert. An vielen Ganztagsschulen beginnt der Schultag zwischen 7.30 Uhr und 8.00 Uhr und endet zwischen 15.15 Uhr und 16.30 Uhr (je nach Bedarf und Situation vor Ort sind natürlich auch Abweichungen von diesen Zeitfenstern möglich, z. B. bei ausgedehnter Frühbetreuung). Hierbei lässt sich auch ein Zusammenhang zwischen verfügbaren Mitteln und Betreuungszeit ausmachen. So bieten manche Schulen im Anschluss an den Ganztag noch kostenpflichtige Betreuungsangebote bis 18 Uhr an.

Dabei gilt es in der Praxis den Spagat zwischen pädagogischen Ansprüchen (z. B. offener Beginn am Morgen im Rahmen einer flexiblen »Komm-Phase«, Freizeitangebote auch während der Vormittagszeit) und organisatorischen Erfordernissen zu bewältigen (z. B. parallele Pausenzeiten mit den Halbtagsschülerinnen und -schülern). Häufig erweisen sich die Verkehrsanbindung, Abfahrts- und Ankunftszeiten der Schulbusse, mangelnde Verfügbarkeit externer Kräfte am Vormittag, räumliche Rahmenbedingungen (z. B. Teilen der Sporthalle mit anderen Schulen oder Vereinen), Schichtbetrieb beim Mittagessen oder die sich aus der Stundentafel ergebenden Zwänge beim Fachlehrereinsatz als hinderlich für die Gestaltung eines rhythmisierten Stundenplanes. Es darf jedoch keinesfalls versäumt werden, den rhythmisierten, am Tagesablauf des Kindes orientierten und pädagogisch gestalteten Schultag als Zielsetzung beizubehalten.

Gerade in der offenen Ganztagsschule stellt es eine Herausforderung dar, die Zeitstruktur rhythmisiert und flexibel an den Bedürfnissen der Kinder und Jugendlichen auszurichten. Die mangelnde Beachtung einer rhythmisierten Tagesstruktur liegt häufig darin begründet, dass die Zusammensetzung der Gruppen im Wochenverlauf fluktuiert, die Teilnehmer selektiv über die Jahrgangsstufen hinweg verteilt sind und der Vor- und Nachmittag zu wenig verzahnt sind. Es sollte daher auch in dieser Form verstärkt darauf geachtet werden, rhythmisierte und flexible Elemente der Zeitgestaltung in den Tagesablauf zu integrieren. Die Möglichkeiten einer rhythmisierten Tagesgestaltung werden in den Ausführungen über die Gestaltungsdimension vertieft.

> **Empfehlungen für die praktische Umsetzung**
> → Erarbeiten Sie sich sukzessive ein ausgewogenes Rhythmisierungskonzept! Beziehen Sie dabei Aspekte der Unterrichts-, Tages-, Wochen-, aber auch Jahresrhythmisierung mit ein!
> → Versuchen Sie kontinuierlich, den 45-Minuten-Takt durch ein variables Stundenkonzept zu überwinden. 90-Minuten-Blöcke können gerade in der Sekundarstufe und den weiterführenden Schularten ohne Klassenlehrerprinzip ein erster Ansatz sein!
> → Achten Sie besonders bei offenen Ganztagsangeboten (aufgrund organisatorischer Widerstände, z. B. selektive Schülerteilnahme, mangelnde Verzahnung von Vor- und Nachmittag) darauf, die Zeitstruktur an den Bedürfnissen der Schülerinnen und Schüler zu orientieren!

1.5 Unterstützungssysteme

Ganztagsschulentwicklung ist immer eine Gemeinschaftsaufgabe – für diesen neuen Weg benötigt die Einzelschule Beratung, Begleitung und Unterstützung.

Gerade für die Implementierung von Ganztagsschulen wird der Terminus »Unterstützungssysteme« sehr häufig gebraucht (Durdel 2009, S. 163). Der Bedarf an Begleitung und Unterstützung wird in den Studien von Spillebeen u. a. sowie Dollinger empirisch belegt (Spillebeen/Holtappels/Rollett 2011; Dollinger 2012). So benennen die im Jahr 2009 befragten Schulleitungen der Grundschule am häufigsten folgende Schwierigkeiten: Mangel an Zeit (64 Prozent), Rekrutierung zusätzlichen Personals (43 Prozent), Formalitäten (32 Prozent) sowie Raumsituation (32 Prozent) (vgl. Rollett/Spillebeen/Holtappels 2012, S. 11). Schulleitungen der Sekundarstufe beklagen am häufigsten »Probleme in den Bereichen Personalrekrutierung (47%), Raumsituation (44%) und Mangel an Zeit (44%)«, aber auch Schwierigkeiten bei der »Fortbildung des Personals, Gewinnung außerschulischer Kooperationspartner, Elternunterstützung bzw.-mitarbeit, Unterstützung im Kollegium und Konzeptentwicklung« (ebd.). Diese Faktoren zeigen, wie wichtig die Nutzung ganztagsspezifischer Unterstützungssysteme ist, wobei sich vor allem der Erfahrungsaustausch mit anderen Ganztagsschulen sowie die Frequentierung ganztagsspezifischer Fortbildungen bewährt haben. Dennoch bleibt der Nutzen dieser Angebote für die Einzelschule offen, da sie ihren spezifischen und individuellen Bedürfnissen nicht immer gerecht werden (ebd., S. 16). Auch die Untersuchungen von Dollinger belegen, dass sich ein regelmäßiger Erfahrungsaustausch von Ganztagslehrkräften und externen Kräften innerhalb eines regionalen Netzwerks förderlich auf die Entwicklung der Ganztagsschule auswirken kann, ebenso die Teilnahme an bedarfsorientierten und interessensbezogenen Fachtagungen, welche wertvolle Impulse für die Weiterentwicklung der eigenen Schule geben können (Dollinger 2012, S. 259).

Als Beispiel für institutionalisierte Unterstützungssysteme soll an dieser Stelle das Programm »Ideen für mehr! Ganztägig lernen« vorgestellt werden, das die Deutsche Kinder- und Jugendstiftung 2004 in Kooperation mit Bund und Ländern initiierte. Da dieses Programm als Begleitmaßnahme zum Investitionsprogramm »IZBB« des Bundes konzipiert war, haben sich viele Bundesländer bereits vor Jahren dem Programm angeschlossen und landesspezifisch eine Serviceagentur »ganztägig lernen« etabliert. Diese Serviceagenturen agieren sowohl landesspezifisch als auch länderübergreifend. Sie haben sich neben dem Erfahrungsaustausch und dem Theorie-Praxis-Transfer die Unterstützung der Qualitätsentwicklung zum Ziel gesetzt (Deutsche Kinder- und Jugendstiftung o. J.).

Qualitätsvolle Unterstützungssysteme erschöpfen sich jedoch nicht in Leuchtturmveranstaltungen oder bloßen Best-Practice-Beispielen, sie zielen vielmehr auf eine nachhaltige Begleitung und Ausrichtung der Angebote hin auf die Bedürfnisse der Einzelschulen.

Nach Durdel bedeutet eine qualitativ hochwertige Unterstützung für Ganztagsschulen, dass bedarfsorientierte und in Absprache mit den Schulen getroffene Fortbildungsangebote effektiver sind als ein Fortbildungskatalog. Ebenso brauchen diese Veranstaltungen sowohl aus der Theorie als auch aus der Praxis Experten, wobei den Teilnehmern genügend Reflexions- und Austauschzeit einzuräumen ist. Empfohlen wird ferner die Weiterentwicklung der Angebote zur Peer-to-Peer-Erfahrung, also die Initiierung von Schulnetzwerken oder das Lernen voneinander in Realsituationen, etwa Hospitationen. Schulen präferieren diese Vernetzung, weil sie sich innovative Praxis und neue Ideen wünschen, die Möglichkeit, an figurativen Problematiken und Fällen zu arbeiten, die Einbindung von Lehrkräften in die Nachmittagsangebote, die Arbeit an konkreten Konzepten, die über die eigene Schule hinaus Gültigkeit besitzen und so die Ganztagsschulentwicklung auf Länderebene befruchten können (Durdel 2009, S. 168).

Empfehlungen für die praktische Umsetzung

→ Nutzen Sie Beratungsangebote und Unterstützungssysteme, insbesondere in der Planungsphase!
→ Schließen Sie sich mit benachbarten Schulen zu einem Ganztagsschulnetzwerk zusammen und vereinbaren Sie regelmäßige Netzwerktreffen, welche sowohl Impulse aus der Theorie als auch Möglichkeiten zum Erfahrungsaustausch bieten!
→ Fordern Sie spezifische Fortbildungsangebote für Ihre Bedürfnisse gezielt ein!
→ Betrachten Sie wissenschaftliche Begleitung nicht als Belastung, sondern als Chance und Hilfestellung, die Ihnen wichtige Impulse für Ihre Schulentwicklungsarbeit liefern kann!
→ Achten Sie darauf, dass die Schulaufsicht bei Ihrer Schulentwicklung in die Rolle eines Beraters und Begleiters schlüpft – also im Sinne eines kontinuierlichen Controllings und weniger der Kontrolle!

2. Pädagogische Gestaltungs- und Zieldimension

2.1 Bildungs- und Erziehungsauftrag

Ganztagsschule – oder besser Ganztagsbildungs-Settings – kommt ein ganzheitlicher Bildungsauftrag und erweiterter Erziehungsauftrag zu, der nur von allen an diesen Prozessen Beteiligten in gemeinsamer Verantwortung erfüllt werden kann.

Schulen haben einen umfassenden Bildungs- und Erziehungsauftrag zu erfüllen. Ging man zunächst davon aus, dass gerade Schulen, die diesen Auftrag nur unter erschwerten Bedingungen realisieren können, als Ganztagsschulen geeignet seien (z. B. Schulen mit einem besonders hohen Anteil an Kindern mit Migrationshintergrund, vgl. frühere Modellversuche in Bayern bei der Implementierung von Ganztagsschulen), so hat sich inzwischen gezeigt, dass viele Schulen von den erweiterten zeitlichen, organisatorischen und vor allem pädagogischen Möglichkeiten profitieren, um ihren Bildungs- und Erziehungsauftrag zu erfüllen. Aufgrund der Tatsache, dass Kinder und Jugendliche durch den Besuch der Ganztagsschule mehr Zeit in der Schule verbringen, kommt dem Bildungs- und Erziehungsauftrag eine noch höhere Bedeutung zu. Die Schule versteht sich dabei nicht als Familienersatz, sondern allenfalls als ergänzende Erziehungs- und Sozialisationsinstanz – diese Bildungs- und Erziehungspartnerschaft bedarf einer engen Kooperation, denn nur so kann das erforderliche Vertrauensverhältnis geschaffen und bewahrt werden.

Dabei bietet die Ganztagsschule viele Möglichkeiten, sich z. B. durch das Mittagessen an der Schule oder Bewegungspausen innerhalb des rhythmisierten Schultages mit Fragen der Gesundheitsförderung auseinanderzusetzen, durch vielfältige Kontakte das soziale Lernen zu trainieren, durch Partizipation (z. B. Tischdienste, selbstgestaltete Zeitphasen) Verantwortung für sich selbst und andere zu übernehmen oder durch das Mehr an Zeit offene Unterrichtsformen für Projekte der Medien- und Umwelterziehung zu nutzen.

Während die Halbtagsschule nicht zwischen Unterricht, Bildung und Erziehung trennt, muss sich die Ganztagsschule aufgrund der erweiterten Verantwortung für die Kinder und Jugendlichen zwangsläufig mehr auf das Thema Erziehung fokussieren, da sie zweifelsohne »mehr« ist als ein »Mehr an Unterricht«. Nicht nur, weil es verstärkt Aspekte des sozialen Miteinanders zu beachten gilt, sondern auch weil dem Austausch mit den Erziehungsberechtigten, also den Eltern, noch größere Bedeutung beikommt. Um diesen gemeinsamen Erziehungsauftrag von Schule und Elternhaus zu erfüllen, braucht es gegenseitiges Vertrauen, Wertschätzung für die Erziehungsarbeit des anderen, aber vor allem einen Konsens über Werte und Erziehungsziele. Dies kann nur durch regelmäßigen Kontakt, kontinuierliche Kommunikation und Kooperation geschaffen werden. Möglichkeiten dafür werden unter dem Punkt Elternarbeit und Elternpartizipation in der Ganztagsschule genauer erörtert.

2.2 Rhythmisierung

Mehr Zeit an der Schule braucht auch mehr Struktur – nur ein adäquat rhythmisiertes Zeitkonzept sorgt für die Ausgewogenheit von Anspannung und Entspannung, Aktivität und Regeneration, Lernen und Freizeit.

»Der Ganztag beginnt am Vormittag«, dieser von Appel, dem Vorsitzenden des Ganztagsschulverbandes häufig zitierte Satz, verweist auf das unverzichtbare Erfordernis eines Rhythmisierungskonzeptes, welches die Trennung von vormittäglichem Pflichtunterricht und additivem Nachmittagsangebot zu überwinden versucht.

Zwar lässt sich dies in der gebundenen Ganztagsschule leichter umsetzen, da hier sowohl der Vormittag als auch der Nachmittag meist in der Koordination der Schule liegen. Doch auch in offenen Ganztagsangeboten darf die Rhythmisierung nicht außer Acht gelassen werden. Sowohl der reguläre Vormittagsunterricht als auch die additiven Angebote am Nachmittag müssen sich am neuen, ganztägigen Rhythmus orientieren.

2.2.1 Vom Takt zur Rhythmisierung

Takt und Rhythmisierung – abgeleitet vom griechischen Wort »rhythmos« – meinen einen wiederkehrenden, strukturierten Wechsel. Sie stellen sehr bedeutsame und zentrale Merkmale in der Konzeption von Ganztagsschulen dar. Dabei wurde bereits betont, dass insbesondere bei der gebundenen Form von Ganztagsschule ein rhythmisierter – also von morgens bis nachmittags strukturierter – Schultag möglich und nötig ist. Bei einem ganztägig rhythmisierten Schulalltag in einer Ganztagsklasse muss der Pflichtunterricht auf den Vormittag und Nachmittag verteilt werden, Phasen der Anspannung und Entspannung finden sich im Wechsel, wobei auf eine Verbindung von unterrichtlichen und außerunterrichtlichen Elementen zu achten ist. In offenen Formen stößt die Umsetzung einer konsequenten Rhythmisierung in der Praxis immer noch an ihre Grenzen, dergestalt, dass sich der Nachmittagsblock meist additiv an den Vormittag anhängt und die individuelle Leistungskurve des Kindes dabei weder inhaltlich noch personell oder institutionell Beachtung findet.

Zuweilen wird in der Literatur auch zwischen »Takt« und »Rhythmisierung« differenziert: Der *Takt* meint dabei »die schuleinheitlich festgelegte zeitliche Strukturierung. Im Schulkonzept wird z.B. die Dauer und Abfolge von Blöcken festgelegt, wann die Schule öffnet und wann das gemeinsame Frühstück, das Mittagessen, jahrgangsübergreifendes Lernen und die Arbeitsgemeinschaften stattfinden« (Burk 2005, S. 164).

Rhythmisierung bezeichnet dagegen die »interne Lernstruktur innerhalb der vorgegebenen Unterrichtsblöcke [...], die jeweils von der agierenden Lehrkraft und den Kindern der Lerngruppe gesteuert wird« (ebd.). Dabei kann man zwischen äußerer Rhythmisierung und *innerer Rhythmisierung* differenzieren, worauf im Folgenden noch näher eingegangen wird. Als weitere Unterscheidungsformen nennt Scheuerer die Wochen- und Jahresrhythmisierung, die sich auf größere Zeitabschnitte beziehen (z. B. Rituale zu Wochenbeginn und Wochenende, Sommerfeste, Praktikumszeiten), sowie den Eigenrhythmus des Lernens, also die individuell geprägte Abfolge und Selbstbestimmung der Lernprozesse (Scheuerer 2008, S. 56).

Grundsätzlich meint Rhythmisierung im Handlungsfeld Schule »den *zeitlich ausgewogenen Wechsel* von:
- Anspannung und Entspannung
- Anstrengung und Erholung
- Bewegung und Ruhe
- Kognitiven und praktischen Arbeitsphasen
- Aufnehmen und Besinnen
- Gelenktem Arbeiten und Selbsttätigkeit
- Konzentration und Zerstreuung
- Individuellem Arbeiten und Arbeiten in der Gruppe
- Lernarbeit und Spiel« (Scheuerer 2013, S. 21, Hervorhebung im Original)

Auch Pausen leisten einen wesentlichen Beitrag zur Rhythmisierung des Schultages. Es kann sich dabei um kurze Spiel- und Bewegungspausen zur Auflockerung, kürzere Ess-, Obst- und Trinkpausen zwischen den Unterrichtsblöcken oder aber um die längere Mittagspause handeln. Insbesondere die Mittagszeit ist ein zentraler Punkt innerhalb der Tagesstruktur einer Ganztagsschule. Sie ist bedarfsorientiert zu gestalten: Während einige Kinder sich nach dem Mittagessen zurückziehen oder alleine sein möchten, um wieder neue Kraft für den Nachmittag zu schöpfen, haben andere das Bedürfnis nach Aktivität und körperlicher Bewegung.

2.2.2 Äußere und innere Rhythmisierung

Die *äußere Rhythmisierung* (vgl. Burk 2005, S. 165) meint den Wechsel der Sozialformen, der Lehr- und Lernformen, wie beispielsweise den Wechsel zwischen lehrerzentriertem Frontalunterricht, Wochenplanarbeit und individuellem Lernen.

Die *innere Rhythmisierung* meint »den eigenen Rhythmus, den jeder Mensch hat, sowie [...] Steuerung der Lernprozesse durch jedes einzelne Kind selbst (z. B. Lernstrategien entwickeln, Lernhilfen wahrnehmen, Kontakte zu anderen Kindern aufnehmen, Entspannungsphasen bewusst gestalten)« (Burk 2005, S. 165).

Beiden Ausprägungsformen muss die Ganztagsschule Rechnung tragen. Haben die äußere Rhythmisierung vor allem die Lehrkraft sowie das Schulleitungsteam in der Hand – durch die Gestaltung von Lernsituationen und Stundenplänen –, so erfordert eine adäquate innere Rhythmisierung nicht nur die Reflexionskompetenz der Schülerinnen und Schüler, sondern auch die individuelle Beobachtung der Kinder durch das gesamte Personal.

2.2.3 Exemplarische Rhythmisierung eines Schultages

Betrachtet man die Stundenpläne von Ganztagsschulen, so ist das Rhythmisierungskonzept darin meist nur in Ansätzen erkennbar. Dies liegt einerseits an der Vielzahl der verwendeten Begrifflichkeiten, andererseits aber auch an der mangelnden Aussagekraft der darin aufgelisteten Zeiteinheiten für die tatsächliche Rhythmisierung. Zwar sollen an dieser Stelle keine Patentrezepte für einen rhythmisierten Tagesablauf gegeben werden, da dieser individuell variiert und sich an den jeweiligen Bedürfnissen der Schule orientiert. Dennoch können die in Abbildung 2 und 3 aufgeführten Konkretisierungsvorschläge Impulse und Hinweise dafür liefern.

Uhrzeit	Aktivitäten/Methode	Mögliche Rhythmisierungselemente
1. Block 7.30 bis 10.00 Uhr	individuelle Lernzeit/ gemeinsame Lernzeit unterschiedliche Formen der Lehr- und Lernorganisation; auch jahrgangs- und klassenübergreifend	7.30 Uhr: Öffnung der Schule, Gleitzeit 8.00 bis 8.30 Uhr: offener Anfang und differenzierte Arbeit 8.30 bis 9.00 Uhr: Morgenkreis (Sammlung, Gespräch, Tagesplan) 9.00 bis 10.00 Uhr: fach- bzw. lehrgangsbezogene Abschnitte; Arbeit am Wochenplan
10.00 bis 10.30 Uhr	individuelle und gemeinsame Aktivitäten	gemeinsames Frühstück, Spiel und Bewegungszeit/Pausenzeit
2. Block 10.30 bis 12.30 Uhr	individuelle Lernzeit/ gemeinsame Lernzeit unterschiedliche Formen der Lehr- und Lernorganisation; auch jahrgangs- und klassenübergreifend	10.30 bis 12.30 Uhr: fach- bzw. lehrgangsbezogene (z. B. Fachunterricht) Abschnitte oder Arbeit nach einem Wochenplan
12.30 bis 14.00 Uhr	individuelle Zeit/gemeinsame Zeit	Spiel und Bewegung/Pausenzeit Mittagessen, offene Angebote
3. Block	individuelle Lernzeit/ gemeinsame Lernzeit	fach- und lehrgangsbezogene Abschnitte, Arbeitsgemeinschaften, Wahlpflichtangebote

Handschriftliche Notiz am Rand: innerer Motor!

14.00 bis 16.00 Uhr	unterschiedliche Formen der Lehr- und Lernorganisation; auch jahrgangs- und klassenübergreifend; einschließlich Spiel und Bewegung und offener Schluss	zusätzliche außerschulische Angebote: Schülerhilfen, Arbeitsgemeinschaften, Betreuungsangebote

Abbildung 2: Rhythmisierungsstrukturmodell (verändert nach Kamski 2007, S. 17, zit. nach Scheuerer 2013, 36)

Uhrzeit	Takt und Rhythmisierung des Schultages
7.00 bis 7.45 Uhr	Öffnung der Schule und Morgenbetreuung Öffnung des Schülercafés fakultativ die Teilnahme am jahrgangsübergreifenden Schulfrühstück, einmal monatlich für alle Ganztagsklassen in Gemeinschaft verpflichtend
7.45 bis 8.00 Uhr (ggf. 8.15 Uhr)	offener Anfang bei Gleitzeit individuelles und differenziertes Arbeiten Lese- bzw. Erfahrungsecken (z. B. Kreativinsel, Lernwerkstatt) fakultativ die Teilnahme am jahrgangsübergreifenden Schulfrühstück, einmal monatlich für alle Ganztagsklassen in Gemeinschaft verpflichtend (dann jedoch bis ca. 8.30 Uhr)
8.00 bis 9.30 Uhr	Arbeitsphase – Block I (Doppelstundenprinzip) … fasst die erste und zweite Stunde zusammen (erleichtert die Schulorganisation der parallelen Halbtagsklassen und eröffnet dadurch ebenso Möglichkeiten des klassenübergreifenden Arbeitens von Halbtags- und Ganztagsklassen), wobei der Klassenlehrkraft die freie Zeiteinteilung in diesem Block obliegt: • Wochenplanarbeit bis 8.45 Uhr (ermöglicht eine Rückkehr der Schüler vom Schulfrühstück) • Morgenkreis/Wochenkreis (»offizieller« Beginn des Schultages mit Gebet, Lied, Gespräch sowie veranschaulichter Planung des Schultages) • gemeinsame und individuelle Lernphasen bei unterschiedlichen Formen der Lernorganisation • Wechsel von freien und lehrgangsbezogenen Lernphasen • differenzierte, klassen- und jahrgangsübergreifende Lernphase und Angebote • Bewegungspausen bzw. Entspannungsphasen nach Bedarf (fünf bis zehn Minuten) • ggf. Obstpause (z. B. Schulfruchtprogramm)
9.30 bis 10.00 Uhr	Große Pause (schulübergreifend) Bewegung und Aktivität (möglichst an der frischen Luft) Nahrungsaufnahme Spiel- und Bewegungsangebote

10.00 bis 11.30 Uhr	**Arbeitsphase – Block II (Doppelstundenprinzip)** … fasst die dritte und vierte Stunde zusammen (erleichtert die Schulorganisation der parallelen Halbtagsklassen und eröffnet dadurch ebenso Möglichkeiten des klassenübergreifenden Arbeitens von Halbtags- und Ganztagsklassen), wobei der Klassenlehrkraft die freie Zeiteinteilung in diesem Block obliegt: • gemeinsame und individuelle Lernphasen bei unterschiedlichen Formen der Lernorganisation • Wechsel von freien und lehrgangsbezogenen Lernphasen • differenzierte, klassen- und jahrgangsübergreifende Lernphase und Angebote • Bewegungspausen bzw. Entspannungsphasen nach Bedarf (fünf bis zehn Minuten) • ggf. Obstpause (z. B. Schulfruchtprogramm)
11.30 bis 12.15 Uhr	**Mittagessen** (je nach Zahl der Teilnehmer gestaffelt bzw. klassenweise um circa fünf bis zehn Minuten versetzt, um lange Wartezeiten zu vermeiden) fällt in der Regel in die fünfte Stunde, je nach Schulgröße und Zahl der Essensteilnehmerinnen und -teilnehmer auch noch in die sechste Stunde bis 13.00 Uhr
12.15 bis 14.00 Uhr	**Mittagspause und Mittagsfreizeit** gebundene und ungebundene Freizeitangebote: • Spiel und Bewegung, bevorzugt an der frischen Luft • Rückzugs- und Erholungsmöglichkeiten • freie Pausenzeit • offene Freizeitangebote (z. B. Lesestunden, Aufenthalt in der Schülerbibliothek)
14.00 bis 15.30 Uhr	**Arbeitsphase – Block III (Doppelstundenprinzip)** … fasst die siebte und achte Stunde zusammen (erleichtert die Schulorganisation), wobei der Klassenlehrkraft die freie Zeiteinteilung in diesem Block obliegt; an manchen Tagen findet darüber hinaus ein AG-Nachmittag (einmal wöchentlich) bzw. ein Projekt- oder Praxistag (einmal monatlich) statt, der die vorgeschlagene Zeiteinteilung durchbricht • gemeinsame und individuelle Lernphasen bei unterschiedlichen Formen der Lernorganisation • Wechsel von freien und lehrgangsbezogenen Lernphasen • differenzierte, klassen- und jahrgangsübergreifende Lernphasen und Angebote • Bewegungspausen bzw. Entspannungsphasen je nach Bedarf (fünf bis zehn Minuten) • ggf. Obstpause (z. B. Schulfruchtprogramm) • Klassenrat • Arbeitsgemeinschaften, Neigungskurse und Wahlpflichtangebote (zum Teil zusammen mit Schülerinnen und Schülern der Halbtagsklassen) • jahreszeitliche Angebote (z. B. Schlittenfahren, Schneemann bauen, Freibadbesuch, Museum, Eis essen, Schulgarten) • gemeinsamer und ritualisierter Tages-/Wochenabschluss

15.30 bis 16.00 Uhr (ggf. 16.15 Uhr)	zusätzliche schulische und außerschulische (Betreuungs-)Angebote (z. B. Schülerhilfsprojekte, Lernpatenprojekt) offene Angebote offener Schluss Betreuungsangebot

Abbildung 3: Beispiel für Takt und Rhythmisierung in der Praxis (angelehnt an eigene Erfahrungen als Konrektorin in der Grundschule St. Nikola Landshut)

Empfehlungen für die praktische Umsetzung

→ Bedenken Sie bei der Gestaltung des Zeitkonzeptes, dass es nicht genügt, die Unterrichtsangebote einfach nur den erweiterten zeitlichen Möglichkeiten anzupassen! Der Schultag in einer Ganztagsschule muss sich einschneidend ändern, Phasen der Anspannung und Entspannung, Phasen für formales und informelles Lernen, Phasen in Gemeinschaft und Individualität müssen sich abwechseln!

→ Überlegen Sie, wie Sie mithilfe von Freizeitangeboten, Personal- und Fachwechseln sowie Pausen den Schulalltag einer Ganztagsklasse rhythmisieren können!

→ Arbeiten Sie darauf hin, den Beginn und das Ende des Ganztagsschultages flexibel und offen zu gestalten! Möglichkeiten dafür sind eine offene »Kommphase«, Morgenbetreuung, Beginn mit dem Schulfrühstück oder auch flexible Betreuungszeiten (z. B. Mittagsbetreuung) am Ende eines Schultages.

→ Achten Sie auf Rituale im Schulalltag! Dies können regelmäßig wiederkehrende Elemente wie Morgenkreis, Tagesabschluss, Sitzkreis zum Wochenbeginn, Wochenabschlusssitzung, Klassenintensivierungsstunden oder ein gemeinsames Frühstück (z. B. täglich, einmal wöchentlich, einmal monatlich) sein.

→ Haben Sie den Mut, sich von traditionellen 45-Minuten-Einheiten zu verabschieden! Ein erster Schritt können 90-Minuten-Einheiten im Doppelstundenprinzip sein, die stückweise zugunsten eines individuellen Arbeitsrhythmus der Ganztagsgruppen ausgeweitet werden – auch an weiterführenden Schulen, in denen meist das Fachlehrerprinzip dominiert!

→ Rhythmisieren Sie im Jahreswechsel auch durch Projekttage oder Projektwochen, und nutzen Sie die erweiterten zeitlichen und pädagogischen Möglichkeiten für methodische Großformen (z. B. Müllprojektwoche, Kunstprojekte). Nutzen Sie Veranstaltungen des Schullebens sowie außerschulische Lernorte zur Rhythmisierung (z. B. Ausflüge, Besuch des Weihnachtsmarktes, Museumsbesuche, Kunstausstellungen).

→ Achten Sie auf genügend Pausen, Erholungsphasen und Freizeitangebote – gerade in der Einführungsphase einer Ganztagsschule geraten diese häufig zu kurz! Planen Sie besonders für die Mittagspause genügend Zeit ein. In dieser Zeit muss neben Hin- und Rückweg sowie Essen genügend Zeit für die Regeneration und Aktivität der Schülerinnen und Schüler bleiben!

2.3 Freizeitgestaltung und Freizeitpädagogik

Freizeitangebote stellen nicht nur ein Element zur Rhythmisierung, sondern ein zentrales Merkmal in der Konzeption von Ganztagsschulen dar. Wenn Kinder und Jugendliche immer mehr Zeit in der Schule verbringen, muss dort auch ihrem Bedürfnis nach Bewegung, Aktivität, Spiel, Freizeit und Erholung Rechnung getragen werden – schlichtweg allen Beschäftigungen, denen Kinder und Jugendliche auch sonst am Nachmittag nachgehen. Nur so kann einer Überforderung und Überlastung durch den ganztägigen Aufenthalt am Lernort Schule frühzeitig entgegengewirkt werden. Hierbei unterscheidet man Angebote der ungebundenen und Angebote der gebundenen Freizeit. Beide Formen müssen im pädagogischen Ganztagskonzept der Schule gleichermaßen Berücksichtigung finden.

2.3.1 Gebundene Freizeit

Bei der gebundenen Freizeit melden sich Schülerinnen und Schüler für einen bestimmten Zeitraum (z. B. mehrere Monate, Trimester, Halbjahr, Schuljahr) verbindlich für ein Freizeitangebot im Rahmen der Freizeiterziehung an. Beispiele dafür sind:

- Musikunterricht in Gruppen oder Einzelunterricht (z. B. Gitarre, Klavier, Flöte, Keyboard)
- Kreativangebote (z. B. Aquarellmalkurs, Töpferkurs, Weidenflechtkurs)
- Sport- und Bewegungsangebote (z. B. Fußballclub, »Seiltänzer« bzw. Slacklining-Projekt, Seilspringen bzw. Rope-Skipping-Arbeitsgemeinschaft)
- Hobbykurse und Neigungsgruppen (z. B. Schulgarten, Schülerzeitungsclub, Foto-AG, Medienclub)

Um die vielfältigen Neigungen, Interessen und Begabungen der Kinder und Jugendlichen zu berücksichtigen, sollten Freizeitangebote möglichst vielfältig und ganzheitlich gestaltet werden. Dabei wird es aber gerade in der Einführungsphase einer Ganztagsschule nicht immer möglich sein, eine große Bandbreite verschiedener Wahlangebote bereitzustellen. Die Angebote wachsen mit zunehmender Zahl an Kooperationspartnern sowie Teilnehmerinnen und Teilnehmern am Ganztagsangebot an. Dabei sollte jede Schule die bereits bestehenden Angebote und Arbeitsgemeinschaften der Halbtagsschule nutzen und diese für Ganztagsgruppen zugänglich machen. Dies erweitert nicht nur das Spektrum für Freizeit- und Neigungsangebote, sondern vermeidet auch die zuweilen als Separierung empfundene Einteilung in »Halbtagsschüler« und »Ganztagsschüler«. Soziale Kontakte und Freundschaften können so im Freizeitbereich weiterhin über die Klassenstruktur hinaus gepflegt werden.

2.3.2 Ungebundene Freizeit → Sportvereine,...

Während den gebundenen Freizeitangeboten gerade in Verbindung mit der Wahl von Kooperationspartnern große Aufmerksamkeit geschenkt wird, zeigen viele Rhythmisierungskonzepte und Stundenpläne von Ganztagsschulen Defizite in der Berücksichtigung der ungebundenen Freizeit auf. Ungebundene Freizeit? Zeit für Nichtstun? Rückzug? Sehr häufig führen Schulleitungen bei Nachfragen neben der Aufsichtspflicht auch die Nutzung des »Mehr-an-Zeit« für Förderangebote auf, welche sich viele Erziehungsberechtigte so stark für ihre Kinder wünschen. Ja, dies hat durchaus seine Berechtigung – aber wenn wir Kinder und Jugendliche (fast) den ganzen Tag institutionell binden, dann müssen wir auch ihrem Bedürfnis nach Rückzug, Spiel und Freizeit entgegenkommen; nur so bleiben Kinder und Jugendliche auch am Nachmittag leistungsfähig. → Bedürfnisse!!

Möglichkeiten der ungebundenen Freizeitgestaltung

Diese Form der Freizeitgestaltung meint schlichtweg Freiräume und Zeiten zur freien Nutzung und Gestaltung, kurzum zum selbstbestimmten »Nichtstun« – selbstverständlich unter Wahrung der Aufsichtspflicht. Beispiele sind:
- Spiel- und Bewegungsmöglichkeiten bzw. freie sportliche Betätigungen (z. B. Aufenthalt auf dem Freigelände mit Materialien zur bewegten Pausengestaltung, freie Nutzung der Sportanlage bzw. der Sporthalle)
- Rückzug und Erholung (z. B. Auszeiten, Lesen in einem Leseraum oder der Bibliothek, »Chillen« in einem Ruheraum, Rückzugsecken)
- soziale Begegnung und Kommunikation (z. B. Aufenthalt im Schülercafé, freie Treffs)
- freie Gestaltungsmöglichkeiten und Gestaltungszeiten (z. B. Zeit für Spiele und Selbstbeschäftigung, auch das Zulassen von Langeweile)

Gerade in Ganztagsangeboten für Primarschüler muss neben dem Rückzug und der Möglichkeit des Ausruhens auch eine Option für das gemeinsame Spiel bestehen, weshalb dieser Punkt im folgenden Abschnitt vertieft werden soll.

Als besonders erforderlich erweist sich die ungebundene Freizeit im Anschluss an das Mittagessen. Schülerinnen und Schüler benötigen hier eine Phase, in der sie selbst entscheiden und bestimmen können, wie sie die Zeit bis zum Beginn des Nachmittagsblocks verbringen wollen, um auch eine »wirkliche« Pause und Auszeit innerhalb des ansonsten sehr getakteten, fremdgesteuerten und langen Schultages zu erleben und neue Kräfte zu sammeln.

Abschließend sei noch vermerkt, dass sich Kreativität auch durch Langeweile entwickeln kann (Mann/Cadmann 2013). Wissen wir, dass die Bedingungen für das Aufwachsen von Kindern heute immer mehr einer Anleitung gleichkommen, Förderangebote und Förderkurse im Wochenverlauf nur »das Beste« für die Entwicklung des Kindes wollen, aber oftmals als »Termin-Hopping« und Freizeitstress enden; so dürfen wir dieselben Fehler nicht auch in der Betreuung, Förderung und Gestaltung des Ganztagsangebotes machen. Ganztagsschule sollte Zeitfenster vorsehen, aber vor allem den Mut haben, Langeweile zuzulassen, Schülerinnen und Schülern die Möglichkeit geben, selbst nach Gestaltungsmöglichkeiten für ihre Freizeit zu suchen und diese auch zu finden.

Bedeutung des Spiels in der Ganztagsschule

Das Spiel ist der Beruf des Kindes (H. Scheuerl) – Ganztagsschule muss daher den Chancen auf förderliche neurobiologische, entwicklungspsychologische und bildungsorientierte Effekte Zeit und Raum einräumen, gerade in der Primarstufe.

Bei der Planung des Angebots eines Ganztagsschulkonzeptes werden häufig Freiräume für Gestaltungsmöglichkeiten, welche wir unter den Terminus »ungebundene Freizeit« subsummieren, vergessen oder nicht genügend beachtet, da wir Erwachsene Zeit vor allem dann für sinnvoll gestaltet halten, wenn sie einen Zweck erfüllt oder uns einem Ziel näherbringt. Ist das Spiel aber der Beruf des Kindes (H. Scheuerl), und wissen wir um die entwicklungsförderlichen Auswirkungen, so müssen wir dem Rechnung tragen, wenn sich das Kind den ganzen Tag in der Institution Schule aufhält. »Die hintergründige Dialektik des Spiels zeigt sich darin, daß [sic!] es trotz seines scheinbar zweckfreien Charakters der Entwicklung der Lebensfunktionen dient, und zwar […] umso nachhaltiger, je weniger es zielgebunden oder entwicklungsorientiert abläuft« (Röhrs 1981, S. 15). Krenz umschreibt die Bedeutung des Spiels als Vorstufe und Nährboden für den Erwerb schulischer und beruflicher Fähigkeiten und als von entscheidender Bedeutung für die gesamte Persönlichkeitsentwicklung (vgl. Krenz o. J., S. 3). Wird die Bedeutung des Spiels in der traditionellen Pädagogik keinesfalls primär mit der Institution Schule in Verbindung gebracht, so erhält das Spiel durch die Implementierung der Ganztagsschule eine neue Konnotation, da diese auch dem Spiel- und Freizeitbedürfnis der Kinder Rechnung tragen muss. Die Ganztagsschule »beansprucht folglich, nicht mehr Schule, sondern mehr als Schule zu sein« (Schulze-Gade/Schulze-Gade 2013, S. 40). Gerade bei Ganztagsangeboten im Primarschulbereich sollten die Möglichkeiten innerhalb der ungebundenen Freizeit genutzt werden, um Kindern Spielangebote (z. B. Sackhüpfen, Seilspringen, Hüpfspiele, Kricket) und andere Angebote zur freien Beschäftigung zu machen (z. B. Gesellschafts- bzw. Brettspiele, Handpuppen, Verkleidungskisten). Wichtig ist dabei, dass Schülerinnen und Schüler möglichst unterschiedliche Spielformen kennenlernen und erleben, um so ihr Spiel- und Lernpotenzial schrittweise zu erweitern und vor allem ihre Spielkompetenz, welche sich gerade im Grundschulalter nachhaltig auf soziale Beziehungen zu Gleichaltrigen auswirkt, zu fördern.

> **Empfehlungen für die praktische Umsetzung**
> → Häufig wird den Möglichkeiten zum »wirklichen« Rückzug im Rhythmisierungskonzept zu wenig Bedeutung beigemessen – achten Sie daher auf einen ausgewogenen Wechsel von gebundenen und ungebundenen Freizeitangeboten!
> → Stimmen Sie das Freizeitangebot auf die organisatorischen und inhaltlichen Erfordernisse Ihres Ganztagskonzeptes ab, richten Sie es aber immer primär auf die Bedürfnisse der Schüler hin aus. Dies erfordert eine flexible und dynamische Gestaltung des Freizeitangebotes!
> → Rekrutieren Sie gezielt Personal, um Ihre Angebotspalette im Neigungs- und Freizeitbereich im Sinne eines ganzheitlichen Bildungs- und Erziehungsauftrags zu erweitern!
> → Schaffen Sie für die Schülerschaft unter Beachtung des Biorhythmus ausreichend Freiräume zur Regeneration und Erholung, aber auch für Aktivität und Bewegung!
> → Erarbeiten Sie an Ihrer Schule ein ganzheitliches Freizeitkonzept, welches vielfältige Neigungen aufgreift, fördert und auch weckt!
> → Lassen Sie die Angebotsvielfalt behutsam und sukzessive über die Jahre wachsen, und vermeiden Sie eine organisatorische Überfrachtung und Überforderung (z. B. durch zu viele Wahlangebote, organisatorisch schwer fassbare Wechselturni).
> → Achten Sie bei der Ausstattung für Ihre Ganztagsgruppen darauf, dass diese auch eine Beschäftigung innerhalb der ungebundenen Freizeit ermöglicht!

2.4 Musisch-ästhetische Bildung und Erziehung

Insbesondere durch die Kooperation mit externen Partnern eignet sich die Ganztagsschule als zentraler Lern- und Erfahrungsort für kulturelle Bildung und musisch-ästhetische Aktivitäten. Kinder und Jugendliche, die von Bildungsbenachteiligung bedroht sind, können auf diese Weise einen Zugang zu musisch-ästhetischen Bildungsangeboten und Ausdrucksformen (z. B. Tanz, Malerei, Musizieren mit Instrumenten) erhalten. Dadurch gestalten Kinder und Jugendliche nicht nur die Welt, indem sie das aktuelle (kulturelle) Leben bereichern, vielmehr gestalten sie dadurch auch sich selbst. Ganztagsbildung leistet so einen wertvollen Beitrag für die Persönlichkeitsentwicklung.

→ Die Förderung kultureller Bildung kann innerhalb des Ganztagsunterrichts ausgebaut werden (z. B. Großprojekte im Kunstunterricht, Werkstattunterricht zum Instrumente basteln), vor allem gibt es vielfältige Möglichkeiten der non-formalen Bildung. Dabei darf die Schule nicht nur kognitive Basisfertigkeiten ansprechen, sondern muss die Trias von Kopf, Herz und Hand (Maria Montessori) im Sinne eines umfassenden und ganzheitlichen Bildungs- und Erziehungsauftrages erfüllen. Um diesem Anspruch nachkommen zu können, bedarf es der Kooperation mit Museen, Vereinen und Verbänden, Musikschulen, Kultureinrichtungen und der Jugendarbeit, die nachhaltig in die Ganztagskonzeption zu integrieren ist.

Beispiele für die Förderung und Arbeit im musisch-kreativen Bereich:
- Instrumentalunterricht in Gruppen bzw. Einzelinstrumentalunterricht in Kooperation mit der Musikschule (z. B. das Projekt »Jedem Kind ein Instrument«, Einrichtung von Bläser- und Chorklassen)
- Kooperation mit der örtlichen Musikschule
- Kreativ-Arbeitsgemeinschaft (z. B. für die Schulhausgestaltung, jahreszeitliche Dekorationen der Ganztagsmensa, aber auch Angebote zur eigenen Ausdrucksfindung)
- Einrichtung einer Theater-Arbeitsgemeinschaft oder Durchführung von Theatertagen, eventuell in Kooperation mit dem Stadttheater bzw. Laienspielgruppen
- Kooperation mit örtlichen Kulturvereinen
- Besuch von Museen, auch überregionale Exkursionen aufgrund des erweiterten Zeitrahmens möglich
- Kooperation mit einem Architekten und Mitgliedern der Stadtbauverwaltung zu Themen wie Architektur und Design (z. B. in Verbindung mit Lehrplaninhalten, Projekte »Unsere Traumschule«)
- gemeinsamer Besuch von lokalen und regionalen Kunstausstellungen
- Tanzkurse mit örtlichen Tanzschulen und Trachtenvereinen
- Kooperationen mit Künstlern der Region in Form gemeinsamer Projekte (z. B. »Künstler in der Grundschule«, Fotoprojekt mit einem Fotokünstler und anschließend gemeinsame Ausstellung, Acrylmalereikurse)

2.5 Gesundheitsförderung und Gesundheitserziehung

Die Ganztagsschule darf sich keinesfalls nach dem Prinzip »more of the same« (Vogel 2006, S. 18) als eine Verlängerung der zuweilen noch zu »unterrichtslastigen« Halbtagsschule verstehen, sondern muss aus einer Neukonzeption hervorgehen. Aufgrund des langen Aufenthalts der Kinder und Jugendlichen an der Schule muss sie zu einer gesundheitsfördernden Schule werden, die ihre Verantwortung für die Pflege und das Aufwachsen der Schülerschaft ernst nimmt und eine gesundheitsförderliche Lebensweise unterstützt. Dabei ist nach Paulus das Bemühen um eine gesundheitsfördernde Schule »noch viel zu wenig auf die Erziehungs- und Bildungsaufträge der Schule ausgerichtet und unterstützt Schulen nicht gezielt in diesen, heute so wichtig gewordenen Kernanliegen, qualitätsvolle pädagogische Arbeit zu leisten« (Paulus 2007, S. 27). Die Ganztagsschule ist dafür prädestiniert, Gesundheitsförderung und Gesundheitserziehung verbindlich als Teilkonzeptionen in das pädagogisch-organisatorische Ganztagskonzept aufzunehmen.

Im Folgenden soll das Augenmerk sowohl auf ausgewählte Aspekte der Sport- und Bewegungserziehung als auch der Ernährungserziehung innerhalb der Gesundheitsförderung gerichtet werden, da beide Aspekte in einer verantwortlich gestalteten Ganztagsschule ohne Einschränkung wahrzunehmen sind. Regelmäßige Bewegungs- und Sportangebote leisten nicht nur einen Beitrag zur Rhythmisierung des Schultages, sondern wirken auch dem Bewegungsmangel der Kinder und Jugendlichen entgegen, sodass im Anschluss an die Aktivität geistige Leistungsfähigkeit, Konzentration und Motivation wieder ansteigen. Das lässt sich gerade nach einer Aktivfreizeitphase im Anschluss an die Mittagspause häufig beobachten. Ebenso leisten Phasen der Aktivität und des »Auspowerns« einen Beitrag zum Abbau von Aggression und damit einen wertvollen Impuls für soziales Lernen.

Argumente für eine bewegte Ganztagsschule sind nach Reinschmidt und Werner (2010, S. 6):
- Förderung der kognitiven Fähigkeiten und der motorischen Entwicklung
- Unterstützung von Selbstständigkeit und Kreativität
- Umwelt-, Material- und Körpererfahrung
- Erlebnisse mit Gleichaltrigen und Gleichgesinnten
- Steigerung der physischen Leistungsfähigkeit
- Schulung des Sozialverhaltens
- Steigerung von Lebensfreude und Wohlbefinden

Angebote in den Bereichen Bewegung und Sport nehmen gerade in Ganztagsschulen eine zentrale Position ein, da sie »ein Bindeglied zwischen schulischer und außerschulischer Bildung, zwischen Vor- und Nachmittag, zwischen formeller und informeller Bildung sowie zwischen schulischem und außerschulischem Personal« (Laging 2010, S. 75) bilden.

Beispiele für Gesundheitsförderung bzw. Gesundheitserziehung in der Praxis:
- Angebot eines gemeinsamen, gesunden Schulfrühstücks im Ganztag, möglicherweise in Kooperation mit einem externen Partner oder einer Elternvertretung
- gesunde und ausgewogene Mittagsverpflegung, auch unter Mitwirkung der Schülerinnen und Schüler bei der Speiseplangestaltung
- kostenloses und frei zugängliches Angebot von Getränken während des ganzen Tages
- Einrichtung eines Bewegungs-/Aktiv Freizeitraumes
- Arbeitsgemeinschaften und Neigungsgruppen mit Schwerpunkt Bewegung (z. B. Tanzarbeitsgemeinschaft, Stepp- und Tanzkurse, Seilspringen bzw. Rope-Skipping, »Seiltanzen« bzw. Slack-Lining, Fußball, Tischtennis)
- bewegte Pausen im Klassenzimmer sowie im Schulhof
- Pausenkisten mit Material für alle Ganztagsgruppen, aber auch Halbtagsklassen (z. B. Hüpfseile, Straßenkreide, Jongliertücher, Softbälle, Kegel)
- fest im Stundenplan verankerte intensive Bewegungszeiten
- Projekte zur Gesundheitsförderung, Gewalt- und Suchtprävention (z. B. Aktionstag gesunde Pause, Projekttag »Rauchen gefährdet die Gesundheit«, Handyfreie Schule, Selbstverteidigungskurse, Zahngesundheitstage, Aufklärungsprojekte zum Thema Körper, Liebe, Sexualität und Geburt in Kooperation mit dem Gesundheitsamt sowie der Bundeszentrale für gesundheitliche Aufklärung)
- Spiel- und Sportfeste, Radfahrtage und Radausflüge

> **Empfehlungen für die praktische Umsetzung**
> → Beziehen Sie Angebote zur Bewegungsförderung explizit als zentralen Bestandteil Ihres Ganztagskonzeptes in das Rhythmisierungskonzept ein, offerieren Sie auch Bewegungsangebote im Neigungs- und Arbeitsgemeinschaftsbereich, lassen Sie Bewegungsangebote aber auch zum »Ganztagsprinzip« werden!
> → Achten Sie besonders in der Primarstufe darauf, dass dem Spiel- und Bewegungstrieb von Kindern durch freie, spielerische Angebote genügend Raum gelassen wird!
> → Nutzen Sie Unterstützungssysteme (z. B. Beratungsstelle Vernetzungsstelle Schulverpflegung) für die Weiterentwicklung Ihrer Mittagsverpflegung hin zu einer gesundheitsförderlichen und schmackhaften Kost!
> → Nicht alle Pausenspiele müssen pädagogisch geleitet oder materialgestützt sein – nur so kann sich die Kreativität und Selbstständigkeit der Kinder entfalten!
> → Betrachten Sie die Mittagsverpflegung als Teil eines ganztägigen Ernährungs- und Gesundheitskonzeptes! Welchen Ansprüchen genügt Ihr Pausenverkauf? Nehmen Sie am geförderten Schulfruchtprogramm Teil? Welche Elemente einer »Bewegten Schule« finden sich in Ihrem Konzept? Bleibt ausreichend Raum für Aktivität und Bewegung?

2.6. Mittagsverpflegung und Mittagszeit

Das Mittagessen ist gemäß dem Definitionsansatz der Kultusministerkonferenz (KMK) ein konstituierendes Merkmal von Ganztagsschule, die Teilnahme am Mittagessen für die Schüler demnach verpflichtend. Dabei zeigt sich in Teilstudien von IGLU 2011 und PISA 2011, dass zwar alle Ganztagsgrundschulen generell eine warme Mittagsmahlzeit anbieten, aber nur 66,4 Prozent dies täglich tun und 94,1 Prozent an mindestens vier Tagen. Bedeutsam ist auch, dass das Mittagessen fast von der Hälfte der Schülerinnen und Schüler (45,6 Prozent) gar nicht angenommen wird und lediglich 39,1 Prozent täglich ihr Mittagessen in der Ganztagsschule einnehmen (vbw 2013, S. 31).

Die Teilnahme am Mittagessen muss dabei von zwei Seiten betrachtet werden: zum einen ganz selbstverständlich aus dem Blickwinkel der Nahrungsaufnahme, zum anderen aber auch aus dem Blickwinkel des sozialen Lernens (z. B. Essen in Gemeinschaft) und des erweiterten Bildungs- und Erziehungsauftrages (z. B. Gesundheitsförderung, Umwelterziehung).

2.6.1 Mittags- und Tagesverpflegung

Die Verpflegung der Schülerinnen und Schüler kann auf verschiedene Weise organisiert sein. In der Praxis finden sich Schulen mit einer eigenen Mensa bzw. mit Speiseraum und Küche, in der gekocht wird; es gibt aber auch Verteilerküchen mit Vorrichtungen zum Warmhalten und Spülen oder Mischsysteme. Bewährt hat sich ferner die Auslagerung der Mittagsverpflegung an einen Pächter oder Caterer, desgleichen die Anlieferung der Mittagsportionen durch öffentliche oder private Einrichtungen (z. B. Kindergarten). Zuweilen werden auch andere Kantinen (z. B. Krankenhaus, Altenheim) mitbenutzt, doch ist dies sowohl aus organisatorischen als auch aus pädagogischen Gründen nicht empfehlenswert. Zum einen ist das Aufsuchen dieser Einrichtungen meist mit einem erheblichen zeitlichen Aufwand verbunden, zum anderen ist das dort angebotene Essen nicht auf die Bedürfnisse und Geschmäcker von Kindern und Jugendlichen abgestimmt (z. B. in Hinblick auf Portionen oder Würzung).

Im Ganztagskonzept ist ebenso die regelmäßige Versorgung mit Getränken über den ganzen Tag hinweg zu berücksichtigen. Ob dafür ein Wasserautomat aufgestellt wird oder die Schülerinnen und Schüler ihre Getränke selbst mitbringen, bleibt der Einzelschule überlassen. Empfehlenswerte Getränke sind Wasser, Tee oder Fruchtschorlen. An einigen Schulen werden auch Schulmilchprojekte in das Nahrungskonzept integriert – es ist jedenfalls unverzichtbar, auf eine ausreichende Flüssigkeitszufuhr für den Tag zu achten, denn nur so können die Konzentrations- und Leistungsfähigkeit erhalten bleiben.

Neben der Mittagspause bedarf es immer wieder kleinerer Essenspausen oder Pausen zur Rhythmisierung und Bewegung. Auch das Schulfruchtprogramm (durch den Europäischen Sozialfonds gefördert) eignet sich hervorragend, um in das Pausen- und Verpflegungskonzept einer Ganztagsschule aufgenommen zu werden. Kleinere Obstpausen leisten nicht nur einen Beitrag zur gesunden Ernährung, sondern ebenso zur Pausengestaltung und Rhythmisierung des Ganztags. An vielen Schulen werden beispielsweise einmal wöchentlich oder monatlich Obsttage, auch unter Mitwirkung von Eltern oder Elternvertretungen, organisiert.

2.6.2 Mittagspause und Mittagszeit

Das Mittagessen in der Ganztagsschule soll nicht nur satt machen, sondern auch soziales Lernen, Kommunikation und den damit verbundenen Erwerb von Kompetenzen fördern:
- Erfahrung von Tischgemeinschaft
- Erlernen und Einüben von Tischkultur und Tischmanieren
- Kennenlernen verschiedener Esskulturen (z. B. im Kontext interkultureller Erziehung)
- Rituale und feste Essgewohnheiten sowie Essenszeiten
- Partizipation (z. B. Tischdienst, Vor- und Zubereitung der Speisen, Speiseplangestaltung)
- Kommunikation und soziale Begegnungen

Neben den sozialen Kontakten zwischen Schülern bietet die gemeinsame Mittagszeit auch die Möglichkeit, mit Lehrkräften ins Gespräch zu kommen, etwa durch Tischgemeinschaften und informelle Gespräche außerhalb des Unterrichts.

Die Mittagspause muss neben der bloßen Nahrungsaufnahme ausreichend Zeit für Regeneration, Kommunikation und Aktivität lassen. Kinder der Primarstufe brauchen in der Regel mehr Zeit zum Essen als ältere Schüler der Sekundarstufe.

Es empfiehlt sich, nach der Mittagspause eine Freizeitphase anzuschließen und nicht direkt mit der Hausaufgabenbetreuung, Lernzeiten oder kognitiven Unterrichtsfächern zu beginnen. So wird die Mittagszeit auch von den Kindern und Jugendlichen als »wirkliche« Unterbrechung des Schultages erlebt.

> **Empfehlungen für die praktische Umsetzung**
> → Beziehen Sie die Schüler in die Gestaltung eines gesundheitsbewussten, abwechslungsreichen und schmackhaften Speiseplans sowie in die Gestaltung der Mittagsverpflegung ein! Für Partizipation bieten sich Tischdienste an, aber auch die Gesundheits- und Ernährungserziehung, Projekte oder Umfragen innerhalb der Schülerschaft (z. B. durch Elternbeirat, die Schülermitverantwortung, die Schulleitung bzw. Steuergruppe).
> → Wählen Sie ein organisatorisch und pädagogisch abgestimmtes Mittagsverpflegungskonzept.
> → Planen Sie ausreichend Zeit für die Mittagspause ein, ein Zeitfenster zwischen 60 und 90 Minuten (je nach konzeptioneller und organisatorischer Ausgestaltung) hat sich bewährt!
> → Achten Sie im Sinne der gesunden Ernährung auf die Qualität und Ausgewogenheit des Mittagessens! Betrachten Sie das Mittagsverpflegungskonzept als Teil eines schulischen Gesamtverpflegungskonzeptes und stimmen Sie diese Möglichkeiten aufeinander ab (z. B. Obstpause, Schulmilch, Schülerfirma, Pausenkiosk usw.).

2.7 Medienerziehung

Gelingt es Ganztagsschulen, verstärkt mit offenen Unterrichtsformen und methodischen Großformen wie Projekt-, Werkstatt- und Epochalunterricht zu arbeiten, bieten sich nicht nur mehr Möglichkeiten für individuelles und ganzheitliches Lernen, sondern auch für den erweiterten Medieneinsatz. Ein ausgearbeitetes Medienkonzept sollte Grundlage für die Medienerziehung und Medienarbeit an jeder Ganztagsschule sein. Als möglichen Mehrwert Neuer Medien beschreibt Bröckling angesichts der Einführung von Ganztagsschulen (Böckling 2006, S. 2):

- »Ausgleich von Defiziten im Medienzugang (Abbau der digitalen Spaltung),
- Angebot von Lernhilfen mit mehr Möglichkeiten zur individuellen Förderung,
- Integration von Lernen mit und Lernen über Medien,
- Verknüpfung von Projekten kreativer Medienarbeit mit dem Unterricht,
- ›Öffnung‹ von Schule und Motivation der Schülerinnen und Schüler durch das Anknüpfen an ihre Medienerfahrungen,
- Positive Veränderung von Lernprozessen im Unterricht durch »extern« erworbene oder weiterentwickelte Lern- und Medienkompetenzen,
- Öffnung für schulübergreifende, auch internationale Kooperationen«

Reflektiert man über Möglichkeiten des Medieneinsatzes in der Ganztagsschule, so lassen sich auch hier die Handlungsfelder des Unterrichts, der freien Lernphasen bzw. der Hausaufgabenbetreuung, der themenspezifischen Neigungs- und Freizeitangebote sowie der Erholung und Entspannung unterscheiden.

Auf den Unterricht soll an dieser Stelle nicht näher eingegangen werden, da sich hier kaum Differenzen zur Mediennutzung und Medienerziehung zwischen Halbtags- und Ganztagsschule ausmachen lassen. Ein Spezifikum für Angebote der individuellen Förderung in freien Lernphasen, aber auch der Hausaufgabenbetreuung, stellt die Nutzung computergestützter Lern- und Übungsprogramme dar: Schülerinnen und Schüler können Inhalte individuell trainieren, aber auch weiterführenden und differenzierenden Fragestellungen nachgehen. Einen Streitpunkt stellt die Mediennutzung im Rahmen ganztägiger Erholungs- und Entspannungsphasen dar – anknüpfend an den außerschulischen Nutzungsgewohnheiten muss die Ganztagsschule sich überlegen, ob und wie Medien eingesetzt werden sollen, um abschalten und neue Kraft für kognitive Lernphasen gewinnen zu können. Einen letzten Aspekt stellt die Mediennutzung im Angebots- und (gebundenen) Freizeitbereich dar, der primär Möglichkeiten für kreative Medienprojekte (z. B. Fotokurse, digitale Bildbearbeitung, Filmprojekte) bietet. Im Folgenden soll eine Reihe hilfreicher Projekte aus der Praxis aufgeführt werden:

»Innovative Ganztagsschule« Mit diesem Projekt unterstützt Microsoft Ganztagsschulen, die sich um innovative Wege für einen pädagogisch-didaktisch sinnvollen Einsatz der Informations- und Kommunikationstechnologie bemühen. Microsoft unterstützt das Projekt innerhalb »Innovative Teachers« im Bildungsnetzwerk »Wissens-Wert«, wobei das Institut für Bildung in der Informationsgesellschaft e.V. (IBI Berlin) die Koordination und wissenschaftliche Begleitung innehat.
Weitere Informationen und Anregungen: *www.innovative-teachers.de*

»MeGa – Multimedia im Rahmen von Ganztagsangeboten an Schulen« Hierbei handelt es sich um ein Projekt, das vom Landesmedienzentrum Baden-Württemberg im Auftrag des Ministeriums für Kultus, Jugend und Sport betreut wird. Zielsetzungen sind die Einbindung Neuer Medien in die Phasen der Freiarbeit am Vor- und Nachmittag sowie die Entwicklung organisatorisch-technischer und pädagogischer Lösungsmöglichkeiten.
Weitere Informationen: *http://www2.lmz-bw.de/osiris20/view.php3?show=59451682*

»Lesen ANDERS fördern – ein innovatives Projekt für die Ganztagsschule« Dieses Projekt aus Rheinland-Pfalz hilft Lehrkräften bei der Leseförderung mit und für Medien.
Weitere Informationen: *http://lesefoerderung.bildung-rp.de/gehezu/startseite.html*

»Freie Lernorte – Raum für mehr« Dieses Projekt von »Schulen ans Netz« verfolgt das Ziel, mit Ganztagsschulen Orte zu schaffen, die Lernen und den Umgang mit Medien fördern.
Weitere Informationen: *www.freie-lernorte.de*

»Ohrenspitzer« Dieses Projekt richtet sich an Kindergärten, Schulen und außerschulische Betreuungsgruppen in Rheinland-Pfalz und Baden-Württemberg. Es zielt auf die Förderung der Lese- und Sprechfähigkeit sowie des Hörens als Basiskompetenz des sozialen Lernens. Hierbei erhalten die Projektpartner einen umfangreichen Projektkoffer voller Hörangebote und Materialien, ebenso stehen eine Internetplattform und Fortbildungsangebote zur Verfügung.
Weitere Informationen: *www.ohrenspitzer.de*

»Antolin« Bei diesem Projekt handelt es sich um ein webbasiertes Programm zur Leseförderung in Schulen. Kinder und Jugendliche können daran teilnehmen, wenn sie von ihrem Lehrer angemeldet oder registriert werden. Das Programm stellt nach dem Multiple-Choice-Prinzip Quiz-Fragen zu einer Vielzahl von Werken der Kinder- und Jugendliteratur.
Weitere Informationen: *www.antolin.de*

> **Empfehlungen für die praktische Umsetzung**
> → Erarbeiten Sie an der Schule gemeinsam ein Medienkonzept – beziehen Sie dabei nicht nur die Lehrkräfte, sondern auch außerschulisches Personal, Experten (z. B. Pädagogische Fachberatungsstellen) sowie die Erziehungsberechtigten mit ein!
> → Betreiben Sie aktiv Elternarbeit und machen Sie elternpädagogische Angebote zur Medienerziehung im Rahmen einer Bildungs- und Erziehungspartnerschaft (z. B. Seminar zu Cybermobbing, computergestützte Lernarrangements, Social-Media-Seminare für Eltern)!
> → Nutzen Sie moderne Kommunikationsmedien für die Arbeit in der Ganztagsschule, z. B. E-Mail-Kontakt zwischen Lehrkräften und außerschulischen Partnern, Schülerinnen und Schülern sowie Eltern. Schaffen Sie eine eigene Domäne für die Ganztagsschule auf der Schulhomepage, richten Sie dabei einen Bereich zur internen Kommunikation der Ganztagsschülerinnen und -schüler ein.

2.8 Soziales Lernen

Soziales Lernen mit dem Ziel der Sozialkompetenz gilt nicht nur als Schlüsselkompetenz für Mündigkeit, Handlungskompetenz und der damit verbundenen erfolgreichen Lebensbewältigung (vgl. hierzu die einschlägigen Ausführungen zur Kompetenzorientierung); sie ist ebenso integraler Bestandteil eines angenehmen, förderlichen und guten Schulklimas. Die Kinder können vielfältige Erfahrungen im Umgang mit der Gemeinschaft sammeln, es bilden sich Freundschaften – auch über den eigenen

Klassenverbund hinaus –, es entstehen aber auch Konflikte, die es zu lösen gilt. Die Ganztagsschule bietet genug Zeit, um Streitigkeiten und Konflikte der Schülerinnen und Schüler aufzugreifen, gemeinsam nach Lösungsmöglichkeiten zu suchen, soziales Lernen zu fördern und eine friedliche Konfliktlösekompetenz zu trainieren. Aber auch angesichts gewandelter Familienstrukturen und Sozialisationsbedingungen, die häufig das Erleben von Gemeinschaft und sozialer Begegnung nur eingeschränkt erfahrbar machen, kommt dem sozialen Lernen in der Ganztagsschule große Bedeutung zu: Kinder und Jugendliche erleben Gemeinschaft mit sogenannten sozialen Geschwistern, sind betreut und erhalten möglicherweise kompensatorische Angebote und Förderung.

Soziales Lernen in der Ganztagsschule bietet die Möglichkeit, auf mehreren Ebenen ansetzen zu können. Projekte sollten nicht auf die einzelne Ganztagsklasse oder -gruppe konzentriert sein, sondern alle Ebenen der Schulfamilie integrieren: einzelne Kinder und Jugendliche, Schulklassen, Ganztagsgruppen, mehrere Jahrgangsstufen, Eltern, Lehrkräfte, Sozialpädagogen und Schulpsychologen. Es geht nicht nur um pädagogisch angeleitete und initiierte Projekte und Arbeitsgemeinschaften, sondern Ganztagsschule selbst ist soziales Lernen – man verbringt den Tag in Gemeinschaft, nimmt an Angeboten des Schullebens teil, gruppendynamische Prozesse entwickeln sich (z.B. bei Gruppenneuformationen durch jahrgangsgemischte Angebote), Konflikte müssen gelöst und Freundschaften gepflegt werden.

Die bundesweite StEG-Studie hat die Entwicklung sozialer Verantwortungsübernahme, aber auch unerwünschten Sozialverhaltens (z.B. störendes Verhalten, Aggression) durch den Besuch von Ganztagsangeboten untersucht. Das Ergebnis: Der »Besuch des Ganztags wirkt sich positiv auf die Entwicklung des Sozialverhaltens, der Motivation sowie der schulischen Leistungen aus« (Konsortium zur Studie der Entwicklung von Ganztagsschulen StEG 2010, S. 14), jedoch unter der Voraussetzung, dass dieser Besuch »dauerhaft und regelmäßig erfolgt und zudem die Qualität der Angebote hoch ist« (ebd.).

Es gibt in der Praxis bereits eine Reihe gelungener Beispiele und Materialien, wie soziales Lernen an der Ganztagsschule umgesetzt werden kann:
- Die Broschüre »Soziales Lernen im Kontext Schule« unter Herausgeberschaft der Landeskooperationsstelle Schule und Jugendhilfe in Brandenburg liefert eine umfassende Instrumentensammlung zur Förderung sozialer Kompetenzen samt Materialien und Arbeitsblättern (auch online abrufbar unter www.kobranet.de).
- Die Broschüre »In der Schule zu Hause? Chancen einer sozialen Ganztagsschule« des AGJ-Fachverbandes Freiburg e.V. gibt basierend auf den Erkenntnissen des Modellprojekts »Soziale Ganztagsschule« wertvolle Tipps für die Gestaltung eines Ganztagskonzeptes mit Schwerpunkt sozialem Lernen (online abrufbar unter www.agj-freiburg.de).

> **Empfehlungen für die praktische Umsetzung**
>
> → Schaffen Sie vielfältige Möglichkeiten sozialen Lernens in Ihrem Ganztagskonzept – sowohl bewusst intendierte (z. B. Sozialprojekte) als auch beiläufige Möglichkeiten (z. B. gemeinsame Freizeit).
> → Entwickeln Sie ein schulhausinternes Sozialcurriculum, welches nicht nur die Ganztagsklassen und -gruppen erfasst, sondern alle Mitglieder der Schulfamilie! Dies hilft Ihnen, Ihre Aktionen und Projekte zu bündeln, aufeinander abzustimmen, nachhaltig zu sichern und in die Öffentlichkeit zu transportieren – jenseits von Leuchtturmprojekten und Einzelaktionen.
> → Nutzen Sie die erweiterten Möglichkeiten des Ganztags auch für spezifische Arrangements und Unternehmungen, die das soziale Lernen fördern (z. B. gemeinsame Klassenfahrten, Ausflüge, Zeltlager, Schullandheim- und Jugendherbergsaufenthalte)!
> → Haben Sie immer ein Auge für gruppendynamische Prozesse innerhalb der Ganztagsklassen und -gruppen. Wie geht es den Kindern und Jugendlichen? Fühlen sich die Schülerinnen und Schüler wohl? Wird jemand ausgegrenzt? Durchlebt jemand gerade eine besonders schwierige Phase? Hat jemand Kummer? Gibt es in der Klasse Streit? All diese Fragen stellen sich selbstverständlich auch einer Halbtagslehrkraft, vieles wird jedoch abgefangen, wenn die Kinder nach dem Unterricht zu ihrer Familie zurückkehren und dort (hoffentlich) ein offenes Ohr finden. Im Ganztag müssen viele dieser gruppendynamischen Probleme in der Schule ausgetragen und gelöst werden, was besonders beim Thema Mobbing brisant werden kann.

2.9 Umgang mit Heterogenität

Die Ganztagsschule leistet einen erweiterten gesellschaftlichen Beitrag. Gerade der Umgang mit Heterogenität ist seit einigen Jahren nicht nur Teil der fachwissenschaftlichen, sondern insbesondere auch der gesellschaftlichen Diskussion (z. B. Diskurs um die Etablierung inklusiver Schulsysteme). Schülerinnen und Schüler können sich in vielerlei Hinsicht unterscheiden, zumal Heterogenität aus verschiedenen Blickwinkeln betrachtet werden kann: Geschlecht und Alter, physiologischer und psychologischer Entwicklungsstand, sozialer, kultureller oder familiärer Hintergrund, individuelle Begabungen, Bildungsaspiration des Elternhauses, Migrationshintergrund, um nur einige Beispiele zu nennen. All diese Erscheinungsformen wirken sich maßgeblich auf das schulische Lernen und Leisten aus.

Schnell zeigt sich dabei, dass der produktive Umgang mit Heterogenität, verstanden als Chance für die Bildungsarbeit, einen Wandel in der schulischen Arbeit erfordert. Ein Ansatz hierzu könnte die Etablierung der Ganztagsschule sein: Sie bietet vielfältige Chancen, mit Heterogenität umzugehen. Damit ist nicht nur die bloße Anerkennung von Vielfalt gemeint; der Umgang mit Heterogenität muss vielmehr von einem ganzheitlichen Bildungsanspruch und Kompetenzorientierung geprägt sein. Ganzheitlichkeit bedeutet, das Individuum mit all seinen Fähigkeiten, Fertigkeiten, Neigungen und Stärken in den Fokus zu nehmen. Bezieht sich die Fokussierung primär auf die kognitiven Kompetenzen der Lernenden, so kann eine Schule als Lern-, Erfahrungs- und Lebensraum die Kinder und Jugendlichen in ihrer Ganzheitlichkeit betrachten. Dies kann Schule gerade für Kinder, deren Stärken weniger im kognitiven als im praktischen, ästhetisch-kreativen, musischen oder sportlichen Bereich liegen, zu einem neuen Ort machen, an dem sie Erfolge erleben dürfen, die sich wiederum positiv auf ihre Motivation auswirken.

Der produktive Umgang mit Heterogenität gewinnt insbesondere durch die Etablierung inklusiver Bildungssysteme, angestoßen durch die UN-Behindertenrechtskonvention, eine zusätzliche Brisanz. Die Ganztagsschule kann auch hier als Lern-, Lebens- und Erfahrungsraum mit erweiterten pädagogischen Handlungsmöglichkeiten punkten (z. B. mehr Zeit, erweiterte räumliche und personelle Ausstattung, Optionen informellen Lernens). Sie ist in der Lage, den scheinbaren Gleichschritt in einer keineswegs homogenen Gesellschaft aufzuweichen, dabei aber niemanden auszuschließen und sich den individuellen Bedürfnissen und Besonderheiten eines jeden Kindes zuzuwenden. Ganztägiger Unterricht und ganztägiges Schulleben bieten soziale Erfahrungen der Gemeinschaft *aller*, Auseinandersetzungen und gegenseitige Annäherungen. Zugleich erfordern sie Achtung vor den Mitmenschen und soziale Verantwortung (z. B. durch Partizipationsmöglichkeiten). Aus diesem Grund hat die Ganztagsschule durchaus das Potenzial, als »role model« für inklusive Schulentwicklung zu fungieren (Dollinger 2014).

Die Ganztagsschule braucht einen pädagogischen und organisatorischen Rahmen für die erfolgreiche Arbeit in heterogenen Lerngruppen. Zudem muss sich die Einstellung der Lehrkräfte nachhaltig wandeln, denn obwohl »alle Lehrenden heute unter der Belastung leiden, die aus der Heterogenität der SchülerInnen in jeder Schulform zu resultieren scheint, haben die wenigsten gelernt, […] sie als Potenzial und nicht als Belastung zu sehen« (Graumann 2002, S. 29).

Ein weiterer Aspekt des Umgangs mit Heterogenität ist die Kompetenzorientierung (Weinert 2001, S. 27 f.), die im nächsten Abschnitt genauer betrachtet wird.

> **Empfehlungen für die praktische Umsetzung**
> → Achten Sie auf eine möglichst heterogene Zusammensetzung der Ganztagsgruppen und Ganztagsklassen! Nutzen Sie diese Vielfalt als Chance und Bereicherung für Ihr Schulprofil!
> → Vermeiden Sie – vor allem bei teilweise gebundenen Ganztagsschulen – eine einseitige Klassenzusammensetzung von Ganztags- und Halbtagsklassen!
> → Schöpfen Sie die erweiterten Möglichkeiten einer Ganztagsschule aus, um den individuellen Stärken und Neigungen der heterogenen Schülerinnen und Schüler gerecht zu werden – dies kann nur durch ein ganzheitliches Bildungskonzept gelingen, das nicht eindimensional auf kognitive Fähigkeiten ausgerichtet ist!

2.10 Kompetenzorientierung in der Ganztagsschule

Die Orientierung an Kompetenzen und Bildungsstandards prägt spätestens seit den PISA-Studien die pädagogische, aber auch die bildungspolitische Diskussion, wobei seit Beginn der 1990er Jahre ein fast schon philosophischer Wandel in der Bildungsplanarbeit beobachtbar ist. So wird kaum mehr von Lerninhalten, schon gar nicht von Lernzielen gesprochen, sondern von Schlüsselqualifikationen und Kompetenzen, welche im Mittelpunkt der schulischen Bildungsarbeit stehen. Lernen ist dabei nach Roth ein aktiver Prozess, der auf Bedeutungserzeugung zielt und individuell sehr heterogen verläuft (Roth 2006). Dies heißt in der Folge, dass sich die Zielsetzung nicht mehr primär an Inhalten orientiert. Vielmehr geht es um die »kognitiven Fähigkeiten und Fertigkeiten, um bestimmte Probleme zu lösen, sowie die damit verbundenen motivationalen, volitionalen und sozialen Bereitschaften und Fähigkeiten, um die Problemlösungen in variablen Situationen erfolgreich und verantwortungsbewusst nutzen zu können« (Weinert 2001, S. 27 f.). In diesem Sinn soll der kompetenzorientierte Unterricht an die Lernbiografie des Kindes anknüpfen, eigene Lernwege zulassen und mithilfe individueller Anforderungsniveaus und Förderangebote dessen Begabungen weiterentwickeln. Kompetenzorientierung geht dabei weit über fachliches Wissen und Können, verstanden als Fachkompetenz, hinaus. Sie zielt auf Anwendung, Nutzung und Einsatz des Wissens in neuen Kontexten, was wiederum überfachliche Kompetenzen wie Sozial- und Kommunikationskompetenz sowie Problemlösestrategien impliziert.

Im Folgenden sollen die Charakteristika kompetenzorientierten Unterrichts nach Müller skizziert (Müller, zit. nach Bönsch u. a. 2010, S. 29–40) und in Bezug auf die erweiterten Chancen in der Ganztagsschule spezifiziert werden:
- individuelle Anforderungen unter Berücksichtigung der Lernbiografie
- aktiv-konstruktive Auseinandersetzung mit Lern- und Leistungsangeboten
- Passung der Lernangebote zu den bereits erworbenen Kompetenzen
- Differenzierung und Individualisierung
- Förderung und Entwicklung metakognitiver Kompetenzen bei Selbstverantwortung des Lernenden
- Selbstverständnis der Lehrkraft als Lerncoach
- aufeinander aufbauende Lerninhalte und Lernarrangements, welche die Ausprägung von Verstehensmustern fördern und Lerntransfer erlauben
- Vermeidung unstrukturierter Einzelinformationen, Förderung strukturierter Kompetenzen
- Übung und Wiederholung zur Vermeidung von Wissenslücken und Bildung von Sinnstrukturen
- gestaffelte und aufeinander aufbauende Anforderungen, Hilfestellungen, individuelle Aufgaben und Bearbeitungszeiten führen zu Erfolgserlebnissen auf dem individuellen Lernweg
- Faktoren, die den Lernerfolg hemmen (z. B. Versagensangst), sollen durch positive

Emotionen abgelöst werden, die Erfolgszuversicht und Selbstvertrauen fördern
- positive Beziehung zur Lehrperson und wertschätzende Rückmeldung
- offene Unterrichtsformen ermöglichen individuellen Lernprozess
- Förderung der sozialen Integration und der Beziehung von Schülerinnen und Schülern untereinander
- Lernmotivation und Erfolgszuversicht durch realistische Teilziele
- Lehrpersonen entwickeln eine Reflexionskompetenz hinsichtlich ihrer Vorbildfunktion für das Kompetenzerleben und die Erfolgszuversicht ihrer Schülerinnen und Schüler.

Gerade die im Ganztag erforderlichen offenen Unterrichtsformen erlauben einen individuellen Lernprozess, der durch vielfältige Angebot der Differenzierung und Individualisierung personell und methodisch gestützt werden kann (z.B. zusätzliche Kleingruppen-/Individualarbeitsphasen). Eigenständige Arbeitsformen wie Wochenplanarbeit haben die Hausaufgaben abgelöst und fördern die Entwicklung metakognitiver Kompetenzen (z.B. Zeiteinteilung, Selbststeuerung) bei möglichst viel Selbstverantwortung des Lernenden. Auch kann der Einsatz von methodischen Großformen wie Projekt- und Epochalunterricht einen Beitrag zur Bildung von Sinnstrukturen und dem Erkennen von Zusammenhängen fernab des tradierten Fachunterrichts der Halbtagsschule leisten. Die Betrachtung der Schülerinnen und Schüler als ganzheitliche Individuen mit unterschiedlichen Neigungen und Begabungen, die zuweilen auch außerhalb des kognitiven Bereichs liegen, welcher in der Halbtagsschule primär gefördert und gefordert wird, ermöglicht eine neue Lernmotivation und Erfolgserlebnisse in der Schule. Aufgrund der längeren Schulzeit besteht darüber hinaus die Möglichkeit, die Lernbiografie des Kindes besser zu erfassen, unterstützende und wertschätzende Rückmeldungen sowie Hilfestellung zu geben. Und nicht zuletzt erlaubt das »Mehr an Zeit« einfach auch mehr Möglichkeiten des Verweilens, des Übens und Wiederholens, wodurch Wissenslücken geschlossen werden können.

2.11 Lehren und Lernen

2.11.1 Lehr- und Lernkultur

Sich auf den Weg zur Ganztagsschule zu begeben, bedeutet nicht, einfach nur mehr Unterricht anzubieten. Damit das »Mehr an Zeit« von Lehrpersonal und Lernenden gewinnbringend und effektiv genutzt werden kann, muss sich die Lehr- und Lernkultur einer Schule gravierend ändern. Bereits die Rhythmisierung führt dazu, dass ein Wechsel von Methoden und Sozialformen unabdingbar wird. Dabei bietet der erweiterte Zeitrahmen auch mehr Möglichkeiten für methodische Großformen wie Projekt- oder Werkstattunterricht, wofür Lehrkräften in der Halbtagsschule oftmals die Zeit fehlt.

Ganztagsschulen bieten Unterricht im engeren Sinne an (z. B. Kernfächer, musische und kreative Angebote), fördern darüber hinaus aber auch das implizite Lernen. Wenngleich die Gestaltung wirksamer Lernprozesse Aufgabe jeder Schule ist – egal ob Halbtags- oder Ganztagsschule –, wird davon ausgegangen, dass Ganztagsschulen günstigere Rahmenbedingungen für Angebote individueller Förderung bieten (Holtappels/Rollett 2010, S. 294). Seien Sie daher nicht überrascht, wenn Ihnen die nun folgenden Aspekte auf den ersten Blick gar nicht so »ganztagsschulspezifisch« erscheinen. Unterrichtsqualität ist in beiden Organisationsformen das Herzstück von Schulqualität. Die Förderung der Selbstständigkeit der Schüler, individuelles Lernen (z. B. flexible Gruppenbildung, spezifische Fördermaßnahmen), ganzheitliches Lernen (Lernen mit allen Sinnen, Kopf, Herz und Hand) und Handlungsorientierung stehen dabei im Mittelpunkt einer ganztägigen Lehr- und Lernkultur.

> **Empfehlungen für die praktische Umsetzung**
> → Schöpfen Sie die unterrichtlichen Chancen von Team-Teaching und Kooperation mit externen pädagogischen Fachkräften aus!
> → Erarbeiten Sie tragfähige Strukturen und Strategien zur Integration der Hausaufgaben in die Lernzeit (z. B. in Form offener Unterrichtsformen wie Wochenplanarbeit).
> → Überprüfen Sie das »Sockelniveau« Ihrer Schule, was die Lehr- und Lernkultur betrifft. Sind individuelle und offene Unterrichtsformen, alternative Methoden der Leistungsbeurteilung bereits eine Selbstverständlichkeit, dann verlangt der Ganztagsbetrieb gar nicht so viel Neues, sondern bietet Ihnen erweiterte pädagogische Chancen und Möglichkeiten!
> → Wenden Sie gezielte Maßnahmen und Strategien zur Unterrichtsentwicklung an!

2.11.2 Individuelle Förderung und Differenzierung

Die dem Ganztagskonzept zugrunde liegende Lehr- und Lernkultur bietet nicht nur einen erweiterten Zeitrahmen für Maßnahmen der Individualisierung und Differenzierung, sondern auch mehr personelle und methodisch-didaktische Möglichkeiten. Die Studie zur Entwicklung von Ganztagsschulen (StEG) differenziert drei Ebenen der Förderung:
- in den Unterricht integrierte Fördermaßnahmen,
- gezielte ergänzende Fördermaßnahmen sowie
- Förderung im Rahmen des zusätzlichen Angebotes (z. B. Neigungsgruppen).

Dabei kann individuelle Förderung neben dem Unterricht verschiedene Formen annehmen (verändert nach Haenisch 2010, S. 69 ff., zit. nach DKJS 2013, S. 22):
- *Ausgleich von Lern- und Leistungsschwierigkeiten*
  - enge Verzahnung zum Unterricht
  - fachspezifische, individuelle Fördermaßnahmen für Kinder oder Kleingruppen
  - Hausaufgabenbetreuung

- *Stärkung von Stützelementen des Lernens*
  - Basisvoraussetzung des Lern- und Leistungsverhaltens
  - Abbau und Reduzierung von Faktoren und Einflüssen, welche die Leistungserbringung hemmen
  - Aktivitäten zur Motivationssteigerung, Aufbau von Erfolgserlebnissen, Förderung des Selbstvertrauens, Steigerung der (psycho-)motorischen Fähigkeiten
- *Vertiefung von Interessen und Begabungsschwerpunkten*
  - Spezialisierung, Vertiefung und Ausweitung von Unterrichtsinhalten, zusätzliche Angebote und Herausforderungen in verschiedenen Interessensbereichen
  - Möglichkeit der aktiven Mitarbeit und Verfolgung individueller Wege und Zielsetzungen, Berücksichtigung der eigenen Interessen, Option, eigene Ideen zu realisieren (z. B. Kreativwerkstatt, Arbeitsgemeinschaften, Neigungsangebote)
- *Förderung von Umgangs- und Verhaltensformen*
  - Stärkung der Sozialkompetenz
  - Erlernen und Einhalten von Regeln und Strukturen, Übernahme von Verantwortung, Partizipation, Förderung einer größeren Selbstständigkeit
  - Erlernen von Lebens- und Alltagsregeln
  - friedliches, tolerantes Miteinander, gegenseitige Rücksicht, Unterstützung und Hilfestellung (z. B. bei gemeinsamen Mahlzeiten)

Individuelle Förderung ist im Bildungsdiskurs der letzten Jahre zu einem der zentralen Begriffe geworden. Will Ganztagsschule den produktiven Umgang mit Heterogenität fördern, muss sie alle Lernenden individuell fördern, nicht nur Angebote für leistungsschwächere Schülerinnen und Schüler sowie besonders Begabte bereitstellen. Klieme und Warwas differenzieren drei Varianten eines pädagogischen Verständnisses von individueller Förderung: kompensatorische Trainings- und Zusatzangebote, vielfältige Lernwege durch offenen Unterricht und letztlich Differenzierung durch adaptiven Unterricht (Klieme/Warwas 2011, S. 3 f.). Vollstädt hält dagegen die Förderung von Lernkompetenz anstelle defizitorientierter Förderkonzepte für zentral, wobei ihr Begriff von Lernkompetenz »die Kenntnisse, Fähigkeiten, Fertigkeiten, Gewohnheiten und Einstellungen [umfasst, a.d.V.], die für individuelle und kooperative Lernprozesse benötigt und zugleich beim Lernen entwickelt und optimiert werden« (Czerwanski/Solzbacher/Vollstädt 2002, S. 31, zit. nach Vollstädt 2009, S. 28). Dabei verbindet sie Sach- und Methodenkompetenz sowie Sozial- und Selbstkompetenz (personale Kompetenz) und unterstreicht »die Reflexion über die Lernprozesse und -ergebnisse als unverzichtbare Voraussetzung« (ebd.).

Auch Unterschiede in den konzeptionellen Modellen von Ganztagsschule werden vor allem dann sichtbar, wenn man sich Studien zur Realisierung individueller Förderangebote und dem Umgang mit Heterogenität näher betrachtet. Während etwa die Hälfte aller voll gebundenen und teilweise gebundenen Ganztagsschulen mit einem schriftlich fixierten Förderkonzept arbeitet, herrscht diese Praxis gemäß der Untersuchungen von Holtappels in offenen Realisierungsformen nur zu 30 Prozent vor. Förderpläne kommen bei etwa zwei Dritteln aller voll gebundenen und teilweise gebundenen Ganztagsschulen zum Einsatz, aber nur bei der Hälfte der offenen Ganztagsschulen. In allen Modellen werden spezifische Fördermaßnahmen (74 Prozent) sowie Förder- und Arbeitsstunden (82 Prozent) relativ häufig umgesetzt, wobei sich diese in offenen und teilweise gebundenen Formen auch als Hausaufgabenbetreuung finden (Holtappels 2006, S. 22). Insbesondere im gebundenen Modell ist nach Holtappels die Organisation der Förderung »in elaborierten Formen anzutreffen, erkennbar in den Schulalltag integriert und nicht additiv und freiwillig [und, a.d.V.] basiert eher auf Förderkonzepten« (ebd.). Die Unterschiede erklären sich dadurch, dass individuelle Förderung im Klassenverband eine gewandelte Lehr- und Lernkultur sowie die Öffnung des Unterrichts unausweichlich macht. In der offenen Form lassen sich dagegen Defizite in der Qualifikation des Personals erkennen, ebenso wirken sich die fehlende konzeptionelle und personelle Verzahnung des Vormittags mit dem additiven Angebot am Nachmittag sowie die Förderung in Großgruppen im Rahmen der Hausaufgaben*betreuung* nachteilig auf »wirkliche« Individualisierung aus.

> **Empfehlungen für die praktische Umsetzung**
> → Nutzen Sie die erweiterten personellen und unterrichtlichen Möglichkeiten für Differenzierung und Individualisierung (z. B. Förderpläne)!
> → Achten Sie darauf, dass individuelle Förderung nicht nur in den Unterricht integriert wird, sondern gemäß dem Ganzheitsprinzip auch innerhalb der zusätzlichen Angebote und Gruppen stattfindet!
> → Entwickeln Sie anhand individualisierter Lehr- und Lernkonzepte neue Formen der Sicherung und Beurteilung des Lernerfolgs!
> → Nutzen Sie Unterstützungssysteme für die Zusammenarbeit im Unterricht (z. B. Beratungs- und Förderlehrkräfte, Mobiler Sonderpädagogischer Dienst MSD, Schulberatung, Jugendhilfe)!

2.11.3 Offene Unterrichtsformen

Für die individuelle Förderung im Ganztag sind offene Unterrichtsformen aus pädagogischen, aber auch aus organisatorischen Gründen unverzichtbar – beispielsweise als Möglichkeit, Hausaufgaben in den Schulalltag zu integrieren. Eine gewandelte Lehr- und Lernkultur im Ganztag kann auf folgende Möglichkeiten zurückgreifen:

- Wochenplan- und Lernplanarbeit, um die Hausaufgaben in den Schultag zu integrieren
- Stationenlernen und Lernthekenarbeit zur Differenzierung und Wiederholung des Lernstoffes in Intensivierungsstunden
- Phasen des fächerübergreifenden Projektunterrichts mit anschließender Präsentation der Arbeitsergebnisse und Reflexion der Lernprozesse
- differenzierte Gruppenarbeit, zum Teil auch jahrgangsübergreifend

- Epochalunterricht
- Erkundungen und phasenweises Arbeiten an außerschulischen Lernorten
- Freiarbeitsphasen, die dem individuellen Lern- und Biorhythmus entgegenkommen

> **Empfehlungen für die praktische Umsetzung**
> → Eruieren Sie das »Sockelniveau« der Arbeit mit offenen Unterrichtsformen an Ihrer Schule!
> → Erarbeiten Sie ein nachhaltiges Konzept zur Ausweitung des Methodenpools an Ihrer Schule, z. B. im Rahmen einer Fortbildungsoffensive!
> → Schaffen und nutzen Sie Möglichkeiten der gegenseitigen Hospitation zur Evaluation, Weiterentwicklung und Optimierung Ihres Unterrichts sowie zur Reflexion!
> → Entwickeln und erstellen Sie Vorlagen und Arbeitsmaterialien (z. B. Lernthekenmaterialien, Projektmaterial) im Team und geben Sie die Materialien innerhalb des Kollegiums weiter!

2.11.4 Hausaufgaben in der Ganztagsschule: Wie Hausaufgaben zu Schulaufgaben werden können

Die Frage nach den Hausaufgaben wird im Kontext der Ganztagsschule oft gestellt – sowohl seitens der Schülerinnen und Schüler als auch seitens der Eltern, da die Entlastung und Unterstützung beim »Hausaufgabenstress« sehr häufig einer der Gründe für die Anmeldung in der Ganztagsschule sind (vgl. Dollinger 2012). Die Diskussion verläuft jedoch in der offenen und in der gebundenen Ganztagsschule unterschiedlich, weshalb im Folgenden auch gesondert darauf eingegangen werden soll. Anschließend kommen allgemeine Aspekte zur Entwicklung der Hausaufgaben hin zu Schulaufgaben – möglichst verstanden als aktive Lern- und Übungszeit – zur Sprache.

Hausaufgaben in der offenen Ganztagsschule

Kinder und Jugendliche, welche die offene Ganztagsschule besuchen, erhalten ihre Hausaufgaben ganz regulär im Klassenverbund und gehen damit nach dem Unterrichtsende in das sich anschließende Nachmittagsangebot, das in der Regel eine Hausaufgabenbetreuung umfasst. Wie sich diese gestaltet und wie effektiv sie ist, hängt neben der Gruppengröße maßgeblich von der pädagogischen Eignung und fachlichen Qualifikation des meist externen Personals ab. Eine Studie des Deutschen Jugendinstituts (DJI) über Hausaufgaben in Ganztagsangeboten hat gezeigt, dass sich die Hausaufgabenbetreuung insbesondere in Hinblick auf Häufigkeit, zeitliche Planung, Zielgruppe, Verbindlichkeit, Intensität sowie Art des eingesetzten Betreuungspersonals unterscheidet (Wahler u. a. 2005, S. 47).

Wichtig für die Organisation der Hausaufgabenbetreuung in einer offenen Ganztagsschule ist die Absprache zwischen der Lehrkraft bzw. den Lehrkräften am Vormittag und dem Betreuungspersonal am Nachmittag. Wenn eine persönliche Absprache nicht möglich ist, empfiehlt sich die gemeinsame Nutzung eines Klassen- oder Hausaufgabenbuches, gegebenenfalls auch einer Hausaufgabentafel, damit die Betreuungskräfte am Nachmittag über die Hausaufgaben des Tages verbindlich informiert sind. Zugleich erhält die Lehrkraft eine Rückmeldung, wenn das Hausaufgabenpensum an einem Tag sehr hoch war und die verfügbare Zeit nicht ausreichte. Auch Eltern können auf diese Weise rasch über anstehende Klassenarbeiten oder fehlende Hausaufgaben informiert werden.

Grundsätzlich sollte es das Ziel sein, auch in der offenen Ganztagsschule für eine Verzahnung von Vor- und Nachmittag zu sorgen, beispielsweise durch Lernzeiten am Vormittag, die am Nachmittag fortgeführt und vertieft werden können. Die wechselnde Zusammensetzung der Nachmittagsgruppe über den Klassenverbund hinaus erschwert jedoch diese Verzahnung. Jede Lehrkraft, die bei der Hausaufgabenbetreuung hilft, ist insofern eine Bereicherung, als sie die Verzahnung des Vor- und Nachmittags vorantreibt.

Hausaufgaben in der gebundenen Ganztagsschule – von der Hausaufgabe zur Lernzeit

In der gebundenen Ganztagsschule wird die Frage nach den Hausaufgaben ganz anders beantwortet. Hausaufgaben bedeuten hier Zeit für Wiederholung und Vertiefung des in der Schule Gelernten sowie Übung und Anwendung. So liegt es auf der Hand, die ursprünglichen »Hausaufgaben« in das gebundene Ganztagskonzept zu integrieren und damit zu »Schulaufgaben« werden zu lassen, die über den ganzen Schultag hinweg verteilt und bearbeitet werden können. Hierzu gibt es mehrere Möglichkeiten:

- *Erledigung der zusätzlichen Aufgaben in dafür vorgesehenen Übungs-, Studier- und/oder Lernzeiten*

Die Zeitfenster können sich eigentlich über den Tag und die Woche verteilen. Betrachtet man jedoch die Stundenkonzepte gebundener Ganztagsschulen, so werden diese Studier- und Lernzeiten meist als Zeitschiene angeboten – beispielsweise im Anschluss an die Mittagsfreizeit. Dies erleichtert oftmals die schulische Organisation, für Kinder kann es aber auch eine gewisse Ritualisierung bedeuten. Bei der Planung sollte dies von den jeweiligen Bedürfnissen abhängig gemacht, keinesfalls aber als zeitliches Fixum vorgegeben werden.

- *Integration der Hausaufgaben in den regulären Unterricht durch differenzierende Maßnahmen und individuelle Förderung*

Neben Differenzierungsangeboten in Kleingruppen bieten sich hier auch Einzelmaßnahmen an.

- *Zusätzliche Intensivierungs- und Förderstunden*

Da gebundene Ganztagsschulen ein erhöhtes Stundendeputat haben, das über die reguläre Stundentafel einer Jahrgangsstufe hinausgeht, bietet es sich an, einige Wochenstunden als Intensivierungs- und Förderstunden zu gestalten – je nach dem gerade erforderlichen Bedarf (z. B. zur Vorbereitung vor Probearbeiten, zur nochmaligen Wiederholung eines problematischen Lernstoffs).

- *Regelmäßige Phasen des offenen Unterrichts, welche die früheren Hausaufgaben ersetzen*

Phasen des offenen Unterrichts, insbesondere die reguläre Wochenplanarbeit, eignen sich hervorragend für individuelle Übungsangebote. Neben der individuellen Leistungsdifferenzierung bieten sich auch alle anderen Vorzüge des offenen Unterrichts.

Ein pädagogisches Ziel der Ganztagsschule besteht darin, mit der Integration der Hausaufgaben in den Schultag zur Chancengerechtigkeit beizutragen. Gerade für Kinder, die zuhause keine Unterstützung bei ihren Hausaufgaben erfahren, kann das schulische Angebot eine wertvolle Unterstützung sein und kompensatorisch wirken. Dabei ist es wichtig, Eltern frühzeitig darauf hinzuweisen, dass mündliche Hausaufgaben sowie besonders Lern- und Vorbereitungszeiten für Probearbeiten oder gar Abschlussprüfungen weiterhin anfallen. Der Schulerfolg des Kindes fällt beim Besuch der Ganztagsschule keinesfalls in die alleinige Verantwortung der Schule. Ebenso müssen sich Eltern fragen, inwiefern ihr Kind gewillt und fähig ist, konzentriert in der Schule – zusammen mit anderen Kindern – seine Hausaufgaben bzw. Lern- und Schularbeiten zu erledigen. Was man angesichts der verlängerten Präsenzzeit in der Schule vermeiden sollte, in der Praxis jedoch immer noch antrifft, sind Hausaufgaben, welche die Kinder im Anschluss an den Schultag, also am späten Nachmittag oder am Abend, zuhause erledigen sollen.

> **Empfehlungen für die praktische Umsetzung**
> → Achten Sie bei der Hausaufgabenbetreuung auf qualifiziertes Personal!
> → Klären Sie Eltern bereits vor der Anmeldung ihres Kindes in einer Ganztagsschule darüber auf, was Ganztagsschule leisten kann und was nicht; das heißt, was weiterhin die Pflicht der Eltern in einer gemeinsamen Bildungs- und Erziehungspartnerschaft bleibt!
> → Überlegen Sie in Hinblick auf Ihr pädagogisches Konzept, ob die Hausaufgabenbetreuung in jahrgangsgemischten oder jahrgangshomogenen Gruppen stattfindet.
> → Prüfen Sie genau die Größe der Betreuungs- und Lerngruppen – diese entscheidet neben der Eignung und Qualifikation des Personals maßgeblich darüber, ob die Hausaufgabenbetreuung sich in bloßer Aufsicht und Betreuung erschöpft oder wirklich Förderimpulse und individuelle Hilfestellungen gibt.
> → Achten Sie auf geeignete (ruhige) Räumlichkeiten für die Hausaufgaben- und Lernzeiten. Klassenzimmer von anderen Klassen bzw. Arbeitsplätze von anderen Schülern sind dazu nur bedingt geeignet (z. B. gibt es Probleme, wenn Materialien beschädigt sind oder fehlen).
> → Stellen Sie den Informationsfluss zwischen dem Personal am Vormittag und dem am Nachmittag sicher (z. B. Pensenbücher, Klassenbücher o. Ä.)

2.11.5 Jahrgangsübergreifendes Lernen im Ganztag

Die Zahl der jahrgangskombinierten Klassen, der flexiblen Schuleingangsphasen oder der reformpädagogischen Mehrstufenschulen stieg und steigt in den letzten Jahren aus unterschiedlichsten Gründen (z. B. demografische Entwicklung, pädagogische Reformbestrebungen) an, dennoch sind in den meisten Schulen nach wie vor jahrgangshomogene Klassen mehrheitlich üblich. Dass Altershomogenität keinesfalls mit Entwicklungshomogenität gleichzusetzen ist, weiß jede Lehrkraft, und so versucht man allen Kindern mit Maßnahmen der Differenzierung und Individualisierung gerecht zu werden. Dabei bietet die Jahrgangsmischung nicht nur Vorzüge für die fachliche, sondern auch für die soziale Entwicklung. Für jahrgangsübergreifendes Lernen spricht beispielsweise (nach Herzig/Lange 2006, S. 10–20):
- es ist eine Notwendigkeit, da die homogene Lerngruppe nicht existiert,
- er bedarf ohnehin einer Differenzierung, egal ob jahrgangsgemischt oder jahrgangshomogen,
- Kinder lernen voneinander durch Abschauen und Nachmachen,
- Die Jahrgangsmischung deckt den Lernstand des Kindes meist schneller auf,
- Kinder geben Rituale an jüngere Kinder weiter,
- Kinder erleben sich als Vorbild für jüngere Kinder und erfahren neue soziale Rollen.

Die Ganztagsschule bietet erweiterte Möglichkeiten, um den Klassenverbund aufzubrechen, wobei die offene Ganztagsschule bereits per Konzeption in den meisten Fällen jahrgangsübergreifend angelegt ist. Da sich die Lehr- und Lernkultur in der offenen Ganztagsschule am Vormittag meist nur bedingt ändert, sollen hier die Möglichkeiten des jahrgangsübergreifenden Lernens vor allem für die gebundene Ganztagsschule nochmals explizit herausgestellt werden. Schülerinnen und Schüler können es als positiv erleben – gerade wenn sie den ganzen Tag zusammen sind –, wenn soziale Muster, Rollen und Strukturen zeitlich befristet aufgebrochen werden, indem sich Gruppen neu bilden. Unter kognitiven Gesichtspunkten kann es nicht nur förderlich für die Motivation sein, zwischen der Rolle des »Helfers« und der des »Hilfebedürftigen« zu wechseln, sondern auch den Lernstoff nach Interessen und Leistungsniveau verstärkt auszuwählen, zumal der individuelle Leistungsstand eines Kindes ohnehin von Fach zu Fach variiert.

Gerade die personelle Doppelbesetzung in Ganztagsklassen – in Gestalt von Tandem-Prinzip und Team-Teaching – erleichtert die Bildung jahrgangsgemischter Lerngruppen, was allerdings Teamarbeit, Aufgabenverteilung in der Vorbereitung und Materialerstellung sowie Kooperation erfordert. Nicht nur dass sich für die Lehrkraft durch die enge Kooperation mit dem Tandempartner neue fachliche, persönliche und pädagogische Perspektiven ergeben, auch für die Schülerinnen und Schüler erweitern sich die Differenzierungsmöglichkeiten und -angebote innerhalb der heterogenen Lerngruppe, zumal man einzelne Schülerinnen und Schüler oder Kleingruppen genauer beobachten und fördern kann. Auch erleichtern die in Ganztagsklassen gegebenen offenen Unterrichtsformen, der offene Unterrichtsbeginn sowie individuelle Lernformen die Jahrgangsmischung. Da an einer Ganztagsschule mehr Räumlichkeiten für Arbeitsgemeinschaften zur Verfügung stehen, erleichtert dies auch die räumliche Differenzierung jahrgangsgemischter Kleingruppen.

Die Ganztagsschule kann ihre Lehr- und Lernkultur mithilfe von Altersmischung und Heterogenität als didaktisches Instrument bereichern. Dass eine Ganztagsklasse prinzipiell jahrgangsgemischt geführt werden kann und welche Vorzüge dies für die pädagogische Arbeit hat, wird am Beispiel der gebundenen Ganztagsgrundschule Künzing-Gergweis ausführlich thematisiert.

Empfehlungen für die praktische Umsetzung
- → Nutzen Sie die fachlichen und sozialen Vorzüge altersgemischter Lerngruppen in Ihrem Ganztagskonzept! Verstehen Sie Jahrgangsmischung im Ganztag als didaktisches Instrument!
- → Die Ganztagsschule zeichnet sich durch eine erweiterte Personalstruktur aus, was die Arbeit in jahrgangsgemischten Lerngruppen erleichtert!
- → Die in der Ganztagsschule erforderlichen offenen Unterrichtsformen (z. B. Wochenplanarbeit, Freiarbeit) und das dadurch verfügbare Material stützen die Arbeit in jahrgangsübergreifenden Gruppen!
- → Die zeitlich befristete (z. B. einige Stunden pro Woche) Auflösung des Klassenverbundes erleichtert den Einstieg in jahrgangsgemischte Ganztagsklassen und führt das Kollegium, aber auch Schülerinnen und Schüler sowie Eltern behutsam an die Auflösung homogener Lerngruppen heran!

2.12 Ganztagsschule und Schulleistung

2.12.1 Wirkungsdimension von Ganztagsschule

Im Anschluss an die Ausführungen zur Lehr- und Lernkultur soll aufgrund der vielfältigen Erwartungen an die Ganztagsschule auch ein Blick auf das geworfen werden, was die heutige Ganztagsschule nun wirklich (mehr) leistet, denn gerade die bildungspolitischen Annahmen seit PISA gehen mit der Erwartung einher, dass die Etablierung der Ganztagsschule die kognitiven Leistungen der deutschen Schülerinnen und Schüler steigern könnte. Untersuchungen zu den Wirkungen der Ganztagsschule und zur Erreichung konzeptioneller Zielsetzungen gestalten sich gerade für den Leistungsbereich als sehr schwierig, da sie stets als aufwendige Längsschnittuntersuchungen anzulegen sind, Kontrollgruppen (z. B. Halbtagsklassen) erfordern und auch die Frage nach der Güte von Indikatoren für Leistung aufwerfen (Dollinger 2012).

Bereits Fend setzte sich mit der Frage auseinander, ob die häusliche Unterstützung durch eine erhöhte Verweildauer der Kinder in der ganztägig organisierten Schule abnimmt bzw. wegfällt, was zu einem Absinken des Leistungsniveaus führen kann und mit der Verlagerung der häuslichen Lernzeiten in die Schule begründet wird (Fend, zit. nach Wiere 2011, S. 40). Hier wurden also die Auswirkungen auf die Schulleistung von Ganztagsschülerinnen und -schülern auch vom Grad der elterlichen Unterstützung abhängig gemacht. Ebenso forschen Ipfling und Lorenz bereits in den 1970er Jahren über Schulleistung, wobei sie Angst, speziell Prüfungsangst und Schulunlust, untersuchten, dabei jedoch keine signifikanten Differenzen zwischen Halbtags- und Ganztagsschulen feststellen konnten, woraus sie schlossen, dass mit Ganztagsschule keine zusätzlich belastenden Faktoren in Verbindung zu bringen sind (Ipfling/Lorenz 1979, zit. nach Wiere 2011, S. 40 f.). Eine Sonderauswertung der Hamburger LAU-Studie aus dem Jahr 1990 zieht im Rahmen der Untersuchung von Lernständen und Lernentwicklungen den Schluss, dass bezüglich der Entwicklung der Schulleistungen keine signifikanten Unterschiede zwischen Ganztags- und Halbtagsschule erkennbar sind – hinsichtlich der Leistungsstreuung zeigt sich bei Ganztagsschulen jedoch eine geringere Streuung als bei Halbtagsschulen (Wiere 2011, S. 42).

Radisch und Klieme kommen unter Beachtung der bereits etwas in die Jahre gekommenen Studien zu dem Ergebnis, dass sich zwischen Ganztags- und Halbtagsschülern keine bedeutsamen Unterschiede in der schulischen Leistungsentwicklung aufzeigen lassen. Es scheint jedoch, dass das Leistungspotenzial einer sozial benachteiligten Schülerschaft in Ganztagsschulen besser ausgeschöpft und gefördert werden kann, was auch die Ergebnisse von Fend untermauern würde. So kann nach Radisch und Klieme zwar keine direkte Wirkung auf die schulische Leistung nachgewiesen werden, jedoch zeigen sich Vorzüge der ganztägigen Beschulung und Förderung im sozialpädagogischen und erzieherischen Bereich (Radisch/Klieme, zit. nach Wiere 2011, S. 42 f.). Zu einem ähnlichen Schluss kommt Holtappels, für den »die hohe Schulzufriedenheit, die Lernmotivation und das verbesserte Schulklima [offensichtlich] auf die Ganztagsorganisation zurückgeführt werden« (Holtappels 2006, S. 16) können.

Auch wenn die Ganztagsschulforschung seit einigen Jahren immer wieder Ergebnisse zur Leistungs- und Wirkdimension liefert, steht laut dem Aktionsrat Bildung »der empirische Nachweis für den Beitrag von Ganztagsschule hinsichtlich der zentralen Zieldimension Leistungsförderung und Kompensation sozialer Benachteiligung [...] bislang aus« (vbw 2013, S. 5).

Aktuelle Ergebnisse der bundesweit angelegten StEG-Studie zeigen, dass es für die »Wirkungen der Ganztagsangebote [...] weniger wichtig [ist, A.d.V.], ob die Schule ein offenes oder gebundenes Modell zugrunde legt« (Fischer 2011, S. 12). Von zentraler Bedeutung ist hingegen, »wie regelmäßig und für welchen Zeitraum die Schülerinnen und Schüler an den Ganztagsangeboten teilnehmen« (ebd.). Überdies liefert die StEG-Studie Hinweise dafür, dass der Einsatz individualisierter Lernformen mit der Entwicklung der Schulleistungen in Verbindung steht, was sich vor allem in der vollgebundenen Form positiv niederschlägt. Unabhängig vom offenen bzw. gebundenen Modell zeigt die Studie ferner, dass in Schulen, »in denen die Lehrkräfte [...] verstärkt differenzieren, [...] sich die Mathematiknoten vergleichsweise positiv [entwickeln, A.d.V.]. Von diesem Effekt profitieren grundsätzlich alle Schülerinnen und Schüler, in besonderem Maß aber jene, die an Ganztagsangeboten teilnehmen« (ebd., S. 13). Die Studie kommt zu dem Ergebnis, dass längere Schulöffnungszeiten allein nur wenig bewirken, die Schul- und Angebotsqualität hingegen von zentraler Bedeutung sind. Die Ganztagsschule kann also sehr wohl Wirkung zeigen, sofern sie ihr pädagogisches Potenzial (z. B. individuelle Lehrmethoden) wirklich ausschöpft (ebd., S. 14).

Im Rahmen der wissenschaftlichen Begleitung offener Ganztagsschulen im Primarbereich in Nordrhein-Westfalen gaben Lehrkräfte an, dass sich die Förderangebote einer Ganztagsschule eher auf das Selbstvertrauen, die Selbstständigkeit und das soziale Lernen auswirken denn auf die schulische Leistung; auf das schulische Lernen wirke sich jedoch die Hausaufgabenbetreuung aus (Haenisch 2010, S. 90, S. 109, zit. nach DKJS 2013, S. 84). Insbesondere stellten sie eine »regelmäßigere Erledigung der Hausaufgaben fest (67 %), infolgedessen auch ein besseres Mitkommen der Kinder im Unterricht (32 %)«; ferner zeigten sich positive Auswirkungen bezüglich »des Lernverhaltens (26 %) sowie der Schulleistungen leistungsschwacher bzw. leistungsstarker Kinder (20 % bzw. 15 %)« (ebd.). Auch die Eltern nahmen Auswirkungen auf die Arbeitshaltung des Kindes und die Regelmäßigkeit der Hausaufgabenerledigung wahr (ebd., S. 87).

2.12.2 Lernerfolgsmessungen in einem ganztägigen Bildungs-Setting

Da das Ganztagskonzept nicht nur auf kognitive Kompetenzen ausgerichtet ist, sondern ein ganzheitliches Bildungsverständnis zugrunde legt, stellt sich die Frage, wie diese Leistungen und Entwicklungen der Schülerinnen und Schüler rückgemeldet und gewürdigt werden können. Leistungsfeststellungen sollten immer so gestaltet sein, dass sie eine Basis für die weitere Planung der Lehr-Lern-Arrangements darstellen, den gegenwärtigen Lernstand und Präkonzepte erfassen und dadurch eine individuelle und gezielte Lernbegleitung ermöglichen (Schönknecht/Hartinger 2010, S. 7). Die Lernerfolgsmessung sollte sich jedoch gerade bei Ganztagsschulen nicht auf die Erfassung der Fach- und Sachkompetenz, also der kognitiven Zielsetzungen, reduzieren, sondern insbesondere auch Aspekte der Selbst-, Sozial- und Methodenkompetenz berücksichtigen, da gerade soziales Lernen und selbstgesteuertes methodisches Arbeiten in der Ganztagsschule zentrale Bausteine sind.

Leistungsmessung birgt sowohl den Kontrollaspekt als auch den Informationsaspekt in sich, wobei empirisch belegt ist, dass sich Lernerfolgsmessungen dann nachteilig auf die Motivation und das Interesse der Lernenden auswirken, wenn der Aspekt der Kontrolle hochrangig, der Informationsaspekt aber nur gering ist (Hartinger/Fölling-Albers 2002, S. 114 ff.). Schülerinnen und Schüler müssen also neben der Information über ihren Lernstand vor allem Selbstwirksamkeit und Erfolge erfahren, wobei die Ganztagsschule hierbei aufgrund des über das Fachliche hinausgehenden Lernens vielfältige Chancen bietet. Dabei ist es gerade bei ganztägigen Organisationsformen von entscheidender Bedeutung, dass der Informationsaspekt nicht nur gegenüber den

Schülerinnen und Schülern, sondern auch gegenüber den Eltern verbindlich wahrgenommen wird. Haben Eltern in der Halbtagsschule allein schon über die Hausaufgaben Einblick in das Lernen ihrer Kinder, so fällt dies in der gebundenen Ganztagsschule aufgrund integrierter Lernzeiten weg. Hier ist es von zentraler Bedeutung, dass sie erweiterte Formen der Rückmeldung erhalten (z. B. »Ganztagsbuch« – ein gutes Beispiel ist das Logbuch der Landeshauptstadt München). Mithilfe eines Logbuchs lernen Schülerinnen und Schüler zum Beispiel, »ihre freien Lern-, Arbeits- und Übungsphasen strukturiert zu planen« (Bostelmann 2006, S. 53). Das Logbuch ist ein Instrument, »um die vergangene Woche auszuwerten und die kommende Woche vorbereiten und planen zu können« (ebd.). Es ist für die Arbeit in der Ganztagsschule sehr wertvoll, weil es die Kinder und Jugendlichen den ganzen Tag begleitet und nicht nur ihnen selbst, sondern auch den Lehrkräften und externen Kräften am Vor- und Nachmittag sowie den Erziehungsberechtigten Einblick in den Lernprozess gestattet.

Ein Logbuch ist nach Bostelmann (2006, S. 54 f.)
- ein Reflexions- und Planungsinstrument für die fachlichen und sozialen Ziele,
- ein Medium, um den Erziehungsberechtigten die Bildungsarbeit an der Schule transparent zu machen,
- eine Form der Vermittlung und Kommunikation zwischen Schule und Elternhaus,
- ein Arbeitsinstrument zur Fixierung, Planung und Dokumentation der individuellen Ziele des Schülers.

Neben der Rückmeldung und Information über den Leistungsstand sind aufgrund der gewandelten Lehr- und Lernkultur auch alternative Formen der Leistungsbeurteilung zu implementieren. Einen guten Ansatz, die ganzheitliche Arbeit in Ganztagsschulen aufzugreifen, stellt das Portfoliokonzept dar, das den Erwerb von Fachkompetenz mit dem Erwerb von Schlüsselqualifikationen, vor allem dem Erwerb reflexiver Kompetenz verbindet und die Lernfortschritte eines Kindes dokumentiert. Dabei bieten Portfolios stets auch »die Möglichkeit prozessbezogener Rückmeldung […] [da durch, A.d.V.] Einträge zu verschiedenen Zeiten […] für alle rasch ersichtlich [wird, A.d.V.], in welchen Bereichen gearbeitet wurde, was noch einmal kontrolliert werden sollte und was bereits erledigt ist« (Schönknecht/Hartinger 2011, S. 18). Mithilfe des Portfolios kann die Lehrkraft Einblick in den Grad der Zielerreichung und in den Kompetenzerwerb eines Kindes nehmen, es bietet sich insofern als Ausgangslage für weitere Bildungsschritte an. Dabei geht das Portfolio immer vom bereits Vorhandenen und Geleisteten aus, was sich förderlich auf das Selbstkonzept und die Motivation des Kindes auswirkt. Der Lerner hat dadurch folgende Vorteile:

- »er lernt, seine eigenen Arbeiten auszuwerten,
- er wird sich seines eigenen Lernstils bewusst,
- und er wird in die Lage versetzt, seinen Bildungsprozess zunehmend selbst zu steuern und Arbeitsschritte selbstorganisiert zu planen.« (Bostelmann 2006, S. 41)

In Ganztagsklassen und -gruppen kommt der Selbstbewertung und Selbstreflexion sowie der gegenseitigen Bewertung eine große Rolle zu. Die Einschätzung und Bewertung eigener Arbeitsergebnisse und Kompetenzen stellt einen kontinuierlichen Lernprozess dar, der Zeit und stetes Training benötigt, was Ganztagsschule bieten kann. Gerade offene Unterrichtsformen wie Projektunterricht, Freiarbeit, Wochenplanarbeit oder Werkstattunterricht offerieren zahlreiche Möglichkeiten der Selbstbewertung, aber auch der Fremdbewertung durch Mitschülerinnen und Mitschüler, Lehrkräfte oder externe Kräfte. Ein Beispiel dafür sind Lern- und Entwicklungsgespräche, die eine gute Option für differenzierte Rückmeldung bieten, wobei gerade das Feedback externer, außerschulischer Kräfte einen völlig neuen Blick auf das Kind erlaubt. Dabei sollten Ergebnisse und Rückmeldungen, welche zuweilen in Verträge und Vereinbarungen mit dem Lerner und den Erziehungsberechtigten münden, schriftlich fixiert werden.

Eine große Bedeutung kommt in Ganztagsschulen auch der Tages- und Wochenauswertung zu. Sie sind nicht nur feste Rituale und Strukturen, sondern stellen auch ein Training zur Reflexion, zur Selbst- und Fremdeinschätzung sowie zur Überprüfung der Zielerreichung dar (z. B. Wochenziele). Die Wochengespräche können individuell – beispielsweise anhand des Logbuches – mit einzelnen Schülerinnen und Schülern geführt werden. Zudem empfiehlt es sich, bereits im Stundenplan ein verbindliches Zeitfenster für die Wochenauswertung im Klassenverbund vorzusehen, was einen zentralen Beitrag zum Klassenklima und sozialen Lernen darstellen kann.

Auch muss eine Ganztagsschule sich überlegen, wie die Teilnahme an Kursen, Aktivitäten und Neigungsgruppen, welche über die herkömmliche Stundentafel hinausgehen, aber zentral für die individuelle Kompetenzentwicklung sind, erfasst und dokumentiert werden können. Häufig spielen diese Angebote (abgesehen von regulären Arbeitsgemeinschaften) in den traditionellen Zeugnissen keine Rolle. Ein erster Ansatzpunkt könnte der Erwerb von Zertifikaten sein, die nicht nur zum Portfolio gehören, sondern auch für Bewerbungen oder Schulwechsel relevant sind.

Resümierend lässt sich festhalten, dass das ganzheitliche Bildungs- und Erziehungskonzept der Ganztagsschule es erlaubt, auch in der Lern- und Leistungsentwicklung kompensatorisch zu wirken, worauf ich noch unter dem Begriff der Chancengerechtigkeit näher eingehen werde, aber auch stärkenorientiert vorzugehen und die Schülerinnen und Schüler individuell zu fördern. Insbesondere der Freizeitbereich kann die Schule zu einem Ort machen, den Schüler nicht bloß als selektierend und defizitorientiert erleben, sondern an dem sie Stärken und Erfolge erfahren.

2.13 Schulleben und Schulkultur

Die Ganztagsschule ist ein umfassender Bestandteil des kindlichen und jugendlichen Lebens und aufgrund ihrer konzeptionellen Gestaltung auch selbst bereits ein Stück Lebensraum. Schule und Leben gilt es folglich nicht getrennt voneinander zu betrachten. Indes werden die Begriffe »Schulleben« und »Schulkultur« in vielen Fällen ambivalent, zum Teil auch sehr inflationär verwendet. Spricht man von der Kultur einer Schule, so ist damit mehr gemeint als Veranstaltungen des Schullebens und kulturelle »Highlights« wie Theateraufführungen, Musikabende oder Kunstausstellungen. Schule ist per se ein sozial-kultureller Mittelpunkt der Gesellschaft. Fischer differenziert unterschiedliche Akzentuierungen von Schulkultur (Fischer 2008):

- Schulkultur als »*Zusatzveranstaltungen*« impliziert alle zusätzlichen Aktionen und Angebote einer Schule, welche außerhalb der Unterrichtszeit im engeren Sinne stattfinden (z. B. Theateraufführungen, Projektwochen und -präsentationen, Abschlussveranstaltungen, Schulfeste und -feiern, Rituale im Jahreslauf).
- Nach Fischer nehmen Lehrkräfte hier in der traditionellen Halbtagsschule das Schulleben und die Schulkultur »oft als einen luxuriösen ›Speckgürtel‹ wahr, der sich um den alltäglichen Unterricht herumlagert [sic!] oder dessen Zeit benötigt« (Fischer 2008).
- Schulkultur als *Umgangsform* bezeichnet die Interaktions- und Handlungsformen der an Schule beteiligten Personen, worin sich in der Folge auch das Schulklima sowie das Wert- und Normengefüge einer Schule äußert.
- Schulkultur als *Kultur des gesamten Schulwesens* umfasst ein sehr weites Begriffsverständnis und integriert alles, was mit der gesellschaftlichen Gestaltung und Organisation von Schule zusammenhängt (z. B. Schulverwaltung, Fortbildung), wodurch der Terminus »Schulkultur« allerdings unscharf wird.
- Schulkultur als *pädagogische Kultur* (Fauser 1989; Holtappels 1995) der einzelnen Schule bezieht sich nach Fischer auf die Handlungsfelder der Personen, des Unterrichts und der Organisation einer Schule, die sich wechselseitig beeinflussen und für ein kohärentes Bildungsverständnis stehen.
- Schulkultur als *symbolische Sinnordnung der einzelnen Schule* geht nicht mehr von der Dreiteilung in eine Kultur des Unterrichts, der Erziehung und der Organisation aus, sondern in Anlehnung an Helsper (2008) erfolgt eine deskriptive Fassung als »symbolische Sinnordnung«.

Die Ganztagsschule offeriert in diesem Verständnis wie jede Halbtagsschule auch Zusatzveranstaltungen, jedoch wird dabei nicht mehr streng zwischen »innerhalb« und »außerhalb« der Unterrichtszeit unterschieden, da formelles und informelles Lernen ineinander übergehen. Zudem bietet der Ganztag aufgrund des zeitlichen Faktors mehr Möglichkeiten für Zusatzveranstaltungen.

Schulkultur verstanden als Umgangsform rückt bei Ganztagsschulen in den Mittelpunkt: Zum einen weiten sich die Interaktionsmöglichkeiten aufgrund der erweiterten Personalstruktur aus, zum anderen muss auch das Wert- und Normengefüge einer ganztags gelebten Schule für alle deutlich und spürbar werden. Soll dies gelingen, kann Schulkultur nur als Kultur des gesamten Schulwesens verstanden werden, was im Sinne einer lokalen Bildungslandschaft auch das Verhältnis zur Gemeinde, zur Stadt oder zu anderen Kooperationspartnern einschließt. Die Bedeutung des Schulklimas liefert im Kontext von Ganztagsschulen keine völlig neuen Erkenntnisse, sondern wird seit Jahren mannigfach untersucht, insbesondere die Wechselwirkung mit Schulleistungen (vgl. Fend 1977).

Grundlage der Ganztagsschule muss immer das Bild vom Kind bzw. Jugendlichen sein – dies ist das Fundament des pädagogischen Handelns, nach dem sich die Konzeptgestaltung auszurichten hat. Dazu ist es nötig, sich auf gemeinsame Werthaltungen zu verständigen, Rituale und Traditionen zu schaffen und zu pflegen und im Rahmen der Rhythmisierung auch Freiräume für Freude, Fantasie und Heiterkeit zu belassen.

Die Rezepte wirksamer Schulen blieben lange Zeit verkannt, zumal es sich dabei oft um sehr »weiche« und wenig fassbare Faktoren handelt. Nach Appel und Rutz kommen dem Schulklima, dem sozialen Binnenklima, der demokratischen Führung, der Qualität des Zusammenlebens, gemeinsamen Aktionen, der Aufmerksamkeit für Kollegium und Personal, der Gestaltung der Lebensumwelt, ästhetischen und ethischen Bedürfnissen sowie der Gemeinschaftsatmosphäre an Ganztagsschulen als Lern- und Lebensraum besondere Bedeutung zu (vgl. Appel/Rutz 2005, S. 133–139). Dass die Ganztagsschule mehr Möglichkeiten bietet, eine demokratische Schulkultur zu etablieren, in der Kinder und Jugendliche zu mündigen Staatsbürgern heranwachsen können, soll im Abschnitt über Partizipation und Demokratieerziehung vertieft werden.

> **Empfehlungen für die praktische Umsetzung**
> → Gestalten Sie Ihre Ganztagsschule als ganzheitlichen Lern- und Lebensraum! Setzen Sie den Fokus nicht nur auf den organisatorischen Praxisablauf, sondern achten Sie auch auf das soziale Klima!
> → Schaffen Sie immer wieder gemeinschaftsstiftende Aktionen! Dies kann auf der Ebene der Ganztagsklasse ein gemeinsamer Wochenbeginn oder Wochenabschluss sein. Auf der Ebene der Schulgemeinschaft sind darüber hinaus regelmäßige Feiern und Feste, Rhythmisierungselemente und Rituale unabdingbar. Insbesondere in offenen und teilgebundenen Ganztagsschulen kommt der Gemeinschaftsstiftung besondere Bedeutung zu, um »Mehrklassengesellschaften« (das heißt gerade bei teilweise gebundenen Ganztagsschulen Halbtags- und Ganztagsschülerschaft) innerhalb einer Schulfamilie zu vermeiden.

2.14 Schülerinnen und Schüler in der Ganztagsschule

Die folgenden Abschnitte widmen sich ausgewählten Aspekten der erweiterten Personalstruktur – eine Zusammenschau liefert die Abbildung zur erweiterten Führungsfunktion der Schulleitung. Im Mittelpunkt stehen jedoch die Schülerinnen und Schüler, auf deren Belange es in der Ganztagsschule besonders ankommt. Aber auch die Akzeptanz der Ganztagsangebote durch die Schülerschaft gilt als zentraler Gelingensfaktor für eine nachhaltige Implementierung von Ganztagsschulen (Dollinger 2012). Arnoldt und Stecher haben sich in einer bundesweit angelegten Studie umfassend mit der Ganztagsschule aus der Perspektive der Schülerinnen und Schüler auseinandergesetzt, wobei sie insbesondere folgenden Fragen nachgehen: Aus welchen Gründen fällt die Entscheidung für den Besuch der Ganztagsschule? Wie sind die Angebote verteilt und an welchen Angeboten nehmen die Schülerinnen und Schüler teil (Arnoldt/Stecher 2007, S. 42–45)?

Im Folgenden soll ein Blick auf den Beitrag zur Chancengerechtigkeit für die Kinder und Jugendlichen sowie ganz konkret auf die Gruppen- bzw. Klassenstruktur in der Ganztagsschule geworfen werden.

2.14.1 *Der Beitrag der Ganztagsschule zur Chancengerechtigkeit*

Gemäß den aktuellen OECD-Studien (vgl. Max-Planck-Institut für Bildungsforschung) ist der Schulerfolg nach wie vor stark vom ökonomischen, sozialen und kulturellen Status des Elternhauses abhängig – gerade in Deutschland ist der Zusammenhang zwischen Bildungserfolg und Herkunft im europäischen Vergleich sehr groß. Der Ausbau von Ganztagsschulen kann dabei einen Ansatz darstellen, das deutsche Bildungssystem gerechter und kompensatorischer zu gestalten. Indem Ganztagsschulen familienergänzend agieren (z. B. individuelle Förderangebote, Angebote zur Freizeitgestaltung, Betreuung), können sie zur Entkoppelung von Elternhaus und Schulerfolg beitragen, den Zusammenhang zwischen häuslicher Unterstützung (z. B. Lernhilfe, Finanzierung von Nachhilfe, Hausaufgabenbetreuung) und guten Leistungen kompensieren.

Der Beitrag der Ganztagsschule zu mehr Chancengerechtigkeit im Bildungssystem wird auch im Chancenspiegel deutlich, den das Institut für Schulentwicklungsforschung in Dortmund im Auftrag der Bertelsmann Stiftung entwickelt hat (http://www.chancen-spiegel.de). Eine Untersuchung zur Bildungsgerechtigkeit der unterschiedlichen Schulsysteme in den einzelnen Bundesländern konnte einen Zusammenhang mit der divergierenden Ausstattung mit Ganztagsschulen aufweisen. Sachsen erhält dabei als Bundesland mit dem höchsten Anteil an Ganztagsschulen die Bestbewertung. Fast drei von vier Kindern besuchen dort auch am Nachmittag die Schule (DKJS 2012, S. 15 f.).

Meines Erachtens kann der Ausbau der Ganztagsschule sehr wohl einen Beitrag zu einem chancengerechteren Bildungssystem darstellen – dabei reicht es jedoch nicht aus, lediglich mehr Ganztagsangebote bereitzustellen. Kinder und Jugendliche können in ihrer Entwicklung nur dann nachhaltig gefördert und möglicherweise auch kompensatorisch begleitet werden, wenn die Qualität der schulischen Maßnahmen gegeben ist. Eine Ganztagsschule mit einem ganzheitlichen Bildungs- und Erziehungsverständnis kann dazu einen Beitrag leisten, möglicherweise stellt die Ganztagsschule sogar einen zentralen Rahmen für ein inklusives Schulsystem dar, welches offen für alle Menschen und Individuen unserer Gesellschaft ist.

2.14.2 Schülerstruktur in der Ganztagsklasse: die Frage nach der Auswahl

Wie sich empirische Studien mit der Frage befassen, wer über den Besuch der Ganztagsschule entscheidet, und ob Schülerinnen und Schüler in den Entscheidungsprozess einbezogen werden (Arnoldt/Stecher 2007), so soll im Folgenden die Frage beantwortet werden, wie sich Ganztagsklassen bzw. (bei der offenen Ganztagsschule) Ganztagsgruppen zusammensetzen, und was es dabei in der Schulpraxis zu beachten gilt.

Zuweilen übertrifft die Nachfrage das Angebot einer Ganztagsschule (z. B. aufgrund begrenzter räumlicher, personeller oder finanzieller Kapazitäten) – in diesem Fall muss die Schule gezielt Auswahlgespräche mit den Eltern sowie mit den Kindern und Jugendlichen führen. Grundsätzlich empfiehlt es sich, der Zusammensetzung von Ganztagsklassen und Ganztagsgruppen auch unabhängig von den Kapazitäten einer Ganztagsschule besondere Bedeutung beizumessen und die Motive der Eltern und des Kindes für die Anmeldung in der Ganztagsschule vorab zu eruieren. Dies kann beispielsweise in Form von Anmeldebögen, Aufnahmeanträgen und Fragebögen geschehen, noch mehr aber empfehlen sich Aufnahmegespräche – und zwar nicht nur mit den Erziehungsberechtigten, sondern auch mit den Schülerinnen und Schülern selbst. Als Ergänzung bieten sich mehrtägige Probebesuche oder Schnuppertage an, sinnvoll ist ebenso ein regelmäßiger »Tag der offenen Tür«.

Die Schulleitung sollte die Auswahlkriterien sowohl im Kollegium als auch bei den Erziehungsberechtigten transparent machen, um Irritationen zu vermeiden und ein möglichst objektives Verfahren zu gewährleisten. Wegen der organisatorischen Erfordernisse (z. B. Klassenbildung, Mittelzuweisung, Personalakquise in Abhängigkeit von Gruppengröße) ist die Aufnahme in eine Ganztagsschule in den meisten Fällen für ein Jahr verbindlich, ein vorzeitiges Ausscheiden in der Regel nicht möglich.

Nach welchen Kriterien eine Schule die Auswahl trifft, unterscheidet sich von Fall zu Fall. Patentrezepte sind hier nicht möglich, allenfalls Empfehlungen. Mögliche Kriterien sind:
* soziale, kulturelle und ökonomische Situation der Familie und daraus resultierender Betreuungsbedarf (z. B. Alleinerziehende, berufstätige Eltern, Zahl der Geschwister)
* Beobachtungen und Rückmeldungen anderer Institutionen (z. B. Kindergarten, Grundschule)
* spezifischer Förderbedarf (z. B. Sprachdefizite bei Migrantenkindern)
* Bereitschaft des Kindes bzw. Jugendlichen zum Besuch der Ganztagsschule (z. B. Belastbarkeit, Freiwilligkeit, Bereitschaft zum sozialen Miteinander)

In der Praxis hat sich gezeigt, dass eine heterogene soziale Zusammensetzung der Ganztagsklassen (gerade im Vergleich zu den parallelen Halbtagsklassen bei teilweise gebundenen Formen) sich maßgeblich auf die Implementierung und Akzeptanz des Ganztagskonzeptes auswirkt (vgl. Dollinger 2012). Nicht ratsam ist es, Gruppen möglichst homogen zu bilden (z. B. überwiegend Zulassung von sehr leistungsstarken Kindern oder Aufnahme von erziehungsschwierigen Kindern und Jugendlichen mit sozialen Defiziten) – dies wirkt sich nicht nur nachteilig auf die Ganztagsklasse/-gruppe aus, sondern führt auch zu Ungleichgewichten innerhalb der Schulfamilie, welche in den meisten Fällen sowohl aus Ganztags- als auch Halbtagsklassen besteht. Als Abbild der Gesellschaft sollte sich die Schule zu Heterogenität bekennen und keine zusätzliche Selektion schaffen!

Auch aktuelle Studien auf der Basis der StEG-Daten zeigen, dass »die schulische Prozessqualität […] systematisch von der sozialen und kulturellen Zusammensetzung der Schüler und Schülerinnen an Ganztagsgrundschulen abhängt« (vbw 2013, S. 63). Bei der Analyse der Daten von IGLU 2011 und TIMSS 2011 zeigen sich hinsichtlich der geschlechtsspezifischen Verteilung von Jungen und Mädchen erwartungsgemäß keine Unterschiede, wohl aber bei der Verteilung nach sozioökonomischen und kulturellen Merkmalen. Diese hat sich an den Ganztagsschulen in den letzten Jahre stark gewandelt: War 2006 noch ein überproportional hoher Anteil an Kindern mit Migrationshintergrund und aus sozial benachteiligten Elternhäusern vertreten, so lässt sich 2011 kaum noch eine Differenz in der Zusammensetzung von Ganztags- und Halbtagsgrundschulen ausmachen (vbw 2013, S. 63 f.). Diese Entwicklung ist eindeutig positiv zu bewerten, denn Ganztagsschule soll keinesfalls eine »Problemschule« mit spezifischen Förderangeboten für spezifische Schülergruppen sein, sondern ein ganzheitliches Angebot für alle Kinder und Jugendlichen quer durch alle Gesellschaftsschichten.

> **Empfehlungen für die praktische Umsetzung**
>
> → Treffen Sie bewusst eine Auswahl der Schülerschaft für die Ganztagsklasse (z. B. in der teilweise gebundenen Form) bzw. Ganztagsgruppe (z. B. in der offenen Form)! Achten Sie möglichst auf eine heterogene Klassenstruktur, gerade im Vergleich zur parallelen Halbtagsklasse (bei teilweise gebundenen Ganztagsschulen). Die Ganztagsklasse sollte weder als Problemklasse abgestempelt, noch ein besonders elitärer Kreis gebildet werden, da dies die Gefahr einer »Zweiklassengesellschaft« (Ganztags- und Halbtagsklassen) an der Schule verstärken kann. Dies ist sowohl bei der Gestaltung der Rahmenbedingungen (z. B. bei der Frage nach finanziellen Elternbeiträgen ja/nein) als auch bei der Auswahl der Schülerschaft zu berücksichtigen.
> → Gestalten Sie die Auswahlverfahren für Schülerinnen und Schüler sowie Eltern transparent, und legen Sie die Kriterien bereits im Vorfeld offen! Zu empfehlen sind gezielte und persönliche Auswahlgespräche mit Erziehungsberechtigten *und* Schülern, aber auch Schnuppertage, die sowohl der Schule als auch den Eltern bei der Entscheidungsfindung helfen.
> → Achten Sie auf die Freiwilligkeit beim Besuch der Ganztagsschule! Es erweist sich für alle Beteiligten – also Schule, Eltern und vor allem Schülerinnen und Schüler – als belastend, wenn das Kind von den Eltern zum Besuch der Ganztagsschule gezwungen wird!
> → Achten Sie auf die speziellen Bedürfnisse der Schülerschaft – insbesondere im Freizeitbereich ist es bedeutsam, auch spezielle Angebote für Mädchen und Jungen sowie deren spezifische Interessen und Neigungen anzubieten.
> → Fragen Sie sich immer wieder, inwiefern die Schülerschaft mit ihren Kompetenzen und Ressourcen einen Beitrag zum Schulleben, zur Schulkultur und zur Realisierung des Ganztagskonzeptes leisten kann – gerade da sich die Zusammensetzung in Ganztagsklassen und Ganztagsgruppen immer wieder ändert!

2.15 Lehrkraft in der Ganztagsschule

Bei der Einführung einer Ganztagsschule stellt sich die Frage, ob »Ganztagslehrkraft« wirklich ein neuer Beruf ist oder ob es sich dabei nicht einfach nur um ein erweitertes Professionsverständnis handelt. Im Folgenden sollen die Rolle der Lehrkräfte im Implementierungsprozess, anschließend die erforderliche professionelle Kompetenz im Lehrberuf beleuchtet werden, bevor ausgewählte Spezifika in der Alltagspraxis einer Ganztagslehrkraft zur Sprache kommen.

2.15.1 Neue »Rolle« Ganztagslehrkraft

Grundsätzlich ist es unabdingbar, dass die Einführung einer Ganztagsschule im gesamten Kollegium verankert ist, von diesem mitgetragen und umgesetzt, aber auch fortentwickelt wird. Gerade in der Anfangsphase bedarf es innovativer Lehrkräfte, »Zugpferde«, die von dieser Organisationsform überzeugt sind und sich gerne auf die gewandelte Lehrerrolle einlassen. Zwar handelt es sich bei der Ganztagsklassenlehrkraft um keinen neuen Beruf, jedoch begegnen sich Lehrkraft und Schüler bzw. Schülerin ganzheitlicher, ich möchte fast sagen intensiver. Aus Sicht der Lehrkraft besteht der Vorteil darin, mehr Zeit mit den Schülerinnen und Schülern zu verbringen und diese auch in anderen Situationen und Rollen zu erleben. Man gewinnt mehr Einblick in ihre Stärken und Schwächen, in ihre Gemütslage, ihre Interessen und Befindlichkeiten. Aber auch für die Schülerinnen und Schüler ist es spannend, die Lehrkraft nicht nur in Lehr- und Lernsituationen oder Unterrichtsarrangements, sondern auch in neuen Settings (z. B. beim Mittagessen, beim Schulfrühstück) und Rollen zu erleben.

Eine Differenzierung ist jedoch hinsichtlich der Umsetzungsmodelle zu machen: Ändert sich bei der gebundenen Ganztagsschule die Rolle der Lehrkraft zwangsläufig, so kommt es durch die Implementierung offener Ganztagsschulen kaum zu Veränderungen. Hier besteht jedoch Optimierungsbedarf, denn will man den Vor- und Nachmittag auch in der offenen Form konzeptionell verzahnen, so müssen zwingend mehr Absprachen zwischen den Lehrkräften am Vormittag und den externen Kräften am Nachmittag getroffen werden.

2.15.2 Professionelle Kompetenz im (Ganztags-)Lehrberuf

Professionalisierung nennt man »jene[n] Prozess […], den ein Beruf durchläuft, wenn er sich zu einer Profession wandelt und dabei nicht nur […] Stadien durchläuft, sondern auch eine Reihe von […] Merkmalen erwirbt, die ihn von anderen Berufen unterscheidet« (Schwänke 1988, S. 14). Zweifelsohne lässt sich auch die Entwicklung hin zur »Ganztagslehrkraft« als Professionalisierungsprozess ausmachen, wenn es sich dabei nicht gar um einen neuen Beruf handelt, wie Wunder die Frage stellt (Wunder

2008). Hierbei müssen im Interesse einer innovativen ganztägigen Lehr- und Lernkultur neue und alternative Handlungsstrategien in den Blick genommen werden. Auch werden Lehrkräfte in der Ganztagsschule immer wieder mit neuen Herausforderungen konfrontiert, sodass es vollzogene Handlungsmuster stets neu zu reflektieren und bewährte Muster infrage zu stellen gilt. Neben einer Neuakzentuierung der traditionellen Aufgaben Lehren, Erziehen, Beurteilen, Beraten und Innovieren erhält die Lehrkraft als weitere Aufgaben die Betreuung sowie kurative Aufgaben (Dollinger 2012, S. 296). Kiper nennt »Betreuung, Kompensation, Förderung, Integration, Beratung« (Kiper 2009, S. 80–87) als weitere schulische Aufgaben.

Darüber hinaus erfordern Ganztagsschulen ein gewandeltes Professionsverständnis von Lehrkräften, da diese nicht mehr bloße Experten für Lehren und Lernen, Lernarrangements und Lernorganisation sind, sondern der Beruf möglichst als ganztägige pädagogische Berufung und weniger als »Job«, keinesfalls als »Halbtagsjob« betrachtet werden sollte (Dollinger 2012, S. 295). Ganztagslehrkraft zu sein bedeutet damit auch, den ganzen Tag über gerne mit Kindern und Jugendlichen zusammen zu sein, diese zu bilden, zu erziehen sowie Vorbild und Bezugsperson als Mensch für sie zu sein – oder nach Hermann: Lehrer sein ist Einstellungssache (Hermann 2008, S. 24 f.).

2.15.3 Tandemlehrkräfte und Team-Teaching

Der Lehrerkooperation kommt in gebundenen Ganztagsschulen eine große Bedeutung zu, da sich in der Regel zwei Kollegen den Unterricht in einer Ganztagsklasse teilen. Dabei gibt es meist eine hauptverantwortliche (Klassenleitungs-)Lehrkraft in Vollzeit sowie eine weitere Lehrkraft, welche die noch verbleibenden Unterrichtsstunden in der Klasse übernimmt. Für die Schülerinnen und Schüler entsteht dadurch die Möglichkeit, neben den externen Kräften zwei Ansprechpartner kontinuierlich über die Woche sowie die Vormittags- und Nachmittagszeit zusammen oder im Wechsel zu haben. Hierbei gilt es auch Möglichkeiten des Teamteachings innerhalb der gegebenen Rahmenbedingungen und Mittelausstattung auszuschöpfen. Kooperation, Teamarbeit und Absprachen sind dafür unverzichtbar. Die Formen des Teamteachings beschränken sich jedoch nicht auf das Verhältnis Lehrkraft – Lehrkraft, sondern sind ebenso als Tandemstrukturen mit pädagogischen Fachkräften denkbar. Dabei ist zu beachten, dass die Rolle dieser Fachkräfte nicht darin besteht, der Lehrkraft als »Assistenzkraft« oder »Gehilfe« zur Seite zu stehen. Vielmehr handelt es sich um eine eigenständige Profession auf Augenhöhe mit jeweils spezifischen Kompetenz- und Aufgabenfeldern.

2.15.4 Arbeitszeit und Arbeitsbelastung

Häufig taucht die Frage auf, ob sich durch die Einführung der Ganztagsschule auch die Wochenarbeitszeit für Lehrkräfte ändert. Für die Schülerinnen und Schüler liegt es auf der Hand: Die wöchentliche Arbeits- und Präsenzzeit einer Ganztagsklasse ist im Vergleich zu der einer Halbtagsklasse eindeutig höher. Die Lehrkraft einer Ganztagsklasse behält jedoch ihr vorgeschriebenes Pflichtstundendeputat bei, egal ob sie in einer Ganztagsschule oder in einer Halbtagsschule arbeitet (in Bayern sind es z. B. 29 Wochenstunden für Grundschullehrkräfte und 28 Wochenstunden für Haupt-/Mittelschullehrkräfte).

Somit ändert sich nicht die gehaltene Unterrichtszeit, sehr wohl aber die zeitliche Struktur und Anordnung der Wochenstunden: Waren vor Einführung der Ganztagsschule die Nachmittage mit einigen Ausnahmen (z. B. Nachmittagsunterricht in der Sekundarstufe) weitgehend der freien Verfügung einer Lehrkraft überlassen, so ändert sich das Arbeitszeitmodell mit Implementierung der Ganztagsschule. Das heißt freilich nicht, dass die Lehrkraft einer Ganztagsschule nun vier bis fünf Tage pro Woche am Nachmittag in der Schule ist. Vielmehr empfiehlt es sich – ähnlich wie bei den Schülerinnen und Schülern –, das Kollegium nicht in Ganztagslehrkraft und Halbtagslehrkraft einzuteilen, sondern für eine Verankerung des Ganztags im Gesamtkollegium zu sorgen. So haben die Lehrkräfte einer Ganztagsschule im Durchschnitt an ein bis drei Tagen in der Woche nachmittags Unterricht, im Gegenzug können Stunden am Vormittag entfallen (z. B. Unterrichtsbeginn an manchen Tagen erst um die Mittagszeit). Welche Arbeitszeitbelastung letztlich aus der Einführung der Ganztagsschule folgt, hängt (neben dem individuellen Engagement der Lehrkraft) immer auch von dem jeweiligen Stundenplan ab. Dabei sollte es im Zuge der Gleichbehandlung mit den Halbtagslehrkräften keinesfalls so sein, dass sich die Aufgaben und Funktionen einer Lehrkraft in den Bereichen Betreuung und Förderung an fünf Tagen stets über den gesamten Schultag erstrecken – auch wenn sich eine zunehmende Präsenz an der Schule förderlich auf die Kommunikation zwischen Lehrkräften und externem Personal sowie auf die Teamarbeit und gemeinsame Arbeitsplanung auswirkt. Empfehlenswert sind Modelle, in denen Lehrkräfte bestimmte Präsenznachmittage bzw. Präsenzzeiten ausweisen, die der Kooperation und Absprache dienen – trotz anfänglicher »Widerstände« wirkt sich dies förderlich auf die Kooperation und soziale Zugehörigkeit in der Ganztagsschule aus.

2.15.5 Vertretung in der Ganztagsklasse

Da viele Eltern die Betreuung ihres Kindes als Entscheidungsmotiv für den Besuch einer Ganztagsschule nennen (Dollinger 2012), muss der verlässliche Ganztagsbetrieb sichergestellt sein. Dies bedeutet, dass auf Personalausfall (sowohl beim externen Personal als auch bei Lehrkräften) unmittelbar reagiert werden und ein Vertretungskonzept vorab erarbeitet und kommuniziert sein muss. Bezüglich des Ausfalls und der Vertretung von externem Personal sind mit dem Kooperationspartner bereits bei Vertragsabschluss Vereinbarungen zu treffen. Zu Beginn des Schuljahres sollte ein Vertretungskonzept vorliegen, das die Übernahme von Vertretungsstunden am Nachmittag als eine Art Bereitschaftsdienst vorsieht. Es ist ratsam, dies transparent und schriftlich zu gestalten, um Unstimmigkeiten im Kollegium vorzubeugen. Auch eine soziale Staffelung dieser Tage ist denkbar (z. B. geringere Anzahl an Vertretungsstunden für Teilzeitkräfte oder Lehrkräfte, die an mehreren Schulen tätig sind).

> **Empfehlungen für die praktische Umsetzung**
> → Die Schulleitung sollte darauf achten, das Klassenbildungsverfahren sowie den Personaleinsatz in Halbtags- und Ganztagsklassen transparent zu gestalten!
> → Konferenzen, Teamsitzungen und Gremienarbeit (z. B. im Rahmen einer Steuergruppe Ganztagsschule, Schulentwicklungsarbeitsgemeinschaft, Netzwerktreffen) sind ausreichend in die Schul- und Unterrichtsorganisation zu integrieren!
> → Erarbeiten Sie gemeinsam im Kollegium ein tragfähiges Vertretungskonzept, das auch den Nachmittag abdeckt! Regeln Sie mit Ihrem Kooperationspartner vertraglich, wie Sie bei Ausfall von externem Personal vorgehen!

2.16 Kooperation und Teamarbeit

Da die Erwartungen an die Ganztagsschule und deren Zielsetzungen weit über die herkömmlichen Leistungen einer Halbtagsschule hinausführen und einem erweiterten Bildungsanspruch gerecht werden sollen, kann die Institution Schule die damit verbundenen Aufgaben nicht alleine erfüllen: Sie ist auf Kooperation angewiesen. Der Terminus Kooperation ist – wohl gleich nach dem Wort Rhythmisierung – einer der zentralen Fachbegriffe im Kontext von Ganztagsschule, vor allem aber ein sehr vielschichtiger Begriff, da er von der Kooperation aller Beteiligten innerhalb einer Schulfamilie bis zur interinstitutionellen Kooperation greift. Eines ist jedoch fast allen Ganztagsschulen, egal ob in gebundener oder in offener Form, gemeinsam: Sie erweitern ihr pädagogisches Angebotsspektrum gezielt durch die Zusammenarbeit mit Kooperationspartnern (Kamski 2009, S. 110).

Kooperation innerhalb der Ganztagsschule kann in innerschulische und außerschulische Kooperation differenziert werden, wobei die Differenzierung außerschulischer Kooperationsformen beispielsweise nach Institutionen erfolgen kann, die Differenzierung innerschulischer Kooperation nach Anlässen der Zusammenkunft von Personen der Schulfamilie (z. B. Lehrerkonferenz, Teamstrukturen) (Prüß 2009, S. 45, zit. nach Kamski 2009, S. 112).

2.16.1 Kooperation auf institutioneller Ebene

Um also der Trias von Erziehung, Bildung und Betreuung in einer Ganztagsschule nachzukommen, sind Schulen auf vielfältige außerschulische Kooperationspartner angewiesen. Zwar kooperieren auch Halbtagsschulen mit außerschulischen Partnern, bei Ganztagsschulen steigt aber nicht nur das quantitative Ausmaß der Kooperationen, sondern ebenso die vertragliche und kontinuierliche Einbindung dieser Partner in das schulische Angebot, da der erweiterte Zeitrahmen sich nicht auf eine bloße Ausdehnung des unterrichtlichen Angebotes beschränken darf. Aufgrund der Finanzierung einer Ganztagsschule sind primär die Schul- bzw. Sachaufwandsträger als zentrale Kooperationspartner zu nennen. Ebenso lassen sich freie Träger, Vereine, Verbände und weitere Einrichtungen als Kooperationspartner auf institutioneller Ebene aufführen, zumal diese Kooperationen oftmals mittels Verträgen und Kooperationsvereinbarungen fixiert sind. Hierbei ist es von zentraler Bedeutung, dass sich die Angebote des Kooperationspartners in das ganztägige Bildungs- und Erziehungskonzept der Einzelschule einfügen und keine Verlegenheits- oder Zufallsentscheidungen getroffen werden. Auch die Kooperation mit weiteren Einrichtungen und Unterstützungssystemen (z. B. Serviceagentur Ganztägig lernen in jedem Bundesland, Universitäten, Schulbehörden usw.) kann verstärkt in Anspruch genommen werden. Bei der Auswahl der Kooperationspartner muss die Schule neben der Passung in das eigene Schulprofil auch die Voraussetzung, Zielsetzung und Intention des Kooperationspartners eruieren und in den Entscheidungsfindungsprozess einbeziehen, da sich dies für die spätere Gestaltung als bedeutsam erweisen kann. Intendiert die Jugendhilfe für ihre Angebote beispielsweise Partizipation und Freiwilligkeit, so hat der Sportverein möglicherweise die Mitgliederwerbung für die Jugendarbeit im Fokus. All diese Zielsetzungen haben ihre Berechtigung. In der Praxis zeigt sich jedoch häufig, dass die Schulleitungen nicht ausreichend über das Selbstverständnis und die Zielsetzungen dieser Partner informiert sind und es nach Abschluss des Kooperationsvertrages zu Missverständnissen und Problemen kommen kann, die das Gelingen der Kooperation (Dollinger 2012) beeinträchtigen.

Auch die StEG hat die Kooperationsstruktur von Ganztagsschulen untersucht. Dabei zeigte sich, dass eine Ganztagsschule im Jahr 2007 durchschnittlich mit fünf Partnern kooperiert, wobei es einige Schulen gibt, die mit sehr viel mehr Partnern zusammenarbeiten (Arnoldt 2010, S. 96). Grundsätzlich sollte man sich jedoch überlegen, ob die Kooperation mit mehr als zehn (und bisweilen gar 25) Partnern gerade in der Implementierungsphase organisatorisch möglich und konzeptionell zielführend ist. Die am häufigsten gewählten Kooperationspartner sind Sportvereine, mit 87,5 Prozent bei den Grundschulen und 51,7 Prozent bei den Sekundarstufen I. Bei den Grundschulen folgen die Kirchen (56,1 Prozent), Kunst- und Musikschulen (46,5 Prozent) sowie kulturelle Institutionen (41 Prozent), bei der Sekundarstufe die Polizei (41,4 Prozent), Betriebe (37,3 Prozent), das Jugendamt (34,8 Prozent) sowie Kunst- und Musikschulen (30,4 Prozent) (Arnoldt 2010, S. 96). Auch die auf der Basis von TIMSS 2011 und IGLU 2011 untersuchte Zusammenarbeit von Ganztagsschulen mit anderen Institutionen belegt die Priorität von Sportvereinen (56,3 Prozent), Einrichtungen des Gesundheitswesens (47 Prozent) und Bibliotheken (34,1 Prozent); im additiven Modell finden sich vor allem Sportvereine (52,5 Prozent) und Musikschulen (52,7 Prozent) sowie Bibliotheken (34,1 Prozent) und Einrichtungen des Gesundheitswesens (32 Prozent). In beiden Formen nimmt die Kooperation mit Einrichtungen der Kinder- und Jugendhilfe einer Sonderrolle ein (68,4 Prozent in rhythmisierten gebundenen Modellen und 41,9 Prozent in additiven Modellen), da sie für alle Schulen zentral ist (vbw 2013, S. 91).

2.16.2 Kooperation auf personaler Ebene

Der innerschulischen Kooperation kommt für die Einführung und Qualitätsentwicklung der Ganztagsschule eine zentrale Bedeutung zu. Teamstrukturen können sich zum einen auf die Beziehungen zwischen einzelnen Lehrkräften beziehen (z. B. Lehrertandem in Ganztagsklassen, Teamteaching), zum anderen aber auch auf das Verhältnis zwischen externem Personal und Lehrkräften (z. B. Kooperation zwischen Lehrkraft und Personal der Hausaufgabenbetreuung). Insbesondere das Agieren auf gleicher Augenhöhe ist für die Förderung eines produktiven und professionellen Miteinanders der verschiedenen Professionen unabdingbar. Dabei nehmen sich nach Angaben der StEG-Studie 2007 gerade mal 36 Prozent aller Kooperationspartner als gleichberechtigte Partner wahr (Arnoldt 2010, S. 98). Fallanalysen zeigen (Dollinger 2012, S. 294), dass sich diese vielfach zitierte und geforderte »Augenhöhe« in der Kooperation keinesfalls verordnen lässt, sondern die vertrauensvolle Zusammenarbeit im Einzelfall stark von zwischenmenschlichen Faktoren abhängt und sich langsam entwickeln muss. Zuweilen gibt es auch Irritationen, die der bloßen Unwissenheit über die jeweils andere Profession, das professionelle Verständnis und die Berufstradition geschuldet sind (Dollinger 2012). Auch auf der Ebene der Kommunikation finden laut StEG-Studie ein Austausch, eine Abstimmung und eine intensivierte Zusammenarbeit nicht häufig genug statt; am ehesten noch hinsichtlich sozialerzieherischer Probleme von Kindern und Jugendlichen, kaum aber hinsichtlich gemeinsamer Angebote und Projekte (Arnoldt 2010, S. 100).

Wie die in Anlehnung an Meister und Schnetzer modifizierte Abbildung veranschaulicht, durchläuft innerschulische Kooperation auf der Personalebene eine treppenähnliche Entwicklung, die sich im Verlauf des Implementierungsprozesses einer Ganztagsschule sukzessive qualitativ weiterentwickeln kann.

> **Empfehlungen für die praktische Umsetzung**
> → Schöpfen Sie gezielt die Kooperationsmöglichkeiten mit gesellschaftlichen, kirchlichen, kulturellen und wirtschaftlichen Partnern aus! Informieren Sie sich über die notwendigen vertragsrechtlichen Voraussetzungen und Gegebenheiten, da diese landesspezifisch variieren.
> → Bemühen Sie sich um die Einbindung Ihrer Schule in ein regionales Schulnetzwerk, da dies den Erfahrungsaustausch und Kooperationen erleichtert.
> → Klären Sie frühzeitig, welche gegenseitigen Erwartungen Schule und Kooperationspartner an die Zusammenarbeit haben!

→ Achten Sie auf eine professionelle Verständigung bei der Kooperation von Lehrkräften und außerschulischem Personal. Betrachten Sie Kooperation als Aufgabe aller am Schulleben Beteiligten!
→ Schaffen Sie teamartige Arbeitsstrukturen und vielfältige Kooperationsformen (z. B. Jahrgangsstufenteams, Steuergruppen, Lehrertandems)! Fördern Sie kollegiale Strukturen innerhalb des Ganztagsbetriebs (z. B. kollegiale Beratung, Coaching, Unterricht im Tandem, Team-Teaching, Supervision)!
→ Achten Sie bei der Gestaltung des Stundenplans auf Zeitfenster für Absprachen zwischen Lehrkräften und externen Kräften und Zeitfenster für Teambesprechungen!
→ Arbeiten Sie neues Personal an Ihrer Schule gezielt ein und machen Sie es mit dem Ganztagskonzept vertraut! Hilfreich sind dafür – neben einem schriftlich fixierten und dokumentierten Ganztagskonzept (z. B. Schulhandbuch, ausführliches Schulprofil, Schulchronik) – Coaching-Maßnahmen und gegenseitige Hospitationen von Lehrkräften und externem Personal.

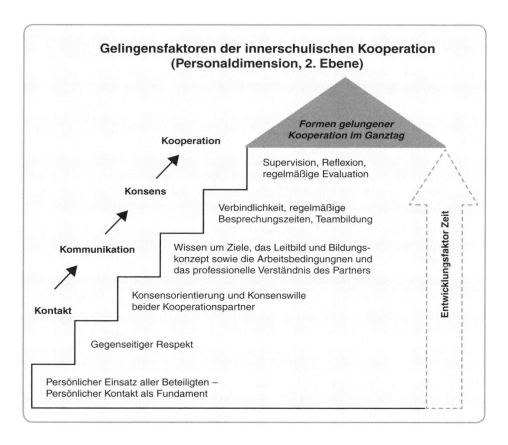

Abbildung 4: Gelingensfaktoren innerschulischer Kooperation (Dollinger 2012, S. 293, verändert nach Meister/Schnetzer 2009, S. 168)

2.17 Partizipation und Demokratie in der Ganztagsschule

Es ist Aufgabe der Schule, die nachwachsende Generation auf das Leben vorzubereiten. Dabei muss sie sich selbst vom Lernraum hin zum multiplen Lebens- und Erfahrungsraum entwickeln, Kompetenzen vermitteln, Partizipation und Kooperation realisieren und exemplarische Erfahrungsfelder aufzeigen. Die Ganztagsschule bietet als Lern-, Lebens- und Erfahrungsraum mehr Möglichkeiten für Demokratie Lernen durch Partizipation und Kooperation. Daher soll dieser Aspekt im Folgenden vertieft werden.

Zu Beginn des Initiierungs- und Implementierungsprozesses haben Partizipation und Demokratie eine rein praktische Funktion für die Schulentwicklung: Werden alle am Schulleben Beteiligten frühzeitig in die Ganztagskonzeption mit einbezogen, erleichtert dies nicht nur die Einführungsphase, sondern trägt auch dazu bei, dass Schüler und Lehrer *ihre* Ganztagsschule gerne besuchen und die Akzeptanz dieser Organisationsform nachhaltig in der Schulfamilie verankert ist. Mittel- und langfristig umfasst Partizipation in der Ganztagsschule verschiedene Möglichkeiten der Beteiligung, der aktiven Mitgestaltung und Mitwirkung, aber auch der nachhaltigen Mitentscheidung und Mitbestimmung. Auf Partizipation im Sinne von Kooperation wird im Folgenden nicht eingegangen, da dies bereits in den vorausgehenden Ausführungen besprochen wurde.

2.17.1 »Citizenship learning«

Folgt man Bîrcéa u. a., so lassen sich verschiedene Bestimmungen des »citizenship learning«, also des Demokratie Lernens, ausmachen (Bîrcéa u. a. 2004):
- learning *about* democracy (*über* Demokratie lernen)
- learning *for* democracy (*für* Demokratie lernen)
- learning *through* democracy (*durch* Demokratie lernen)

Bezeichnet »learning *about* democracy« die Umsetzung in Form von Unterrichtsinhalten bzw. Unterrichtsfächern, geht es gemäß Edelstein beim »Lernen über Demokratie um den Erwerb von Wissen, um Information über regulative Funktionen, über die Institutionen und Prozesse der Demokratie als staatliche Organisationsform, als Herrschaftsform« (Edelstein 2009, S. 80, Hervorhebung im Original). Vergleicht man hier die Möglichkeiten einer Ganztagsschule mit denen einer Halbtagsschule, so bietet die ganztägige Organisationsform mehr Zeit für zusätzliche Fächer und Arbeitsgemeinschaften, ebenso sind methodische Großformen (z. B. mehrwöchige Projekte) leichter umsetzbar. Auch das Aufsuchen außerschulischer Lernorte (z. B. Kommunalvertretung, Landesparlament) und die Kooperation mit Experten sind aufgrund des erweiterten Ganztags praktikabler und leichter möglich.

»Learning *for* democracy«, also Lernen *für* die Demokratie, »spricht den Lebenssinn des Lernens an, die Vermittlung von Deutungswissen und Handlungsperspektiven für das Leben der Individuen in der Gemeinschaft auch nach der Schule« (Edelstein 2009, S. 81). Das zielt auf die »Ausbildung einer dauerhaften, zukunftsfesten kritischen Loyalität gegen die Demokratie als Gesellschaftsform« (ebd.). Darunter fallen im Kontext Ganztagsschule vielfältige Dimensionen der Werteerziehung, wobei Demokratieerziehung eine »aufgeklärte Orientierung an demokratischen Werten [beinhaltet, A.d.V.]« (ebd.), welche »in diesem Kontext als *bewusst gewählte, diskursiv bewährte und positiv besetzte Präferenzen*« (ebd., Hervorhebung im Original) erfasst werden.

Im Fokus der folgenden Ausführungen soll das »Learning *through* democracy«, also das Lernen *durch* Demokratie stehen, da es für die Ganztagsschule zentrale Bedeutung besitzt. Es verbergen sich dahinter einerseits das erfahrungspädagogische Konzept von Dewey (Dewey 1963, 2004), andererseits die genannten reformpädagogischen Ansätze wie die Landerziehungsheime nach Hermann Lietz oder die Pädagogik von Celestine Freinet. Demokratie als Lebensform kann als demokratische Gestaltung der schulischen Alltagspraxis verstanden werden (Edelstein 2009, S. 81) und bedeutet im Kontext von Ganztagsschule die demokratische Gestaltung des Zusammenlebens aller an Schule Beteiligten. Die Schule – verstanden als Polis (Hartmut von Hentig) – hat damit nicht nur eine lebenspropädeutische Funktion, sondern ist bereits »gelebte« Wirklichkeit. Insbesondere die Ganztagsschule als ganzheitlicher Lern-, Erfahrungs- und Lebensraum (Dollinger 2012) trägt zur Entwicklung eines demokratischen Habitus bei, der das Zusammenleben der Schülerinnen und Schüler in der Schule, aber in propädeutischer Funktion auch nach Ende der Schulzeit bedeutend prägt.

Wie die Ausführungen zu den pädagogischen Leitzielen (Holtappels 2009, S. 16) gezeigt haben, finden sich in den Zieldimensionen der Ganztagsschule explizit auch Aspekte wie Partizipation und Demokratie Lernen, Öffnung der Schule hin zu Lebenswelt und Schulumfeld, Erfahren von Gemeinschaft, soziales und interkulturelles Lernen, sozialpädagogische Ziele und erweiterte Lerngelegenheiten für fachliches und fächerübergreifendes Lernen, welche wiederum wertvolle Ansatzpunkte für Demokratie Lernen und Demokratieerziehung bieten.

In einer Ganztagsschule arbeiten, lernen und leben verschiedenste Personen, Personengruppen und Professionen den Tag über zusammen: allen voran Schülerinnen und Schüler sowie Lehrkräfte, aber auch externes Personal und außerschulische Kooperationspartner, Verwaltungspersonal sowie Eltern und Ehrenamtliche. Für das Gelingen der Ganztagsschule ist es unverzichtbar, dass all diese Menschen kooperieren, kommunizieren, ihre Ideen und Visionen einbringen, diese gemeinsam diskutieren und fortentwickeln, Entscheidungen treffen und so letztlich »ihren« Ganztag aktiv gestalten. Untersuchungen von Holtappels belegen, dass Schulklassen mit einer hohen Schülerpartizipation bei der Planung und Entscheidung schulinterner Angelegenheiten »ein positives Lernverhalten und entsprechende Lernhaltungen der Schüler-/innen im Hinblick auf Lernmotivation, Arbeitsverhalten und leistungsbezogenes Selbstvertrauen« (Holtappels 2004b, S. 269) aufzeigen. Die Selbstbestimmungstheorie der Motivation nach Deci und Ryan untermauert diese Erkenntnis theoretisch. Danach handelt es sich bei dem Bedürfnis nach sozialer Anerkennung, Selbstbestimmung und

Wirksamkeit sowie dem Gefühl der Eingebundenheit (vgl. Deci/Ryan 1994) um basale menschliche Bedürfnisse.

2.17.2 Gründe und Möglichkeiten der Partizipation

»Demokratie heißt, sich in die eigenen Angelegenheiten einzumischen.« Dieser Sinnspruch von Max Frisch verweist bereits darauf, dass der Ausdruck Partizipation mit Teilnahme oder Teilhabe übersetzt werden muss, man sich also ganz eindeutig im Spannungsfeld von Politik und Pädagogik bewegt. Dabei betrachtet ein partizipatorischer Ansatz alle am Ganztag Beteiligten als »Subjekte«, welche in die Phasen der Initiierung, Planung, Realisierung und Reflexion, somit auch der Weiterentwicklung ganztagsschulspezifischer Prozesse (nach Frisch den »eigenen Angelegenheiten«) aktiv einbezogen sind. Schülerinnen und Schüler, aber auch Lehrkräfte und Eltern erleben sich in einer partizipativen Ganztagsschulkultur als aktive Mitgestalter. Eine so verstandene Schulkultur trifft zwar nicht nur auf Ganztagsschulen zu, doch bieten und erfordern diese mehr Möglichkeiten bei der Gestaltung und Beteiligung.

Geisler nennt drei Gründe für die Partizipation an Ganztagsschulen:
- »1. Bildung und Erziehung, insbesondere im Bereich der sozialen Kompetenzen und Haltungen, können nur gelingen, wenn Schülerinnen und Schüler in die Entwicklung einbezogen sind.
- 2. Funktionierende Partizipation entlastet Pädagoginnen und Pädagogen.
- 3. Partizipation weckt das Selbstwirksamkeitsgefühl, das heißt das Bewusstsein, dass man seine Ziele und Veränderungsvorschläge auch erreichen und durchsetzen kann. [Sie, A.d.V.] wirkt also präventiv gegen Versagensangst, Minderwertigkeitsgefühle und Depression« (Geisler 2005, S. 148).

Die einschlägigen Gründe für Partizipation finden meist sehr schnell Zustimmung – schwieriger ist jedoch die Frage, wie man sie konkret im Ganztag umsetzen kann. Nicht ohne Grund hinken die meisten Schulen dem Partizipationsgedanken noch weit hinterher. Zeigt man die förderlichen Auswirkungen am Beispiel der Initiierungsphase auf, so wirkt sich die frühzeitige Integration der Beteiligten nachhaltig auf die Akzeptanz der Ganztagsschule im Kollegium aus (Dollinger 2012).

Basierend auf dem Verständnis von Demokratie als Lebens-, Gesellschafts- und Regierungsform sowie dem Konzept von »Civic Education« empfiehlt sich für Ganztagsschulen ein integrativer Ansatz von Partizipation, wie ihn Eikel charakterisiert und in folgende Handlungsfelder ausdifferenziert:
- »(politische) Mitbestimmung und Mitentscheidung,
- (demokratische) Mitsprache und Aushandlung sowie
- (aktive) Mitgestaltung und Engagement« (Eikel 2006, S. 11).

Die folgende Abbildung bezieht diese Handlungsfelder auf Realisierungsbeispiele an Ganztagsschulen mit einer partizipativen Schulkultur.

Handlungsformen (vgl. Eikel 2006, S. 11)	Realisierungsbeispiele und partizipationsfördernde Strukturen in Ganztagsschulen
(politische) Mitbestimmung und Mitentscheidung	Wahlen (z. B. Schülerparlament, Klassenrat), Abstimmungen (z. B. über Angebotsform der Ganztagsschule, außerschulische Lernorte, Projektwochen), Befragungen (z. B. im Rahmen der Öffentlichkeitsarbeit der Ganztagsschule), Fragebogenaktionen (z. B. über die Akzeptanz des Mittagessens, gewünschte Freizeitangebote)
(demokratische) Mitsprache und Aushandlung	Kooperation (z. B. Steuergruppenarbeit), Debatten (z. B. mit Schulträgern, SMV, Elterngremien), Aushandlungen (z. B. Schülerparlament, Schülermitverantwortung, Klassenrat), Meinungsartikulation (z. B. durch schwarzes Brett, Ganztagsschulblog), Kommunikation (z. B. zwischen Lehrkräften und externen Kräften, Schule und Elternhaus, Lehrkräften und Schülern), konstruktive Konfliktbearbeitung und Konfliktlösung (z. B. Gremien und Programme innerhalb Ganztagsgruppen, Streitschlichter, Mediatoren)
(aktive) Mitgestaltung und Engagement	Eigeninitiative (z. B. Raumgestaltung, Schülercafé), Kooperation (z. B. Lehrkräfte, externe Partner), Verantwortungsübernahme (z. B. Lernpaten, Küchen- und Tischdienste, Hausaufgabenhelfer, Pausendienste), Selbstorganisation (z. B. Schülerfirmen), aktives Handeln (z. B. Zukunftswerkstätten zur aktiven Ganztagsschulentwicklung, Schulhausgestaltung)

Abbildung 5: Handlungsfelder von Partizipation an Ganztagsschulen

Die Möglichkeiten von Partizipation sind immer im Wechselverhältnis zu betrachten: Nehmen beispielsweise Eltern sowie Schülerinnen und Schüler mehr Gestaltungsspielräume in Anspruch, so greift dies meist in die originäre Zuständigkeit der Schule ein, was bei einer noch unzureichend ausgeprägten Partizipationskultur zu Irritationen führen kann. Bezogen auf das Lehrerhandeln kann das gezielte Besprechen, Anerkennen, Beraten, Rückmelden und Anbieten eine Option sein; bezogen auf die externen Kräfte kann man die Kooperation mit außerschulischen Partnern, aber auch die Erziehungs- und Bildungspartnerschaft mit Eltern aufführen. In der konkreten Umsetzung kann dies ganz einfach in Form »gelebter Partizipation« im Schulalltag erfolgen, aber auch in Form von Steuer- und Arbeitsgruppen, Fragebogenaktionen, Tutorensystemen, Lernpatenschaften, Evaluationen, Klassenrat, schulischen Vollversammlungen oder gemeinsamen Zukunftswerkstätten.

Nach Schmidt lässt sich Schülerpartizipation als neunstufiger Phasenverlauf skizzieren, der durch einen steigenden Grad an Selbstbestimmung charakterisiert ist –

zweifelsohne ist dieser Verlauf auf die Elternpartizipation übertragbar, die an späterer Stelle näher behandelt wird (verändert nach Schmidt, zit. nach Wildfeuer 2011, S. 8):

- Stufe 1: Fremdbestimmung – die Schülerinnen und Schüler werden zumeist instrumentalisiert, oftmals sogar manipuliert.
- Stufe 2: »Dekoration« (z. B. bei Schulveranstaltungen) – die Schülerinnen und Schüler treten zwar aktiv bei bestimmten Veranstaltungen auf, ohne jedoch den Sinn dahinter verstanden zu haben.
- Stufe 3: »Alibi-Teilhabe« – die Schülerinnen und Schüler dürfen bei Entscheidungen und Beschlussfassungen zwar mit abstimmen, ihr faktischer Einfluss ist aber nicht wirklich gegeben.
- Stufe 4: Teilhabe – den Schülerinnen und Schülern wird ein bestimmter Beteiligungsfreiraum eingeräumt.
- Stufe 5: Zugewiesen – in der Form, dass Schülerinnen und Schüler bei Information über den Beteiligungsfreiraum an einem von Lehrkräften gestalteten Projekt teilnehmen können.
- Stufe 6: Mitwirkung
- Stufe 7: Mitbestimmung
- Stufe 8: Selbstbestimmung
- Stufe 9: Selbstverwaltung

Dabei ist zu betonen, dass nicht bei allen Formen bereits von Partizipation gesprochen werden darf. Es ist jedoch bedeutsam, sich den Stufenverlauf an der eigenen Ganztagsschule zu vergegenwärtigen, da noch zu viele Ganztagsschulen auf der Ebene der Alibi-Teilhabe stagnieren, verstanden als Zugeständnis an die Schüler- und Elternschaft. Letztlich ist es an Ganztagsschulen erforderlich, ein nachhaltiges Partizipationskonzept als pädagogisches Subkonzept zu entwickeln.

> **Empfehlungen für die praktische Umsetzung**
> → Integrieren Sie den Partizipationsgedanken so in Ihr Ganztagskonzept, dass er keine spezifische oder gar endliche Maßnahme innerhalb der Organisationsstruktur ist, sondern gelebtes Prinzip innerhalb der gesamten Schulkultur!
> → Nehmen Sie den Aspekt der Partizipation gezielt als Subkonzept in Ihre pädagogisch-organisatorische Ganztagskonzeption auf und überlegen Sie gemeinsam, welche Dimensionen der Partizipation Sie umsetzen können, um möglichst alle Beteiligten der Schulfamilie einzubeziehen! Partizipation beschränkt sich nicht, wie oft angenommen, auf die Schülerbeteiligung, auch wenn diese zentral ist. Eruieren Sie auch Möglichkeiten der Partizipation und Teilhabe von Lehrkräften, Eltern und weiteren Gruppen der lokalen Schulfamilie!
> → Achten Sie darauf, dass Schülerinnen und Schüler, Lehrkräfte und Eltern nicht nur »alibimäßig« mitbestimmen, sondern alle Vorschläge ernst genommen werden!

2.18 Öffnung von Schule

Um ein Ganztagskonzept pädagogisch und organisatorisch ausgestalten und dem erweiterten Bildungs- und Erziehungsauftrag gerecht werden zu können, ist es für die Schule unabdingbar, sich gegenüber dem lokalen bzw. regionalen Umfeld, dem Gemeinwesen und außerschulischen Partnern, zu öffnen (»Öffnung nach außen«). Dabei ist die Öffnung von Schule nicht nur ein organisatorisches Erfordernis. Will die Ganztagsschule sich vom Lernraum zum Lebensraum entwickeln, so muss die unmittelbare Lebensumwelt der Schüler miteinbezogen bzw. auch im Rahmen von außerschulischen Lernorten aufgesucht werden. Schule kooperiert dabei mit anderen Institutionen und öffnet sich – nur so kann in einem »Lebensraum« Ganztagsschule auch wirklich Leben in die Schule kommen!

Aber auch die zweite Dimension der Öffnung von Schule, die »Öffnung nach innen«, darf nicht außer Acht gelassen werden. Diese meint »die Anreicherung des Unterrichts und des Schullebens durch die Hinwendung zur Lebenspraxis und zum Schulumfeld […]. Schülerinnen und Schüler lernen dabei vieles über Schlüsselfragen und Problembereiche ihres Lebensumfelds, was die Identifikation mit ihrem Gemeinwesen stärkt, aber auch das Problembewusstsein für erforderliche Gestaltungsaufgaben« (Holtappels 2003, S. 171, Hervorhebung im Original).

Holtappels nennt als zentrale Elemente einer Öffnung von Schule (ebd., S. 168 ff.):
- am Gemeinwesen orientierte Unterrichtsinhalte
- Erschließung und Nutzung außerschulischer Lernorte
- Einbeziehung außerschulischer Experten im Unterricht
- Mehrfachnutzung der Schulgebäude und Schulgelände
- Gestaltung des Schullebens
- Initiativen und Projekte für das Schulumfeld
- soziale Begegnung für Schulgemeinde und Schulnachbarschaft

Die Ganztagsschule muss dabei zwischen einer institutionellen, einer personellen, einer inhaltlichen und einer methodischen Öffnung unterscheiden:

- *Institutionelle Öffnung*
Möglichkeiten der institutionellen Öffnung, z. B. die Kooperation mit Trägern und Musikschulen, Volkshochschulen, Vereinen und Verbänden, aber auch Handwerksbetrieben oder schulischen Kooperationspartnern und Unterstützungssystemen wie der Schulpsychologie, Jugendhilfe oder Schulberatung wurden bereits unter den Ausführungen zur Kooperation umfassend behandelt.

- *Personelle Öffnung*
In Ganztagsschulen sind nicht nur Lehrkräfte, sondern auch externe Kräfte tätig, sodass sich die Personalstruktur weit mehr öffnen muss als an Halbtagsschulen. Hierbei

kann es sich um pädagogisches Fachpersonal handeln (z. B. Sozialpädagogen, Erzieher, Praktikanten), aber auch um außerschulisches Personal (z. B. Übungsleiter im Sport, Handwerksmeister, Koch für das Mittagessen). Unter dem Aspekt der personalen Öffnung sollte auch Eltern und Ehrenamtlichen die Möglichkeit zur Mitarbeit gegeben werden.

- *Inhaltliche Öffnung*

Der Zeitrahmen erlaubt es, schulisches Lernen über die Vorgaben des Lehrplans hinaus um neue Inhalte zu erweitern, die den Bedürfnissen und Interessen der Schülerinnen und Schülern entsprechen. Hierbei handelt es sich um eine »Anreicherung und Veränderung der Unterrichtsinhalte durch Einbeziehung gesellschaftlicher Schlüsselfragen, schülerorientierter Lebensprobleme und gemeinwesenorientierter Lernanlässe« (Holtappels 2003, S. 168). Aspekte der inhaltlichen Öffnung können vertiefende Angebote der musisch-kreativen Erziehung oder der handwerklichen Förderung sein, aber auch Metathematiken wie »Arbeitsgemeinschaft Lernen«.

- *Methodische Öffnung*

Nicht nur die Integration von Hausaufgaben in den Schulalltag, sondern auch die gewandelte Lehr- und Lernkultur bzw. die inhaltliche Öffnung verlangt eine methodische Öffnung. Diese betrifft die »Entwicklung projektartiger Lernarrangements, sowohl fachlich-didaktischer als auch sozialerzieherischer Art, die ganzheitliche und fächerübergreifende wie praktisch-eigentätige und handlungsorientierte Lernformen umfassen« (Holtappels 2003, S. 168). So bieten offene Unterrichtsformen, aber auch methodische Großformen wie Werkstatt- und Projektunterricht, nicht nur mehr zeitliche und räumliche Möglichkeiten, sondern auch mehr Chancen, sich mit neuen Inhalten auseinanderzusetzen (z. B. Werkstatt Mittelalter, Fahrradwerkstatt).

- *Lokale Öffnung*

Räumliche Öffnung meint die »Erschließung und Nutzung außerschulischer Lernorte in der ökologischen und architektonischen Umwelt, der handwerklich-technischen und betrieblichen Arbeitswelt in politischen bzw. administrativen und sozio-kulturellen Institutionen und Begegnungsfeldern« (Holtappels 2003, S. 168). So kommt gerade den außerschulischen Lernorten eine große Bedeutung zu. Von einem außerschulischen Lernort kann man immer dann sprechen, wenn die Schülerinnen und Schüler das Schulgelände verlassen, um sich durch eigene Erkundungen und Beobachtungen Wissen und Kompetenzen über einen Lerngegenstand in der realen Welt anzueignen. Die lokale Öffnung der Ganztagsschule kann darüber hinaus als Bestandteil einer lebendigen, vernetzen und lokalen Bildungslandschaft verstanden werden, in der die Institution Ganztagsschule ein Baustein neben anderen Bildungsinstitutionen und Bildungsorten ist.

> **Empfehlungen für die praktische Umsetzung**
> → Vermeiden Sie eine einseitige Öffnung von Schule! Öffnen Sie Ihre Einrichtung nicht nur institutionell und personell, sondern insbesondere auch inhaltlich und methodisch, denn nur dadurch kann sich Ihre Lehr- und Lernkultur durch den Ganztag nachhaltig wandeln und weiterentwickeln!
> → Schöpfen Sie Möglichkeiten der lokalen und regionalen Öffnung aus, beispielsweise durch die Kooperation mit örtlichen Partnern oder das Aufsuchen außerschulischer Lernorte!
> → Beziehen Sie außerschulische Lernorte in Ihr pädagogisch-organisatorisches Ganztagskonzept mit ein!
> → Eruieren Sie frühzeitig, welche Anbieter außerschulischer Lernorte bereits Erfahrung mit pädagogischer Arbeit und Kooperation haben, da dies den Einstieg in den Ganztagsklassen erleichtert!
> → Berücksichtigen Sie bei der Jahresrhythmisierung regelmäßig außerschulische Lernorte und beachten Sie, dass sich manche davon unabhängig von den Jahreszeiten (z. B. Angebote der Museumspädagogik), andere wiederum zu bestimmten Jahreszeiten besonders eignen (z. B. Kooperation mit der Forstverwaltung zum Thema »Lernort Wald«).

2.19 Elternarbeit und Elternpartizipation in der Ganztagsschule

Schule und Elternhaus erfüllen einen gemeinsamen Bildungs- und Erziehungsauftrag, was einen regelmäßigen Informationsaustausch im Interesse des Kindes bedingt. Beide müssen sich als Experten für das Kind betrachten, jedoch aus unterschiedlichen Perspektiven: die Eltern als Experten für das Kind als Individuum im biografischen und soziokulturellen Kontext, die Lehrkräfte als fachkompetente, distanzierte Experten im pädagogischen Handeln, mit Wissen um das Kind im sozialen Kontext. Dabei kommt dem regelmäßigen Informationsaustausch im Ganztag eine noch zentralere Bedeutung zu. Da wir bereits aus der Halbtagsschule wissen, dass die traditionelle Elternarbeit (z. B. Elternabend, Elternsprechtag, Elternbrief) häufig nicht die gewünschte Akzeptanz und Resonanz findet (Sacher 2012), muss man sich in der Ganztagsschule auf neue Pfade begeben. Als externe Kräfte und ehrenamtliche Mitarbeiter bieten sich den Eltern vielfältige Betätigungsfelder, von der Mitgestaltung in einem Förderverein und regelmäßigen Elterntreffs bis hin zu Neigungsangeboten und der Gestaltung von Obst- und Bewegungspausen.

Über diese Maßnahmen hinaus ist es für die individuelle Förderung von zentraler Bedeutung, dass Eltern sich regelmäßig einen Überblick über den Lern- und Leistungsstand ihres Kindes verschaffen – gerade da die Hausaufgaben in der gebundenen Form entfallen und ihnen somit der Einblick in das schulische Arbeiten verwehrt bleibt. Sie sollten regelmäßig Gespräche mit den Lehrkräften in der Ganztagsklasse, aber auch mit dem pädagogischen Fachpersonal und externen Kräften führen. Gerade letztere haben oftmals einen ganzheitlichen Blick auf das Kind im sozialen Feld Schule.

In der Ganztagsschule bleiben die tradierten und institutionalisierten Formen der Zusammenarbeit zwischen Eltern und Schule weiterhin gültig, für viele Angebote bieten sich erweiterte Möglichkeiten an (Dollinger 2009, S. 55 f.):

- *Elternrundbriefe und Elterninformationsschriften*
Regelmäßige Elternrundbriefe sollten über die aktuelle Erziehungs- und Unterrichtsarbeit sowie das Ganztagsschulleben informieren. An Schulen mit einem hohen Anteil an Kindern mit Migrationshintergrund, deren Eltern nur bedingt Deutsch sprechen, sollte auch überlegt werden, gemeinsam (z. B. mit dem Elternbeirat) wichtige Elterninformationsschreiben zu übersetzen, um den Informationsfluss zwischen Schule und Elternhaus zu gewährleisten.

- *»GanzTAGEBUCH«*
Kennt man diese Art der schriftlichen Kommunikation zwischen dem pädagogischen Fachpersonal, Schule und Eltern aus dem Hortbereich bereits seit einigen Jahrzehnten, so ist es auch in Ganztagsschulen wichtig, eine schriftliche Kommunikationskultur zwischen Schülerinnen und Schülern, Lehrkräften, externem Personal und Erziehungsberechtigten auf möglichst unkomplizierte Weise zu ermöglichen. Ein »GanzTAGEBUCH« kann von den Schülerinnen und Schülern mit Portfoliocharakter bzw. als Ich-Buch gestaltet werden und umfasst neben Notfallnummern, wichtigen Kontaktdaten, Ganztagsklassenregeln, Stundenplan und Veranstaltungskalender sowie Hausaufgabenbuch Instrumente zur Selbsteinschätzung und Selbstreflexion (z. B. Tages- und Wochenziele fixieren, Selbsteinschätzung des Arbeits- und Sozialverhaltens). Auch sollte das »GanzTAGEBUCH« Eltern und Lehrkräften die Möglichkeit bieten, sich gegenseitig Informationen über den Leistungsstand, Termine, vergessenes Material oder Befindlichkeiten des Kindes mitzuteilen.

Eine meines Erachtens sehr gelungene Umsetzung des »GanzTAGebuches« stellt das »Münchner Logbuch« vor, das an vielen Ganztagsschulen – wenn auch auf das Stadtgebiet beschränkt – eingesetzt wird. Es dient dank reflexiver Anteile sowohl der Selbsteinschätzung des Kindes als auch der Kommunikation und Information der Lehrkräfte, der externen Kräfte und der Erziehungsberechtigten. Es kann ein wertvoller Impulsgeber für die Gestaltung des »GanzTAGEBUCHes« an Ihrer Schule sein.

- *Elternsprechstunde*
Die von den Lehrkräften in der Regel wöchentlich angebotene Elternsprechstunde außerhalb der Unterrichtszeit bietet die Möglichkeit zu einem ausführlichen, persönlichen Gespräch über das Kind. Gerade in Ganztagsschulen sollten Eltern bereits in der Initiierungsphase darauf hingewiesen werden, dass der regelmäßige Austausch über die individuelle Entwicklung des Kindes, sein Sozial- und Leistungsverhalten sehr wichtig ist, da Eltern ihr Kind fast den ganzen Tag über in einer Institution abgeben.

Ganztagsschulen sollten zudem darüber nachdenken, ob nicht auch externe Kräfte eine Sprechstunde anbieten. Beispielsweise richten manche Schulen eine sogenannte

ErzieherInnen-Sprechstunde ein, in der Eltern die Möglichkeit haben, sich mit den weiteren pädagogischen Fachkräften einer Schule über ihr Kind auszutauschen – diese haben oftmals einen anderen Blick auf das Kind, der den Eltern hilft, sich einen umfassenderen Eindruck zu verschaffen. Denkbar ist auch, dass Lehrkräfte und pädagogisches Fachpersonal gemeinsame Sprechstunden für Eltern anbieten, die zuweilen auch die Kinder besuchen dürfen.

- *Elternsprechtag*

Elternsprechtage finden meist einmal im Schulhalbjahr statt, wobei die Erziehungsberechtigten die Möglichkeit haben, mit möglichst vielen Lehrkräften zu sprechen, da alle anwesend sind. Aufgrund des großen Andrangs sind die Gesprächszeiten jedoch sehr begrenzt, häufig auch mit längeren Wartezeiten verbunden. Eltern können hier zwar eine kurze Information über ihr Kind einholen, die Möglichkeit eines längeren Gesprächs über seinen individuellen Entwicklungsstand fehlt jedoch meist. Ganztagsschulen sollten daher überlegen, ob nicht auch externe pädagogische Fachkräfte während des Elternsprechtags zur Verfügung stehen.

- *Elternversammlung bzw. Klassenelternversammlung*

An einer Elternversammlung nehmen die Eltern aller bzw. mehrerer Klassen einer Schule teil, an einer Klassenelternversammlung nur die Eltern der jeweiligen Klasse. An den meisten Schulen findet die Klassenelternversammlung zu Beginn des Schuljahres statt, sodass sich Eltern und Lehrkräfte, aber auch Eltern untereinander kennenlernen können. Inhalte einer Klassenelternversammlung sind die Erziehungs- und Bildungsziele der jeweiligen Jahrgangsstufe, spezifische Herausforderungen in der Schule bzw. Klasse sowie der Austausch über Wünsche und Anregungen.

Die Bedeutung der Elternversammlung bzw. Klassenelternversammlung tritt an Ganztagsschulen zuweilen schon in der Initiierungsphase hervor, wenn es darum geht, Eltern über die im kommenden Schuljahr möglicherweise neu angebotene Ganztagsklasse zu informieren. Auch im Verlauf des Schuljahres – besonders in den ersten Jahren der Implementierung – ist es sehr wichtig, sich regelmäßig über Entwicklungen in der Ganztagsklasse auszutauschen. Eltern erhalten dadurch das Gefühl, über das informiert zu sein, was mit ihrem Kind in der Schule passiert. Die Schule hat wiederum die Möglichkeit, Eltern in die Pflicht zu nehmen (z. B. Information über anfallende Lernarbeiten).

- *Elternstammtisch*

Elternstammtische werden in der Regel nicht in der Schule abgehalten, sondern beispielsweise in Lokalen. Sie bieten die Möglichkeit zum ungezwungenen Erfahrungsaustausch in angenehmer Atmosphäre. Es können jedoch auch Vertreter der Schule (z. B. Klassenlehrkraft, Schulleitung) eingeladen werden. Da es sich um private Veranstaltungen handelt, besteht kein Versicherungsschutz durch den Gemeindeunfallversicherungsverbund (GUV).

- *Elterncafé*
Ähnlich wie der Elternstammtisch bietet auch das Elterncafé die Möglichkeit des informellen Austausches, jedoch findet es in der Schule statt. Die Initiative dazu kann sowohl von der Schule als auch von den Eltern (z. B. Elternbeirat) ausgehen. Eltern haben hier beispielsweise einmal wöchentlich oder einmal monatlich die Möglichkeit, sich zu treffen, auszutauschen und Kontakte zu knüpfen – wenn möglich sollten auch Vertreter der Schule (z. B. Lehrkräfte) diese Runden bereichern.

- *Tag der offenen Tür*
Ein Tag der offenen Tür bietet Eltern und der lokalen bzw. regionalen Öffentlichkeit die Möglichkeit, meist einmal im Jahr einen Blick hinter die Kulissen zu werfen. Ganztagsschulen können diese Möglichkeit nutzen, um Sponsoren zu gewinnen oder Eltern einen Einblick in »den Ganztag« ihres Kindes zu gewähren, aber auch um bei Schülerinnen und Schülern Interesse für das Ganztagsangebot zu wecken (z. B. in Form von Schnupperangeboten).

- *Feste und Feiern als Veranstaltungen des Schullebens*
Veranstaltungen wie Sommerfeste oder Weihnachtsfeiern leisten einen wesentlichen Beitrag zur Schulkultur. Gerade an der Ganztagsschule kommt diesen Ritualen im Zuge der Rhythmisierung eine nicht zu unterschätzende Rolle zu, zumal sie die Möglichkeit bieten, Eltern am Schulleben zu beteiligen.

- *Informations- und Elternabende*
Auf Informationsabenden werden Eltern regelmäßig über die aktuelle Arbeit in der Ganztagsschule bzw. Ganztagsklasse informiert. Dabei bietet sich die Möglichkeit, zur Elternpädagogik beizutragen (z. B. Lernen lernen, Mobbing, Medienerziehung).

- *Projekttage*
Einzelne Projekttage im Halbjahr bzw. Schuljahr werden von und mit Eltern gemeinsam entwickelt und realisiert. Dies kann ein Projekttag zu ausgewählten Unterrichtsthemen sein, der gemeinsam gestaltet wird (z. B. Erlebnistag Wald, Wassertag), aber auch ein Beitrag zur Schulkultur oder zum Schulleben (z. B. Projekttag Sozialtraining, Erste-Hilfe-Kurs, Eltern-Lehrer-Kind-Tage).

- *Eltern als Mitarbeiter im Ganztagsangebot*
In der Ganztagsschule können Eltern ehrenamtlich (z. B. Frühstückshelfer, Mitwirkung bei der Obstpause) oder als externe Kräfte mitarbeiten. Sie können gemäß ihrer Fähigkeiten, Berufe und Kompetenzen Projekte anbieten, die sich entweder über einen kürzeren Zeitraum oder über ein Halbjahr bzw. Schuljahr erstrecken (z. B. Töpferprojekt, Fotokurs, Acrylmalerei, Plätzchenbackkurs zur Weihnachtszeit). Das setzt in der Regel eine vertragliche Bindung voraus, gerade um auch Fragen des Versicherungsschutzes für Eltern zu klären.

> **Empfehlungen für die praktische Umsetzung**
> → Informieren Sie die Eltern frühzeitig über die Ganztagsschule und beziehen Sie sie ein! Häufig beruht mangelnde Nachfrage oder Akzeptanz des Ganztags auf einem hohen Informationsdefizit seitens der Eltern.
> → Bemühen Sie sich hartnäckig, Eltern für die Mitarbeit an Ihrer Ganztagsschule zu gewinnen! Suchen Sie gezielt nach Möglichkeiten, auch berufstätige Eltern und solche mit wenig Zeit in die Schule zu bekommen! Schnuppertage oder ein Tag der offenen Tür helfen häufig, die Schwellenangst vor der Institution Schule zu überwinden!
> → Geben Sie Eltern immer wieder die Chance, sich über tradierte Formen der Elternarbeit (z. B. Kaffee kochen und Kuchenbacken bei Schulfesten, Elternsprechstunde) hinaus in der Schule einzubringen. Fragen Sie gezielt Ressourcen und Kompetenzen sowie Partizipationsmöglichkeiten der Eltern ab – das Aufnahmegespräch oder der Anmeldebogen bietet hierzu gute Möglichkeiten. Fragen Sie beispielsweise, inwiefern Eltern bereit und fähig sind, sich in der Ganztagsschule aktiv einzubringen, welche Angebote (z. B. aufgrund ihres Berufes, ihrer Hobbies und Neigungen, ihrer Kontakte und Netzwerke) sie über einen bestimmten Zeitraum bereitstellen können.
> → Sind Eltern ehrenamtlich für Ihre Ganztagsschule tätig, so empfiehlt es sich, die Beschäftigung erst einmal zu befristen. Ein Angebot für vier bis acht Wochen wird meist realisiert. Decken die Zusagen ein ganzes Schuljahr ab, werden sie oft nicht eingehalten. Einmal wöchentlich für zwei Stunden ehrenamtlich an die Schule kommen machen viele Leute gerne, über ein ganzes Schuljahr hinweg werden die Angebote jedoch selten durchgehalten.
> → Fordern Sie Elternmitwirkung und vor allem Elterninformation konsequent ein! Häufig ist in der Praxis eine Art »Schere« zu beobachten: Einige Eltern sind hochgradig engagiert (partiell überengagiert, sodass dies die Selbstständigkeit des Kindes zuweilen beeinträchtigt) und interessiert, andere bringen sich kaum noch ein bzw. schreiben die Verantwortung für die Lernprozesse des Kindes immer mehr der Schule zu. Damit gehen oft Desinteresse und mangelnde Teilnahme an Schulveranstaltungen einher. Abhilfe können regelmäßig verpflichtende Elterninformationstage und Eltern-Schüler-Lehrergespräche, schriftliche Rückmeldungen und verpflichtende Elternabende schaffen (z. B. zu ausgewählten pädagogischen Themen- und Fragestellungen).

2.20 Jugendhilfe und Ganztagsschule

Schreitet der Ausbau zum Ganztag immer weiter voran, so sind Kinder und Jugendliche am Nachmittag immer länger zeitlich gebunden, was zuweilen eine Konkurrenz zu anderen Förder-, Freizeit- und Bildungsangeboten (z. B. Musikschule, Sportvereine), aber auch zur Jugendarbeit befürchten lässt. Einen Ausweg aus dieser Situation kann unter anderem die Zusammenarbeit mit außerschulischen Einrichtungen aufzeigen, weshalb auch die Kooperation von Jugendhilfe und Ganztagsschule innerhalb der Gestaltungsdimension der Ganztagsschule verankert sein muss.

Im Kontext von Schule spielt insbesondere die Jugendarbeit als Teilbereich der Jugendhilfe eine zentrale Rolle. Kinder- und Jugendarbeit umfasst alle
- »außerschulischen und nicht ausschließlich berufsbildenden,

- vornehmlich pädagogisch gerahmten und organisierten,
- öffentlichen,
- nicht kommerziellen bildungs-, erlebnis- und erfahrungsbezogenen Sozialisationsfelder
- von freien und öffentlichen Trägern, Initiativen und Arbeitsgemeinschaften.« (Thole 2000, S. 17)

Hierbei können Jugendliche und Kinder ab dem Schulalter
- »selbstständig, mit Unterstützung oder in Begleitung von ehrenamtlichen und/oder beruflichen MitarbeiterInnen,
- individuell oder in Gleichaltrigengruppen,
- zum Zweck der Freizeit, Bildung und Erholung
- einmalig, sporadisch, über einen turnusgemäßen Zeitraum oder für eine längere, zusammenhängende Dauer zusammen kommen und sich engagieren.« (ebd.)

Dieser Merkmalskatalog nach Thole macht deutlich, dass Jugendarbeit weit mehr ist als die mit ihr zuweilen in Verbindung gebrachten Klischees (Pauli 2000, S. 38). Betrachtet man sich die Personalstruktur von Beschäftigten in der Jugendarbeit, so machen den größten Anteil Sozialarbeiterinnen und Sozialarbeiter aus, weiterhin Erzieherinnen und Erzieher sowie Kräfte ohne pädagogischen Ausbildungsabschluss, die aber beispielsweise Experten für musisches und künstlerisches Gestalten, Sportangebote usw. sein können (ebd., S. 40). Hier erkennt man bereits, dass sich Parallelen bzw. Verknüpfungsstellen zu der Personalstruktur in der Ganztagsschule und den dortigen Angeboten ergeben können, zumal beide – Ganztagsschule und Jugendarbeit – die multiple Förderung der Entwicklung von Kindern und Jugendlichen zum Ziel haben. Es kann aber auch dazu führen, dass Jugendarbeit und Ganztagsschule zuweilen um dieselben personellen Ressourcen konkurrieren, was die einschlägigen Stellenausschreibungen für Sozialpädagogen und Erzieherinnen auch belegen. Eine Kooperation zwischen Jugendhilfe und Ganztagsschule kann dabei einen Beitrag zur Erweiterung der schulischen Bildungsziele im Sinne eines ganzheitlich orientierten Bildungsverständnisses leisten und einer der »Todsünden der Bildungspolitik« (Richter 2001, S. 60 ff.) entgegenwirken: dem starren Festhalten an Lehrplänen sowie der Abwendung von der Lebensweltorientierung in der Schule (ebd.). Ein Ausweg aus dieser Problemlage besteht darin, dass Jugendhilfe und Ganztagsangebot sich nicht als Konkurrenz verstehen, sondern um ihre Kooperationsmöglichkeiten und Synergien wissen. Dabei liegen die inhaltlichen Begründungen für eine stärkere Kooperation nach Pauli insbesondere in den gewandelten und veränderten Lebenswelten. Hier haben Jugendarbeit und Schule aber unterschiedliche Aufgaben, weshalb es nicht Zielsetzung der Kooperation sein kann, Schule und Jugendarbeit anzugleichen (Pauli 2000, S. 84).

Die folgende Abbildung soll eine (idealtypische) Zusammenschau der jeweiligen Kompetenzen geben und die Abgrenzung beider Professionen erleichtern, aber auch Schnittstellen der Kooperation erkennen lassen.

	Schule	Jugendarbeit
Prinzipien	• Verpflichtung • Standardisierung	• Freiwilligkeit • Pluralität
Werte	• Chancengleichheit • Herstellung von Bestimmtheit	• Ausgleich von Ungerechtigkeiten • Ermöglichung von Selbstbestimmung
Bindung	• Stabilität • Konstanz	• Flexibilität • Spontaneität
Sozialformen	• kollektive Ansprache • vergleichende Einzelbewertung	• individueller Bezug • gemeinschaftliche Erlebnisse
Interaktionen	• Zweckrationalität • Disziplin	• Wertrationalität • Konsens
Raum	• universalistischer Blick • ortsgebundener Unterricht	• lokaler Bezug • mobile Aktivitäten
Zeit	• Zukunftsperspektive • Ergebnisorientierung	• Gegenwartsbezug • Prozessorientierung

Abbildung 6: Kompetenzen von Schule und Jugendarbeit (Pauli 2000, S. 85 nach Coelen 2003/ Richter 1998)

Eine Kooperation von Ganztagsschule und Jugendhilfe ist zum einen bei Einzelfällen möglich, zum anderen als spezifischer Schwerpunkt innerhalb des jeweiligen Profils der Einzelschule durch die erweiterten Möglichkeiten der Partizipation und Öffnung hin zum lokalen Schulumfeld. Deinet nennt gemeinsame Betreuungs- und Bildungsangebote, Übergang von Schule und Beruf, thematische Projekte, gemeinsame Kooperationsstrukturen (z. B. gemeinsame Fortbildungen, Arbeitsgemeinschaften) als Beispiele für gemeinsame Kooperationsfelder (Deinet 2001, S. 12).

Maykus schlägt ein dreistufiges Vorgehen bei der Entwicklung einer Kooperationsstruktur von Schule und Jugendhilfe vor (Maykus 2005, S. 10):
- *1. Schritt: je separate und innerinstitutionelle Entwicklung kooperationsorientierter Konzepte und Strategien von Ganztagsschule und Jugendhilfe*
- Mögliche Fragen: Was sind die Kooperationsziele? Was ist in die Kooperation einzubringen?
- *2. Schritt: Klärung und gemeinsame Entwicklung von Schnittstellen*
- Mögliche Fragen: Warum soll eine Kooperation stattfinden? Was sind interinstitutionelle Schnittstellen und Anknüpfungspunkte für die Kooperation?
- *3. Schritt: Verortung des Kooperationsprofils in sozialräumlichen Bildungsstrukturen*
- Mögliche Fragen: Welche Anknüpfungspunkte gibt es zwischen den Kooperationen und der Gestaltung sozialräumlicher Angebote? Welche Rolle wird dabei gemeinsam und je für sich, für die Ganztagsschule und die Jugendhilfe bestimmbar?

Empfehlungen für die praktische Umsetzung

→ Zeigen Sie Bereitschaft für die Kooperation zwischen Jugendhilfe und Ganztagsschule! In der Praxis zeigt sich zwar häufig ein friedliches Nebeneinander, die Möglichkeiten und Chancen eines aktiven Miteinanders werden aber zuweilen zu wenig ausgeschöpft!

→ Klären Sie intern, was die gegenseitigen Erwartungen, Zielsetzungen und Möglichkeiten Ihrer Kooperation sind!

→ Die Schule darf die Jugendhilfe nicht als bloße Dienstleistung verstehen, die man empfängt, sondern als Kooperationsbeziehung auf Augenhöhe!

→ Verstehen Sie die Kooperation zwischen Ganztagsschule und Jugendhilfe als Entwicklungsprozess!

Teil III:

Schul- und Qualitätsentwicklung an Ganztagsschulen

1. Schulprofil und Corporate Identity an Ganztagsschulen

Aufgrund der unterschiedlichen Konzepte und Schwerpunkte lässt sich kein einheitliches Bild der Ganztagsschule zeichnen. Einerseits führt dies zu einer bunten Vielfalt individueller Akzentuierungen an Einzelschulen. Andererseits brauchen Ganztagsbildung und Ganztagspädagogik ein verbindliches pädagogisches Ganztagskonzept als Grundlage, das sich harmonisch in das Schulprogramm der Einzelschule einfügt und sich in einem stetigen Entwicklungsprozess befindet. Ganztagsschule darf nicht wahllos gestaltet werden – allzu oft bleiben Schulen dann außerhalb des Unterrichts bei dem Angebot einer Mittagsmahlzeit und einigen zusätzlichen Arbeitsgemeinschaften stehen. Die Ausführungen zur konzeptionellen Vielfalt von Ganztagsschulen haben gezeigt, dass es »die« Ganztagsschule nicht gibt, aufgrund der individuellen Bedürfnislagen auch nicht geben muss, umgekehrt aber auch nicht überall von Ganztagsschule gesprochen werden kann, wo Ganztagsschule an der Eingangstüre steht.

Corporate Identity meint nicht nur die Selbstdarstellung »durch ein einheitliches Erscheinungsbild einer Organisation, sondern sie ist die Summe aller Aktivitäten, mit denen sich die Schule/Organisation vor Mitarbeitern, den Zielgruppen und der Öffentlichkeit präsentiert« (Regenthal 2006, S. 25). Ein klares Schulprofil erleichtert nicht nur nach außen die Abgrenzung der eigenen Schule von anderen Einrichtungen und leistet einen Beitrag zur Öffentlichkeitsarbeit, sondern ein klar kommuniziertes Schulprofil hält auch dazu an, stets die eigene pädagogische Arbeit zu reflektieren und zu einem Ganzen zusammenzufügen. Um eine nachhaltige Umsetzung und Fortentwicklung des Schulprofils zu gewährleisten, darf dieses nicht von außen (z. B. dem Sachaufwandsträger) oder oben (z. B. Schulleitung, Schulverwaltung) vorgegeben werden. Im Sinne einer demokratischen Schulkultur muss es von allen an der Ganztagsschule Beteiligten entwickelt werden; dies passiert nicht von heute auf morgen, sondern braucht Zeit (Dollinger 2012), denn nur so kann es vom Inneren der Schule heraus wachsen. Es handelt sich dabei um ein demokratisches Beteiligungsverfahren, das zwar einen Initiator (z. B. die Schulleitung, die Steuergruppe, den Ganztagskoordinator) braucht, dann aber unter Teilhabe aller Beteiligten abläuft. Die Partizipation gewährleistet nicht nur die Transparenz der Schulprofil- und Schulentwicklungsarbeit, was sich förderlich auf die Akzeptanz der Maßnahmen, Methoden, Inhalte und Ergebnisse auswirkt; es zeigen sich ebenso positive Effekte hinsichtlich der Verbindlichkeit des Ganztagsprofils in der Realisierungsphase.

> **Empfehlungen für die praktische Umsetzung**
>
> → Entwickeln Sie gemeinsam ein Leitbild Ihrer Ganztagsschule! Das dient als verbindlicher Orientierungsrahmen, der die Identifikation der ganzen Schulfamilie fördert, aber auch die konsequente Kommunikation nach innen und außen erleichtert! Geteilte Visionen und die Integration aller Beteiligten an der Schulentwicklung erhöhen die Chancen einer erfolgreichen Realisierung! Und ganz nebenbei: Die Attraktivität Ihrer Schule nach außen wird gesteigert und gezeigt!

> → Nutzen Sie die Möglichkeiten der Steuergruppenarbeit zur Fortentwicklung Ihres Schulprogrammes! Dies erleichtert die Akzeptanz und Realisierung.
> → Integrieren Sie das Ganztagskonzept in Ihr Schulprofil – achten Sie dabei auf Passung und Dynamik!
> → Überlegen Sie sich Strategien zur Schaffung einer Corporate Identity, beispielsweise in Form eines Corporate Designs (z. B. Schullogo, T-Shirts für Ganztagsschüler, Raumgestaltung des Ganztagsbereichs)
> → Suchen Sie Anlässe und Partizipationsmöglichkeiten, welche die Identifikation der Schülerinnen und Schüler, der Lehrkräfte und der Eltern mit *ihrer* Ganztagsschule fördern.

2. Schlüsselposition der Schulleitung

»Schlüsselfiguren für Schulentwicklungsprozesse« (Hasenbank 2002, S. 18), »Unterstützer und Ermöglicher« (Klippert 2000, S. 76), »Impulsgeber und Processowner« (Dalin/Rolff/Buchen 1995, S. 218) – all dies sind treffende Charakterisierungen für die Bedeutsamkeit der Schulleitung in Schulentwicklungsprozessen. Der Schulleitung kommt zweifelsohne eine Schlüsselposition bei der Entwicklung zur Ganztagsschule zu, denn eine gute Schule »ohne gute[n] Schulleiter gibt es nicht; dennoch sind gute Schulleiter keine Garantie für eine gute Schule« (Rolff 1995, S. 183) – und dies gilt erst recht für Ganztagsschulen. Dabei hat sich die Position der Schulleitung in den letzten Jahrzehnten von der Lehrkraft mit diversen organisatorischen Zusatzaufgaben hin zum »Vorgesetzten mit zentralen Verantwortungen und Zuständigkeiten« entwickelt (Harazd/Gieseke/Rolff 2008, S. 231). Die Aufgabenfelder und Verantwortungsbereiche der Schulleitung werden in bildungspolitischen Programmatiken erweitert und implizieren die pädagogisch-organisatorische Entwicklungsplanung, die Steuerung partizipativer Prozesse, Evaluation und Berichterstattung, Personalentwicklung und Kooperation mit externen Partnern sowie Aspekte der Mittelbewirtschaftung (Rahm/Schröck 2008, S. 36).

Wie bei allen Schulentwicklungsprozessen kommt der Schulleitung bereits in der Initiierungsphase, also schon vor Einführung der Ganztagsschule, eine Schlüsselposition zu: Sie muss eine Vision haben, Ideen in das Konzept einbringen und Überzeugungsarbeit leisten. Es ist bereits in der Phase der Bedarfsermittlung und Antragsstellung einer Ganztagsschule Aufgabe der Schulleitung, frühzeitige Absprachen mit den Schul- und Sachaufwandsträgern zu treffen, Informations- und Überzeugungsarbeit bei den Erziehungsberechtigen, dem Lehrerkollegium und dem Sachaufwandsträger zu leisten. Auch bei der vorläufigen Konzepterarbeitung und den Formalitäten der Antragsstellung hat die Schulleitung meist die Federführung inne. Bei Bedarf verlangt die Umstrukturierung zur Ganztagsschule die Initiierung und Koordination von Baumaßnahmen, was zeitlich aufwendig ist und mit einer Reihe neuer Aufgaben (z. B. Behördengänge, Plenumssitzungen, Kooperation mit Architekten, Stellungnahmen zur Begründung des Raumbedarfs) einhergeht. Zwar kann die Initiierung einer Ganztagsschule grundsätzlich von allen Akteuren der Schulfamilie ausgehen, doch kommt die Rolle der Promotoren in diesem Innovationsprozess meist der Schulleitung zu. Diese muss als Impulsgeber von der Idee der Ganztagsbildung an dem Schulstandort überzeugt sein, denn nur so kann sie Widerstände, die sich in jedem Entwicklungsprozess zeigen, konstruktiv überwinden. Dabei muss die Schulleitung immer auch die pädagogische Zielorientierung der Ganztagsschule im Blick haben und darf diese nicht vorschnell organisatorischen Zwängen opfern, denn damit wird bereits in der Initiierungsphase der Grundstein für eine nachhaltige Qualitätsentwicklung gelegt.

Die Schulleitung ist zu Beginn vor allem in der umfassenden Organisationsentwicklung einer Ganztagsschule gefordert, im Verlauf der Implementierung aber auch in der Personalentwicklung (welche sich wiederum auf die Unterrichts- und Angebotsqualität auswirkt) und nachhaltigen Sicherung des pädagogischen Gesamtkonzeptes einer Ganztagsschule, wobei Schulleitungen den Organisationsaufwand gerade in der Anfangsphase als sehr umfangreich empfinden (Dollinger 2012; vgl. dazu auch das Schulporträt in Kapitel IV). Die Schlüsselposition der Schulleitung verdankt sich also auch ihrem erweiterten Personalführungsanspruch (vgl. Abbildung 7). Sie sollte sich dabei als Bindeglied zwischen dem inner- und außerschulischen Personal verstehen. Die erweiterte Personalführung in einer Ganztagsschule erstreckt sich auf unterschiedliche Berufsfelder und Professionen, wie z. B. Lehrkräfte, pädagogisches Fachpersonal, weitere externe Kräfte (wie z. B. Jugendtrainer, Handwerksvertreter, Instrumentallehrkräfte) und Schulverwaltungspersonal (z. B. Sekretärin, Hausmeister). Allein das

Schulleitung im Rahmen der erweiterten Personalstruktur der gebundenen Ganztagsschule

Abbildung 7: Erweiterte Personalstruktur einer Ganztagsschule (verändert nach Dollinger 2012, S. 282)

Spektrum dieser Professionen zeigt bereits, dass Ganztagsschulleitungen erweiterte Management- und Führungskompetenzen benötigen (Dollinger 2012, S. 282).

Die Ganztagsschulleitung sollte stets darauf achten, dass Entscheidungsprozesse transparent gestaltet werden und die Beteiligten, gerade das Lehrerkollegium, in die Schulentwicklung einbezogen werden, was sich nicht nur förderlich auf die Akzeptanz des Ganztags in der Initiierungsphase auswirkt, sondern auch auf die Verbindlichkeit des Ganztagskonzeptes nach der Implementierung (Dollinger 2012, S. 280 f.). Bereits Wilpert hat belegt, dass ein demokratischer Entscheidungsstil und der Einbezug der Beteiligten im Sinne eines delegativ-partizipativen Führungsstils die Akzeptanz von Entscheidungen im Kollegium erhöht (Wilpert 1987, S. 756 ff.). Es empfiehlt sich also ein »kooperativer Führungsstil, dem es gelingt Kollegen einzubeziehen, zu motivieren und Verantwortung übernehmen zu lassen« (Klein 1997, S. 118). Betrachtet man die Schulleitungsbefragung der StEG (Studie zur Entwicklung von Ganztagsschulen), so liegt in 84,1 Prozent der befragten Schulen (n=358) die Koordination des Ganztags nach wie vor bei der Schulleitung, und nur 26,1 Prozent der befragten Schulen haben das Schulentwicklungsinstrumentarium der Steuergruppe etabliert (vgl. Dieckmann/Höhmann/Tilmann 2008, S. 173). Aufgrund der vielfältigen Herausforderungen in der Ganztagsschule muss die Schulleitung frühzeitig Verantwortung für Teile des Ganztagskonzeptes an Projekt-, Arbeits- und Steuergruppen oder auch einzelne Lehrkräfte delegieren. Dies dient nicht nur ihrer Arbeitsentlastung, sondern erhöht auch die Motivation der Mitarbeiter – aber nur dann, wenn die Aufgaben nicht top-down delegiert werden, sondern die Mitarbeiter eigenständig Verantwortung übernehmen können und mitgestalten dürfen. Als besonders hilfreich hat sich dabei das Instrument der Steuergruppe erwiesen, das im nächsten Abschnitt besprochen werden soll.

> **Empfehlungen für die praktische Umsetzung**
> → Als Schulleitung sind Sie in Ihrer Managerfunktion umfassend gefordert, gerade in der Umstrukturierungsphase! Achten Sie auf die gezielte Entwicklung und Anwendung von Veränderungsstrategien, holen Sie sich bei Bedarf Unterstützung von außen (z. B. externe Experten, Schulentwicklungsberater, Unterstützungssysteme wie beispielsweise die Service Agenturen »ganztägig lernen«).
> → Beziehen Sie Ihr Kollegium frühzeitig in Entscheidungen ein und lassen Sie es die Schulentwicklung von Beginn an in verantwortlicher Position (mit-)gestalten! Fortbildungen, Hospitationen in benachbarten Ganztagsschulen und besonders der Peer-to-Peer-Austausch mit erfahrenen Ganztagslehrkräften können einen wertvollen Beitrag leisten.
> → Delegieren Sie, und achten Sie dabei auf eindeutige Verantwortlichkeiten, wobei die Gesamtverantwortung bei Ihnen bleibt! Etablieren Sie frühzeitig einer Struktur des mittleren Managements oder eine Steuergruppe – ein Organisationsplan mit verbindlichen Zuständigkeiten hilft. Beziehen Sie nach Möglichkeit auch Kooperationspartner und Schulträger in die Steuergruppenarbeit ein!
> → Achten Sie auf regelmäßige Teamsitzungen der Schulleitung bzw. der Mitarbeiter der Schulleitung! Trotz eines delegativen Führungsstils tragen Sie die Hauptverantwortung für die Schulentwicklung an Ihrer Schule.

> → Vertreten Sie Ihr Vorhaben der Ganztagsschule offensiv nach außen, z. B. gegenüber Eltern, dem Sachaufwands- bzw. Schulträger und anderen Schulen! Während Sie in der Anfangsphase meist Überzeugungsarbeit leisten müssen, hilft Ihnen eine offensive Öffentlichkeitsarbeit später auch bei der Akzeptanz Ihrer Schule, der Darstellung ihrer Qualität nach außen sowie möglicherweise bei der Mittelakquise.
> → Ganztagslehrkräfte empfinden es subjektiv so, dass sie eine andere Unterstützung als Halbtagslehrkräfte benötigen (vgl. Kolbe/Reh 2009, S. 47 ff.). Würdigen und wertschätzen Sie die Leistung Ihrer Lehrkräfte, besonders in der Anfangsphase!
> → Legen Sie frühzeitig das Augenmerk auf die Personalentwicklung! Halten Sie dabei Balance zwischen Personal-*Management* und Personal-*Führung*!

3. Steuergruppenarbeit als wertvolles Instrumentarium zur Schul- und Qualitätsentwicklung

3.1 Verteilte Führung und Kooperation durch Steuergruppen

Der komplexe Führungsanspruch der Schule, der Anstieg an Aufgaben und Herausforderungen fordert die Schulleitung. Will die Schule ihrem Anspruch an die Qualitätssicherung und Qualitätsentwicklung weiterhin Genüge tun, so muss die Schulleitung künftig Aufgaben und Zuständigkeiten verstärkt an andere Personen delegieren (Rolff 2007, zit. nach Feldhoff/Kanders/Rolff 2008, S. 146). In der nationalen und internationalen Diskussion um Schulleitung ist verteilte Führung, also »distributed leadership« (Spillane 2006), ein zentrales und aktuelles Thema. Mit diesem Beziehungsnetzwerk verteilter Führung hat sich bereits die Organisationstheorie beschäftigt. Schon 1963 belegten Studien von Luijk, ebenso wie Ergebnisse von Grochla u. a. in den 1980er Jahren, dass eine hohe Arbeitsbelastung bei Führungskräften sehr häufig das Resultat mangelnder Delegation ist, da diese viele Aufgaben selbst ausführen, statt sie, zumeist handelte es sich dabei um Routinetätigkeiten, ihren Mitarbeitern zu überlassen (Luijk 1963; Grochla/Vahle/Puhlmann/Lehmann 1981, S. 6).

Untermauert wird die Forderung nach Steuergruppen nicht nur durch die Vorteile einer verteilten Führung, sondern auch durch die Förderung von Kooperationsstrukturen an der Schule. Studien belegen, dass die Kooperation von Lehrkräften an deutschen Schulen kaum praktiziert wird, obwohl Kooperation positiv mit Arbeitszufriedenheit korreliert und »erfolgreiche Schulen [...] sich durch ein hohes Maß an Kooperation und Kohäsion im Kollegium auszeichnen« (Gräsel/Fußangel/Pröbstel 2006, S. 205). Schließlich gibt es sogar Anzeichen, dass Kooperation im Kollegium Innovationen begünstigt (ebd.), weshalb eine hohe Kooperationsbereitschaft auch positive Effekte für die Initiierung und Implementierung einer Ganztagsschule haben muss.

Um die Motivation der Mitarbeiter nachhaltig zu fördern, reicht es aber nicht aus, Aufgaben zu delegieren. Vielmehr müssen im Dialog Verantwortung und Zuständigkeiten übertragen, nach außen vertreten und kommuniziert werden. Diese Aufgaben und Verantwortlichkeiten sollten, ähnlich einem Geschäftsverteilungsplan, eine möglichst klare, genaue und definierte Aufgabenbeschreibung implizieren, welche den Zuständigen nicht nur Autonomie, sondern vor allem auch eigenverantwortliche Handlungsspielräume und Entscheidungskompetenzen einräumt, da nur so ein flexibles und rasches Reagieren auf Herausforderungen im Ganztag möglich ist (Dollinger 2012, S. 284). Der förderliche Einfluss der Autonomie auf die Motivation der Mitarbeiter wurde in der Wissenschaft mehrfach untersucht (Kleinbeck 1996; Grün 1987), wobei Grün belegen konnte, dass ein delegativer Führungsstil zusätzlich die Qualität der Aufgabenerfüllung erhöht (Grün 1987).

3.2 Steuergruppe Ganztag

Die frühzeitige Einrichtung einer Steuergruppe als mittlere Managementebene einer Ganztagsschule entlastet nicht nur die Schulleitung, indem die Arbeit und Verantwortung auf mehrere Schultern verteilt wird. Sie erleichtert darüber hinaus die Akzeptanz und Implementierung des Ganztagskonzeptes im Kollegium und trägt ferner zur institutionalisierten und nachhaltigen Partizipation des Kollegiums bei der Schulentwicklung bei. Schließlich leisten Steuergruppen nicht nur in der Einführungsphase einen wertvollen Dienst, sondern auch als Instrumentarium zur Qualitätsentwicklung und Qualitätssicherung im Ganztag. Die beteiligten Lehrkräfte, externe Partner und Schüler wissen am besten, was man einer Prüfung und Fortentwicklung unterziehen sollte, weil sie es in der täglichen Arbeit selbst erleben.

Eine Steuergruppe umfasst in der Regel vier bis acht Mitglieder. Die Anwesenheit der Schulleitung ist nicht immer zwingend erforderlich (nur so kann die Steuergruppe auch zur Entlastung der Schulleitung beitragen), empfiehlt sich aber, wenn wichtige Entscheidungen zu treffen sind. Die Schulleitung kann eine Stellvertretung (z. B. Konrektor, Mitarbeiter der Schulleitung, verantwortliche Lehrkraft) entsenden oder sich anhand eines Kurzprotokolls über die Sitzungen informieren, um Ziele und Arbeitsschritte – auch gegenüber dem übrigen Kollegium – transparent zu machen und Zuständigkeiten zu fixieren.

Als Mitglieder einer Steuergruppe Ganztagsschule sollten bedacht werden:
- Schulleitung bzw. Stellvertretung oder Mitarbeiter der Schulleitung
- Lehrkräfte (primär Ganztagslehrkräfte, aber auch Halbtagslehrkräfte, um die Zweiteilung der Schüler- und Lehrerschaft abzufedern bzw. ihr gegenzusteuern
- Kooperationspartner bzw. externe Kräfte

Bei Bedarf oder aus aktuellem Anlass sind auch hinzuzuziehen bzw. gesondert einzuladen:
- Schülervertretung (SMV)
- Elternvertretung (z. B. aus dem Gremium des Elternbeirats)

- Schulaufsicht
- Vertretung des Schulträgers bzw. des Sachaufwandträgers
- ggf. weitere Gremienvertreter (z. B. aus dem Förderverein oder Freundeskreis der Schule)
- außerschulische Experten und Unterstützungssysteme

Die Steuergruppe als Entwicklungsinstrument einer Ganztagsschule fördert nicht nur die Team- und Kooperationsstrukturen innerhalb der Schulfamilie, sondern muss auch gezielt die Weiterentwicklung des Ganztagskonzeptes unter dem Aspekt der Prozessqualität im Blick haben. Dabei empfiehlt es sich, einer Person die Leitung der Steuergruppe zu übertragen, die nach außen als Ansprechpartner fungiert und die Aufgaben in der Gruppe koordiniert. Denkbar ist innerhalb einer Steuergruppe auch die Bildung zeitlich befristeter Projektgruppen (z. B. für aktuelle Anliegen und Herausforderungen, wie z. B. Umbaumaßnahmen) oder Qualitätsteams für Subkonzepte des pädagogisch-organisatorischen Ganztagskonzeptes (z. B. Mittagsverpflegung, Freizeitangebote).

> **Empfehlungen für die praktische Umsetzung**
>
> → Richten Sie bereits in der Initiierungsphase eine Steuergruppe ein! Dies erleichtert die konkrete Einführung der Ganztagsschule, liefert wertvolle Impulse für die Konzeptarbeit und trägt zur Akzeptanz des Ganztagskonzeptes bei Schülerinnen und Schülern, Lehrkräften und Eltern bei!
>
> → Achten Sie darauf, dass die Steuergruppe nicht zu groß ist! Oftmals sind kleinere Gruppen bei festen Zuständigkeiten handlungsfähiger! Aber: Alle betroffenen Beteiligten der Schulfamilie sollten vertreten sein, denn nur so kann die Dominanz einer bestimmten Interessenvertretung verhindert werden!
>
> → Übertragen Sie im Rahmen der Steuergruppenarbeit nicht nur Aufgaben, sondern auch Verantwortung – nur so kann dieses Instrument einen wertvollen Beitrag zur Schulentwicklung und Mitarbeitermotivation leisten!
>
> → Setzen Sie sich nicht zu viele utopische Ziele, sondern achten Sie auf Machbarkeit und »SMARTe« (= spezifisch, messbar, akzeptiert, realistisch, terminiert) Zielsetzungen! Planen Sie nicht über die Köpfe der Betroffenen und Beteiligten hinweg!
>
> → Erarbeiten Sie in der Steuergruppe frühzeitig Maßnahmen und Instrumente zur Qualitätsentwicklung und Qualitätssicherung an Ihrer Einzelschule!
>
> → Schaffen Sie innerhalb der Steuergruppe einen Geschäftsverteilungsplan, der die Zuständigkeiten und Aufgaben sowohl nach innen klar voneinander abgrenzt als auch nach außen Ansprechpartner für Teilbereiche des Ganztags sichtbar macht!

4. Phasen, Herausforderungen und Schlüsselfaktoren der Schul- und Qualitätsentwicklung an Ganztagsschulen

Wenn die Gedanken groß sind, dürfen die Schritte dahin klein sein.
(Hentig 1996, S. 25)

4.1 Ganztagsschule als Schulentwicklungsprozess

Will die Schule in einer sich ständig wandelnden Gesellschaft bestehen und ihre Aufgaben erfüllen, ist es nötig, auf Änderungen zu reagieren. Bereits 1969 verweist Thompson auf die Notwendigkeit, Innovationen und damit auch dem Wandel der eigenen Organisation aufgeschlossen gegenüberzustehen (Thompson 1969, S. 5). Als Innovationen können nach Kieser »alle Änderungsprozesse bezeichnet werden, die die Organisation zum ersten Mal durchführt [...]. Der gewählte Innovationsbegriff erstreckt sich dabei über alle Stufen des Veränderungsprozesses, von dem Auftreten eines Problems, das mit den bekannten Methoden nicht zu lösen ist, bis zur Realisation der Innovation« (Kieser 1969, S. 742). In der Folge geht es bei Innovationen im Handlungsfeld Schule »um die Entwicklung schulinterner Strukturen (z. B. Schul- und Lernorganisation) und um die Veränderung der Organisations- und Lernkultur in Unterricht und Schulleben« (Rollett/Spillebeen/Holtappels 2012, S. 8).

Zwar handelt es sich bei Schulentwicklung um einen pädagogischen Leitbegriff, doch ist seine Begriffsbestimmung nicht konstant. Schule entwickelt sich per se, beispielsweise aufgrund gesellschaftlicher Wandlungsprozesse, immer fort. Schulentwicklung ist jedoch ein intendierter Weiterentwicklungsprozess, bei dem sich sowohl die Intention als auch die Zielperspektive als Charakteristika ausmachen lassen. Dabei hat Schulentwicklung »Ziele, etwa die Idee, ein Schulprogramm oder ein Leitbild für die Schule zu entwickeln, eine Standortbestimmung vorzunehmen, neuen Wind in das Kollegium zu bringen, mehr Klarheit und Transparenz, mehr Einigkeit, mehr Demokratie zu erreichen, mehr Sicherheit im Umgang mit Veränderungen und Konflikten zu gewinnen« (Altrichter 2011, S. 15). Diese Begriffsbeschreibung macht bereits deutlich, dass es sich bei Schulentwicklung nicht um endliche Prozesse im Sinne einer Maßnahme handelt, sondern um eine kontinuierliche und zirkuläre Herausforderung und Daueraufgabe, welche nach heutiger Auffassung insbesondere als Entwicklungsprozess der Einzelschule verstanden wird (Rolff/Buhren/Lindau-Bank/Müller 2011, S. 13).

Das Verständnis des Begriffs Schulentwicklung hat sich zum Ende der 1970er und zu Beginn der 1980er Jahre gewandelt, von der systemischen Betrachtung hin zur Einzelschulanalyse, welcher man große Bedeutung für die schulische Qualität zuschrieb. Diese Fokussierung auf die Einzelschule als »pädagogische Handlungseinheit« (Fend 1986) hat nachhaltige Auswirkungen auf das Verständnis von Schulentwicklung: Verordnete die Schuladministration bis zu diesem Paradigmenwechsel Schulreformen von oben nach unten im Sinne einer »Top-down-Steuerung«, so bestimmt die Schulentwicklung seit den 1990er Jahren die Bottom-up-Steuerung, die der Einzelschule nicht nur mehr Freiheit einräumt, sondern auch mehr Verantwortung und Verpflichtung. Verstärkt wurde die Reform zur größeren Selbstständigkeit und Eigenverantwortung der Einzelschule durch die Ergebnisse der PISA-Studie.

Zwar bewirkt die Umstrukturierung einer Halbtagsschule in eine Ganztagsschule insbesondere einen Wandel der Organisation, doch sind stets auch andere Bereiche betroffen. Organisationsentwicklung zielt auf eine Optimierung der schulischen Organisations-, Kommunikations- und Informationsabläufe, denen gerade in der Initiierung und Implementierung der Ganztagsschule zentrale Bedeutung zukommt. Personalentwicklung bezeichnet die »Entfaltung einer persönlich-beruflichen Handlungskompetenz des Personals auf der Grundlage eines ausformulierten Berufsleitbildes« (Gudjons 2008, S. 282) – neben der Personalauswahl für die zusätzlichen Ganztagsangebote sind darunter auch Maßnahmen der Beratung, des Personalcoachings, der Kontrolle sowie der Fortbildung zu subsumieren. Herzstück der Ganztagsschulentwicklung bleibt dabei aber – genau wie in der Halbtagsschule – die Unterrichtsentwicklung. Die Schule entscheidet dabei nicht nur, »mit welchen Unterrichtformen sie ihre neue Lernkultur entwickeln will«, sondern ebenso, mit welchem Erziehungskonzept das geschehen soll (ebd.). Dabei wird eine nachhaltige Unterrichtsentwicklung im Sinne einer gewandelten Lehr- und Lernkultur nach Holtappels »allenfalls in gebundenen Modellen mit einer entsprechenden pädagogischen Konzeption und dezidierter Teambildung in umfassender Weise erwartbar« (Holtappels 2006, S. 31).

> **Empfehlungen für die praktische Umsetzung**
>
> → Der Schulentwicklungsprozess hin zur Ganztagsschule braucht vor allem Zeit – von der Initiierung über die Implementierung bis hin zur Institutionalisierung. Achten Sie darauf, möglichst früh klare Ziele und Qualitätsmaßstäbe für Ihr Ganztagsangebot zu definieren.
> → Bei aller Bedeutsamkeit der Organisations- und Personalentwicklung, vor allem in der Initiierung und dem ersten Jahr der Implementierung: Vergessen Sie keinesfalls, dass der Mehrwert der Ganztagsschule eine nachhaltige Wandlung der Lehr- und Lernkultur Ihrer Schule erfordert! Evaluieren Sie dabei das »Sockelniveau« Ihrer Schule, was die Lernkultur und innovative Unterrichtsmethoden betrifft. Ist dieses bereits sehr hoch, so ändert sich durch die Implementierung einer Ganztagsschule gar nicht so viel.

4.2 Phasen der Ganztagsschulentwicklung im Zeitverlauf

Die folgenden Ausführungen befassen sich mit der Frage, in welchen Phasen die Ganztagsschulentwicklung verläuft. Die Strukturierung in Initiierung, Implementierung und Institutionalisierung orientiert sich an dem Verlaufsschema von Dalin und Rolff (Rolff 2000, S. 34). Das Wissen um die Phasen und deren spezifischen Anforderungen kann der Einzelschule helfen, sich im Ganztagsschulentwicklungsprozess konkret zu verorten, sich mit realistischen Vorstellungen in die nächste Phase zu begeben und dabei insbesondere die dazu nötigen Unterstützungen und Erforderlichkeiten rechtzeitig zu bedenken. Dabei ist zu betonen, dass diese Phasen idealtypisch zu verstehen sind und sich keinesfalls kategorisch-analytisch voneinander abgrenzen lassen.

4.2.1 Planungs-, Initiierungs- und Konzeptphase – oder: Wollen wir, wie wollen wir, was brauchen wir und wie gehen wir es an?

Bevor sich eine Schule zur Ganztagsschule wandelt, empfiehlt sich eine Phase der Planung, Information und Erkundung, um sich ohne Zeitdruck mit Fragen der Ganztagsbildung befassen zu können. Spätestens im Schuljahr vor Beginn des Ganztagszuges sollte die Schule jedoch ihr pädagogisch-organisatorisches Ganztagskonzept erarbeitet und grundsätzliche Entscheidungen über dessen Schwerpunkte getroffen haben. In dieser Phase gilt es auch, Widerstände im Kollegium zu überwinden, Wünsche und Erwartungen seitens aller am Ganztag Beteiligten, vor allem der Eltern, der Schülerinnen und Schüler, aber auch der Lehrkräfte, zu artikulieren und einen Konsens herzustellen. Auch organisatorische Umstrukturierungen, etwa die Schaffung der räumlichen Voraussetzungen, können in dieser Phase eine Herausforderung sein. Für die Entscheidungsfindung ist es sinnvoll, externe Referenten, Experten und Unterstützungssysteme heranzuziehen, die sich durch Unabhängigkeit auszeichnen. Das Kollegium kann sich auf diese Weise frei und unvoreingenommen äußern, was bei der Information durch Schulleitung und Schulverwaltung als Dienstvorgesetzte nicht immer möglich ist und zu schwelenden Konflikten im Kollegium führen kann. Sowohl die Lehrkräfte als auch die Elternvertreter sollten Erfahrungsberichte von Ganztagsschulen lesen und sich in Form von Hospitationen ein reales Bild vom Ganztagsangebot machen. Die frühzeitige Bildung einer Steuergruppe in dieser Phase fördert nicht nur die Partizipation und Transparenz, sondern bereichert auch die inhaltlich-organisatorische Entwicklung des Ganztagskonzeptes.

Erkundungs- und Planungsphase

Zeitliche Dauer:
ein bis zwei Jahre vor Start des Ganztagsangebotes

Spezifische Herausforderungen:
- interne Vorinformation und Überzeugungsarbeit im Kollegium
- Rücksprache und erste Vorgespräche mit dem Schulträger und ggf. der Schulverwaltung
- Erstberatung durch Serviceagenturen »ganztägig lernen« oder anderen Unterstützungssystemen
- Informationsgespräch mit der Elternvertretung, u. a. auch Bedarfsklärung
- Gründung einer schulischen Interessensgruppe (z. B. Steuergruppe)
- erste Peer-to-Peer-Erfahrung von Schulleitung, Lehrerkollegium, ggf. auch Elternvertretung durch Hospitationen in einer Ganztagsschule der Region

Initiierungs- und Umgestaltungsphase

Zeitliche Dauer:
Schuljahr vor Beginn des Ganztagsangebotes bzw. Zeitraum der Antragstellung

Spezifische Herausforderungen:
- Klärung der rechtlichen Grundlagen und Antragsmodalitäten
- Analyse der örtlichen Gegebenheiten, ggf. Baumaßnahme initiieren, Infrastruktur aufbauen
- Behördenkontakte und Förderanträge
- Erwirkung der erforderlichen Beschlüsse in Kommunalgremien
- Informationsbeschaffung
- Klärung organisatorisch-rechtlicher Fragen
- Einrichtung einer Steuergruppe auf Basis der schulischen Interessensgruppe
- Lehrkräfte, Schüler- und Elternschaft informieren
- pädagogisch-organisatorisches Rahmenkonzept erarbeiten
- Informations- und Aktionsveranstaltungen, welche sowohl die Ganztagsschule als auch die intendierte konzeptionelle Gestaltung vor Ort skizzieren
- Schülerinnen und Schüler einbeziehen, z. B. in Form von Schnuppertagen in Ganztagseinrichtungen und Erfahrungsberichten von Ganztagsschülern
- quantitative Bedarfsermittlung an Ganztagsplätzen
- weitere Expertise einholen, z. B. durch Hospitationen, Teilnahme an Fachtagungen
- Kooperationspartner suchen, Angebote und Leistungskataloge einholen sowie Verträge vorbereiten
- formale Antragstellung
- Konkretisierung des Stundenplans und der Ganztagskonzeption
- Anbahnung und Vorbereitung der Realisierungsphase
- Fertigstellung und Abschluss der Kooperationsverträge

Abbildung 8: Herausforderungen in der Initiierungsphase (verändert nach Dollinger 2012, S. 319 f.)

4.2.2 Phase der Realisierung und Implementierung – oder: Jetzt wird es Realität!

Die Implementierung meint die konkrete Umsetzungs- und Erprobungsphase des ganztägigen Schulkonzeptes. Zentrale Herausforderung dieser Phase ist es, das theoretisch entwickelte Konzept nun auch in der Praxis umzusetzen, also den Ganztag auch wirklich zu »leben«. Neben der organisatorischen und pädagogischen Umsetzung stellt bereits die erste Modifizierung und Weiterentwicklung des Konzeptes eine Herausforderung dar, da nicht alles im Vorfeld bedacht werden kann und sich die Bedürfnislagen der am Ganztag Beteiligten ändern können (z. B. veränderte Freizeitangebote aufgrund geringer Passung mit den Neigungen und Interessen der Kinder und Jugendlichen, Änderung der Zeitstruktur aufgrund Fehlern im Rhythmisierungskonzept, Angebotserweiterung aufgrund gesteigerter Nachfrage, erste Wechsel oder Erweiterungen in der Personalstruktur). Das Ganztagskonzept darf gerade in dieser Phase nicht als statisch und verpflichtend empfunden werden, sondern muss im Sinne einer dynamischen Gestaltung Freiräume für Modifikation und Weiterentwicklung lassen.

Nach dem ersten Jahr der Implementierung sollte die Ganztagsschule eine Zwischenevaluation durchführen und das Konzept für das folgende Schuljahr, das zumeist auch mit einer quantitativen Ausweitung des Ganztagsangebotes verbunden ist, fortentwickeln. Hierbei ist nicht nur die Auswertung des Ist-Standes bedeutsam, sondern auch die Vereinbarung und Fixierung von Entwicklungszielen bei gleichzeitiger Benennung von Zuständigkeiten. Dieser Evaluationsprozess wirkt oftmals reinigend auf das Ganztagskonzept, da in einem gemeinsamen Entscheidungs- und Aushandlungsprozess herausgefunden und entschieden werden kann, wo die Stärken und Schwächen des bisher realisierten Ganztagskonzeptes liegen, was man beibehalten will und kann und was zu ändern ist. Dabei handelt es sich um natürliche Prozesse bei der Umsetzung von Innovationen an der Einzelschule, welche man keinesfalls als Fehlplanung oder Versagen interpretieren sollte – auch bei noch so gründlicher Planung ist man nicht vor Modifizierungen in der Realisierungsphase geschützt! Die Änderungen und Weiterentwicklungen sollten stets möglichst früh umgesetzt und nicht vor sich hergeschoben werden, denn dies kann sich nachteilig auf die Akzeptanz des Ganztags bei Schülerinnen und Schülern, Lehrkräften sowie Eltern auswirken (z. B. zu kurze Pausenzeiten, mangelnde Akzeptanz der Mittagsverpflegung, keine Passung der Freizeitangebote zur Schülerstruktur). Diese Phase geht fließend in die nächste Phase, die der Weiterentwicklung und schließlich Institutionalisierung über.

> **Realisierungs- und Gestaltungsphase**
>
> **Zeitliche Dauer:**
> vor allem das erste Jahr eines Ganztagsangebotes, je nach Situation der Einzelschule die ersten Jahre der Implementierung
>
> **Spezifische Herausforderungen:**
> - Kontaktintensivierung mit den gewählten Kooperationspartnern
> - Ausgestaltung und Realisierung des pädagogischen Konzeptes
> - Umsetzung und ggf. Modifizierung des rhythmisierten Stundenplanes (z. B. aufgrund von Änderungen beim Kooperationspartner oder organisatorischen Erfordernissen)
> - institutionelle, inhaltliche, methodische, personelle, räumliche und organisatorische Öffnung
> - flexibler Umgang mit dem Ganztagskonzept, sodass auf die Interessen und Bedürfnisse der Teilnehmer und Teilnehmerinnen eingegangen werden kann
> - Umbruchsprozesse managen
> - Steuergruppenarbeit weiterentwickeln
> - Förderung der Kooperationsstrukturen, sowohl innerhalb des Lehrerkollegiums als auch zwischen Lehrkräften und externen Kräften
> - Subkonzepte erstellen, aber auch in der konkreten Umsetzung optimieren (z. B. Raumnutzungskonzept abstimmen, Verpflegungskonzept und Zeitrhythmisierungskonzept anpassen)
> - Öffentlichkeitsarbeit professionalisieren und auf den Ganztag hin ausrichten
> - erste Zwischenevaluationen und konkrete Zielvereinbarungen
> - systematische Fort- und Weiterbildung
> - Personalstruktur fortentwickeln
> - kontinuierlich Beteiligungs- und Reflexionsprozesse, Partizipationsstrukturen ausweiten
> - das Schulprofil um das Ganztagsangebot erweitern und nach innen und außen vertreten

Abbildung 9: Herausforderungen in der Implementierungsphase (verändert nach Dollinger 2012, S. 319 f.)

4.2.3 Phase der Instiutionaliserung und Weiterentwicklung – oder: Wenn niemand mehr davon spricht, weil Schule einfach ganztags ist...

Wie bereits angesprochen bedeutet die Realisierung des Ganztagskonzepts vom ersten Tag an Reflexion, Modifikation und Weiterentwicklung. Eine zentrale Herausforderung dieser Phase ist weiterhin die Zwischenevaluation und Eigenevaluation, aber in einem weiteren Schritt auch die Fremdevaluation. Gerade Fremdevaluationen haben den Vorzug, dass der Entwicklungsstand von außen betrachtet wird, was nicht nur der Objektivität zugutekommt, sondern auch vor einer gewissen Betriebsblindheit schützt, da die Evaluatoren nicht subjektiv in den Entwicklungsprozess eingebunden sind. Dadurch können unangenehme Aspekte oder Defizite in der Ganztagsschulentwicklung möglicherweise leichter angesprochen werden.

Ziel dieser Phase ist, dass die Ganztagsschule zur Selbstverständlichkeit wird, dass das Angebot »läuft« und sowohl die quantitative als auch die qualitative Weiterentwicklung selbstverständlicher Bestandteil der Schulentwicklung sind. Die Schule ist in dieser Phase stets bereit, sich Impulsen von außen für den eigenen Entwicklungsprozess zu öffnen. Dies kann, wie bereits angesprochen, durch eine Evaluation erfolgen, aber auch durch die Teilnahme an regionalen und überregionalen Fachtagungen, durch die Fachwissenschaft (z. B. durch eine wissenschaftliche Begleitung) oder externe Beratungs- und Unterstützungssysteme (z. B. die in allen Bundesländern vertretenen Serviceagenturen »ganztägig lernen«). Auch die Zertifizierung des Ganztagsangebotes kann in dieser Phase eine Herausforderung sein.

Institutionalisierungsphase

Zeitliche Dauer:
Folgejahre des quantitativen und qualitativen Ausbaus und der Weiterentwicklung des Ganztagsangebotes

Spezifische Herausforderungen:
- organisatorische Umstrukturierung aufgrund des fortschreitenden Ausbaus des Ganztagsangebotes (z. B. Erweiterung der Infrastruktur bei der Mittagsverpflegung)
- Fortentwicklung des Raumnutzungskonzeptes, ggf. Baumaßnahmen
- Fortentwicklung und Ausweitung der Rhythmisierung, auch auf der Ebene der gesamten Schulorganisation
- ganztägiges Lernen und Lehren auf einen ganzheitlichen Ganztagsbildungsansatz hin ausrichten
- kontinuierliche Schulprogramm- und Leitbildarbeit
- nachhaltiges Konzept zur Unterrichtsentwicklung mit dem Ziel einer gewandelten Lehr- und Lernkultur erarbeiten und realisieren
- Ganztagsangebote und Ganztagsbildung nachhaltig in das Schulprofil integrieren
- Förder- und Freizeitangebote im Ganztag qualitativ weiterentwickeln, das Angebotsspektrum aber auch quantitativ ausweiten, um so möglichst vielen Interessen und Neigungen der Schülerinnen und Schüler gerecht zu werden
- Synergieeffekte schaffen und ausschöpfen
- Fortführung der internen, aber auch der externen Evaluation
- Zertifizierung
- Maßnahmen der Qualitätsentwicklung, z. B. wissenschaftliche Schulbegleitung
- Teilnahme an lokalen, regionalen und überregionalen Fachtagungen, um neue Impulse für die Weiterentwicklung des Ganztags zu erhalten
- regionale und überregionale Netzwerke mit dem Ziel einer lokalen Bildungslandschaft ausbauen

---

Abbildung 10: Herausforderungen in der Institutionalisierungsphase (verändert nach Dollinger 2012, S. 319 f.).

4.3 Schlüsselfaktoren für die Implementierung einer Ganztagsschule

In einer qualitativen Untersuchung (Dollinger 2012) ging ich bereits der Frage nach, ob sich Gelingensfaktoren für die Implementierung von Ganztagsschulen ausmachen lassen. Hierbei zeigte sich, dass sich zwar keine eindeutigen Faktoren definieren lassen, es jedoch sehr wohl Schlüsselfaktoren gibt, die sich förderlich bzw. hemmend auf die Schulentwicklung auswirken können. Dabei erfolgte eine Differenzierung der Schlüsselfaktoren im engeren sowie weiteren Sinne (ebd. 2012, S. 252). Für eine erfolgreiche Implementierung der Ganztagsschule »benötigt man deshalb also nicht nur harte Schlüsselfaktoren (Schlüsselfaktoren im engeren Sinne) auf der Ebene der Rahmenbedingungen, der Organisation und pädagogischen Ausgestaltung« (ebd., S. 253), sondern auch weiche Schlüsselfaktoren wie beispielsweise Veränderungsstrategien oder ein innovatives Schulklima (ebd.).

Im Folgenden sollen ausgewählte Schlüsselfaktoren aufgeführt werden, die als Orientierung für die eigene Schulentwicklung dienen können; in meiner früheren Untersuchung finden sich darüber hinaus Erläuterungen der Indikatoren und darauf basierend Handlungsempfehlungen für die Schulpraxis (verändert nach Dollinger 2012, S. 253–265). Die Systematisierung dieser Darstellung orientiert sich am pädagogischen Dimensionen-Modell (Dollinger 2012, S. 85 ff.).

4.3.1 Schlüsselfaktoren im engeren Sinne

Kontextdimension der 1. und 2. Ebene: außerschulische und innerschulische Rahmenbedingungen

- Sozialraumverankerung und Schulkultur einer Bildungsregion
- Offenheit und Unterstützung des Sachaufwandträgers
- Erschließung umliegender Ressourcen und außerschulischer Kompetenzen
- ausgeprägte Kooperationskultur und Netzwerke
- heterogene Zusammensetzung der Schülerschaft

Steuerungsdimension

Kontextbezogene Faktoren der Steuerungsdimension

- lokale und regionale Unterstützung von außen (z. B. Schulverwaltung, Beratungssysteme)
- effektive Verwaltung (z. B. Einsatz von Verwaltungskräften, Delegation von Routinetätigkeiten)
- Kontinuität der Ansprechpartner und Unterstützungssysteme
- Abstimmung der Schulorganisation auf den Ganztag

Personaldimension der 1. Ebene: Steuerung durch die Schulleitung

- Managementkompetenz (z. B. Führungskompetenz, Gesamtverantwortung, technische, soziale und analytische Fähigkeiten zur Ausübung der Leitungsfunktion)
- partizipative Führungsqualität einer initiierenden Schulleitung (z. B. adaptiver Führungsstil, indem das Ganztagskonzept gemeinsam mit allen Beteiligten entwickelt und optimiert wird; Mitarbeiter und Mitarbeiterinnen können in einer angstfreien Atmosphäre ihre Meinungen, Ideen und Vorschläge artikulieren und die Weiterentwicklung der Ganztagsschule mitbestimmen)
- ausgeprägtes Führungsethos (z. B. soziale Verantwortung, Balance zwischen Personalmanagement und Mitarbeiterführung, Vorbild durch Eigeninitiative, Wertschätzung für Mitarbeiter)
- Anerkennung der Führungsrolle
- zielgerichtete und unterstützende Personalführung und Personalentwicklung (z. B. strategisches Personalplanungskonzept, Coaching-Angebote für externe Kräfte, kompetenz- und qualifikationsorientierter Personaleinsatz)
- Kompetenzen im Fundraising
- Etablierung einer Steuergruppe

Qualitätsdimension

- gemeinsames Leitbild, das die Identifikation fördert, als verbindlicher Orientierungsrahmen dient und sowohl nach innen als auch nach außen kommuniziert wird
- Formulierung ganztagsspezifischer Entwicklungsziele nach dem SMART-Prinzip
- interne Zwischenevaluationen, sowohl formell als auch informell
- regelmäßige Fremdevaluationen

Gestaltungsdimension

Personaldimension der 2. Ebene

- Akzeptanz des Ganztagskonzeptes im Lehrerkollegium und Partizipation bei offener, konstruktiv-kritischer Grundhaltung
- kompetenzorientierter Personaleinsatz (z. B. konzeptspezifische Personalauswahl)
- Teambildung und intensive Lehrerkooperation (z. B. Tandemstrukturen, reflektierte Einführung neuer Mitarbeiter in den Ganztag)
- Professionalisierung und Fortbildung des Personals
- kollegiale Beratung
- regionale Netzwerke
- Stabilität und Kontinuität des Personals mit positiver Auswirkung auf mittel- und langfristige Planungen der Schulentwicklung

Mitteldimension

- ausreichende Mittelausstattung
- Ressourcenzuweisung der Schulverwaltung auf der Grundlage von Sozialindikatoren
- effektive und transparente Mittelbewirtschaftung durch die Einzelschule

Raumdimension

- konzeptionell abgestimmte und ausreichende Räumlichkeiten im Innen- und Außenbereich
- Schule als funktionaler, attraktiver, wohnlich-ästhetischer Lern-, Erfahrungs- und Lebensraum mit Aufenthaltsqualität für Lehrkräfte und Schülerschaft
- Gebäudemanagement- und Raumnutzungskonzept, auch in lokaler Kooperation

Zeitdimension

- hinreichend und ausgewogen rhythmisiertes Zeitkonzept (z. B. Tages- und Wochenrhythmisierung, regelmäßige Pausen, ausreichend lange Mittagszeit bzw. Mittagsfreizeit, Balance aus Anspannung und Entspannung, Aktivität und Regeneration, Lernen und Freizeit)
- Überwindung des 45-Minuten-Taktes

Inhalts- und Zieldimension

- Passung und Dynamik des Ganztagskonzeptes (z. B. Zusammensetzung der Schülerschaft und lokale Schulsituation als Ausgangslage, reflexive Gestaltung, Integration in das Schulprofil)
- Zielklarheit im Ganztagsprofil (z. B. Fokussierung auf Schwerpunkte, Vermeidung von Willkür und Systemüberfrachtung)
- Fokus auf einer gewandelten Lehr- und Lernkultur (z. B. Unterrichtsentwicklung, Integration der Hausaufgaben, Nutzung der erweiterten unterrichtlichen Möglichkeiten)
- organisatorisches und pädagogisches Mittagsverpflegungskonzept (z. B. Qualität und Ausgewogenheit des Mittagessens, Schülerpartizipation, Infrastrukturabläufe, ausreichend Zeit, Integration in ein Gesamtverpflegungskonzept)
- Zertifizierung (z. B. innerschulisch von Partizipationsleistungen wie Tutorenprojekten, außerschulisch von Kooperationspartnern oder Zertifizierung von Subkonzepten durch Fremdevaluation nach verbindlichen Qualitätsstandards)
- Elternpartizipation (z. B. als verbindliches Subkonzept, transparente und regelmäßige Information, aktiver Einbezug in die Ganztagsschulentwicklung)
- inhaltliche, organisatorische, methodische, personelle und räumliche Öffnung der Schule
- ausgewogenes Freizeitangebot (z. B. Wechsel gebundener und ungebundener Freizeit, Berücksichtigung der Neigungen und Interessen der Schülerschaft, ganzheitliches Freizeiterziehungskonzept, sukzessive und gezielte Angebotserweiterung mit dem Ziel der ganzheitlichen Förderung und damit verbundene Personalakquise)

4.3.2 Schlüsselfaktoren im weiteren Sinne

- Sockelniveau der Schul- und Lernkultur vor Umwandlung zur Ganztagsschule (z. B. Erfahrungen mit innovativen pädagogischen Ansätzen, offenen Unterrichtsformen, Schulentwicklungsprojekten)
- allgemeine Innovationsbereitschaft und Förderung von Schulentwicklung im Kollegium bzw. in der gesamten Schulfamilie (z. B. vorhandener Wille, innerer Zug, Sensibilität gegenüber gesellschaftlichem Wandel und dem Erfordernis schulischer Veränderungen, offene Einstellung)
- geteilte Visionen und Zielsetzungen des Ganztagskonzeptes
- Problembewusstsein und Erwartungshaltung (z. B. Erkennen der subjektiven Notwendigkeit der Wandlung zur Ganztagsschule, hohe Erwartungshaltung hinsichtlich Innovationen, kreative Entwicklung von Veränderungsstrategien bei Barrieren)
- ausgeprägte Corporate Identity der Ganztagsschule (z. B. angemessener Gebrauch von Ritualen, Regeln, Corporate Design usw., welche die Identifikation mit der Ganztagsschule fördern)
- Schaffung und Nutzung von Synergien durch effiziente Bündelung interner und externer Kompetenzen (z. B. durch Kooperationen bei den Angeboten, Mitteleinsatz)
- keine lineare Implementierung, sondern Adaption, welche eine individuelle Entwicklung bei individuellem Tempo zulässt, dabei Bestehendes bewahrt und behutsam verändert

4.3.3 Hemmende Faktoren und Stolpersteine auf dem Weg zur Ganztagsschule

Die Einführung einer Ganztagsschule begegnet immer auch Widerständen oder Barrieren, die es zu überwinden gilt, wobei man zwischen Willens- und Fähigkeitsbarrieren differenzieren muss (vgl. dazu ausführlich Dollinger 2012, S. 120 ff.; Witte 1973, S. 6 ff.; Hauschildt 2004, S. 172 ff.). Einige Faktoren, die sich nachteilig auf die Initiierung und Implementierung der Ganztagsschule auswirken können, werden im Folgenden als Kurzüberblick aufgeführt (vgl. Dollinger 2012, S. 265):

- mangelnde Selbst- und Managementkompetenz der Schulleitung
- fehlende Vision und Innovationsbereitschaft der Schulleitung
- Führungsschwäche und fehlendes Durchsetzungspotenzial der Schulleitung
- Überforderung (z. B. aufgrund zu hoher Erwartungshaltungen, Fähigkeitsbarrieren aufgrund der Komplexität und mangelndem Fachwissen, zu raschem Voranschreiten im Veränderungs- und Schulentwicklungsprozess)
- mangelnde Spezifizierung des Ganztagskonzeptes der Einzelschule
- fehlende Transparenz und mangelnde Partizipation der Beteiligten (z. B. von Lehrkräften, Eltern, Schülerinnen und Schülern), vor allem in der Initiierungsphase, aber auch der Implementierungsphase
- Passungsprobleme (z. B. auf inhaltlicher Ebene zwischen der Schülerschaft und den Angeboten, auf personeller Ebene innerhalb eines Lehrertandems oder zwischen schulinternen und schulexternen Kräften)
- Diskontinuität innerhalb der Steuerungs- und Prozessdimension (z. B. hohe Personalfluktuation im Lehrerkollegium, häufiger Wechsel externer Partner und Kräfte, fehlende Kontinuität der Schulleitung als Initiator und Begleiter der Schulentwicklung)

- organisatorische und pädagogische Fehlplanungen (z. B. ungenügend realisiertes Rhythmisierungskonzept, personelle Fehlentscheidungen, schlechte Organisation der Mittagsverpflegung, ungenügende Integration der Hausaufgaben in den Schulalltag)
- individuelle und subjektive Vorbehalte und Barrieren (z. B. Ängste, Einstellung der Lehrkräfte, schulinterne Konflikte, mangelnde Innovationsbereitschaft)
- unzureichende materielle und finanzielle Ausstattung (z. B. für die Anstellung externer Kräfte, für mehr Personal oder Räumlichkeiten)
- Planungsunsicherheit (z. B. befristete Verträge für externe Kräfte, unsichere Zusage von Baumaßnahmen, Wandlung der Richtlinien für die Mittelausstattung)

Innovationen laufen nicht selbstständig ab. Deshalb braucht die Ganztagsschulentwicklung neben den »Voraussetzungen des *Kennens, Könnens, Dürfens und Wollens*« (Klein 1997, S. 39, Hervorhebung im Original), der Überwindung von Barrieren des Könnens und Wollens (Witte 1973; Hauschildt 2004) sowie Akteuren, die den Prozess tragen (Witte 1973, S. 28 f.), vor allem den Entwicklungsfaktor Zeit (Dollinger 2012, S. 125; S. 264).

4.4 Ganztagsschule = »bessere« Schule? – Ausgewählte Fragen der Qualitätsentwicklung an Ganztagsschulen

Ein »Mehr an Schule« muss nicht automatisch mit einem »Mehr an Qualität« einhergehen. Die Ganztagsschule bietet jedoch gute Voraussetzungen für pädagogische Reformen und Qualitätsentwicklung. Hierzu ist es erforderlich, dass Ganztagsschulen bereits früh eine Evaluationskultur etablieren und pflegen, die der Verbesserung der Schulentwicklung dient. Verbindliche Qualitätskriterien bzw. Qualitätsstandards sind in den einzelnen Bundesländern unterschiedlich weit entwickelt bzw. werden unterschiedlich angewendet.

Die bis dato existierenden Qualitätsmodelle unterscheiden folgende Qualitätsebenen (Holtappels 2009, S. 17):
- Input-Qualität (System- und Steuerungsqualität)
- Prozess-Qualität (Gestaltungs- und Prozessqualität)
- Output-Qualität (Ergebnisqualität)

Hierbei lassen sich nach Menke unterschiedliche Vorgehensweisen der Bundesländer bei der Entwicklung von Qualitätskriterien für Ganztagsschulen ausmachen:
- »1. Bundesländer mit einem Qualitätsrahmen für alle Schulen *ohne ganztagsschulspezifische Qualitätskriterien,*
- 2. Bundesländer mit einem Qualitätsrahmen für alle Schulen *mit integrierten oder ergänzenden Qualitätskriterien für Ganztagsschulen,*

- 3. Bundesländer *mit einem eigenständigen Qualitätsrahmen* für Ganztagsschulen.« (Menke 2009, S. 41, Hervorhebung im Original)

Unabhängig von den zweifelsohne bedeutsamen externen Qualitätskriterien und Maßnahmen der Qualitätsentwicklung und -sicherung (z. B. externe Evaluation) sollte die Ganztagsschule auch für sich selbst frühzeitig Qualitätsstandards formulieren, die sie einer regelmäßigen internen Prüfung und Reflexion unterzieht.

Empfehlungen für die praktische Umsetzung

→ Kalkulieren Sie Widerstände und Barrieren von vornherein ein, erarbeiten Sie jedoch gezielt Veränderungsstrategien! Nutzen Sie die angebotenen Unterstützungssysteme, und lernen Sie aus den bereits gemachten Erfahrungen anderer Schulen in Ihrer Region!

→ Achten Sie auf Transparenz und ausreichend Kommunikation, gerade in der Initiierungsphase!

→ Versuchen Sie, Konzepte von Modell- und Nachbarschulen nicht linear zu implementieren, sondern stets zu adaptieren! Lassen Sie Ihr Ganztagskonzept je nach den lokalen Gegebenheiten in der Schule möglichst von innen heraus wachsen!

→ Formulieren Sie spezifische Entwicklungsziele, achten Sie dabei auf das SMART-Prinzip! Hinterfragen Sie regelmäßig Ihr Ganztagskonzept, und formulieren Sie neue Entwicklungsziele!

→ Evaluieren Sie Ihr Ganztagskonzept bzw. Teile davon kontinuierlich und in regelmäßigen Abständen, da dies wertvolles Prozesswissen für die Weiterentwicklung liefert!

→ Erarbeiten Sie auch informelle Methoden und Instrumente zur Selbstevaluation, z. B. im Rahmen der Steuergruppenarbeit!

→ Greifen Sie auf außerschulische Angebote der Beratung und Unterstützung zurück (z. B. Serviceagenturen »ganztägig lernen«)!

→ Seien Sie offen gegenüber Verfahren der Fremdevaluation!

→ … und schließlich: Gewähren Sie sich und dem Schulentwicklungsprozess den jeweils individuellen Entwicklungsfaktor »Zeit«!

Teil IV:

Porträt der Grundschule Künzing-Gergweis

Im Folgenden soll anhand eines kurzen Schulporträts ein Einblick in das Konzept einer gebundenen Ganztagsschule gegeben werden. Es handelt sich dabei um eine Momentaufnahme, welche die Umsetzung ausgewählter Aspekte eines Ganztagskonzeptes veranschaulichen, Impulse zur Reflexion geben und die Bedeutsamkeit des Praxistransfers für die Fortentwicklung der Ganztagsschule untermauern soll. Die Arbeit mit Schulporträts findet verstärkt Eingang in die Ganztagsarbeit; ausführliche Ganztagsschulporträts finden sich beispielsweise bei Laging u. a. (2010), Dollinger (2013) sowie in Kurzform beim Aktionsrat Bildung (vbw 2013).

1. Kontextdimension der Grundschule Künzing-Gergweis

Die Grundschule Künzing-Gergweis liegt auf dem Land und gehört seit dem Schuljahr 2009/10 einem zweizügigen Grundschulverband an. Hauptstandort ist Künzing, wo seit dem Schuljahr 2011/12 in sechs Klassen unterrichtet wird. Als Besonderheit kann herausgestellt werden, dass im Außenstandort Gergweis zwei Klassen in jahrgangsgemischter Form (Organisationsform »Kombiklassen«) beschult werden. Insgesamt besuchten im Schuljahr 2011/12 176 Schülerinnen und Schüler die Grundschule, wobei zu den sechs Klassen im Hauptstandort Künzing je eine Regelklasse 1, 2, 3 und 4, ferner die jahrgangskombinierte Klasse 1 und 2 sowie die jahrgangskombinierte Klasse 3 und 4 zählten. Die jahrgangsgemischten Ganztagsklassen sind ein Pilotprojekt im Regierungsbezirk Niederbayern und werden an der Grundschule Künzing-Gergweis seit dem Schuljahr 2011/12 realisiert. Das zentrale Motiv für die Initiierung einer Ganztagsschule auf dem Land lag laut Schulleitung in der erhöhten Nachfrage der Eltern nach einem ganztägigen Betreuungsangebot.

Der Schulsprengel umfasst das Gemeindegebiet Künzing sowie einen Teil des Stadtgebiets von Osterhofen. Es handelt sich um eine heterogene Schülerschaft mit unterschiedlichsten Begabungen, Förderbedürfnissen und Fähigkeiten. Wer nicht in unmittelbarer Nähe zur Schule wohnt, wird auf Wunsch mit dem Bus dorthin gebracht, wobei das organisatorische Ganztagskonzept auf diese Kinder Rücksicht nimmt. Vom Sachaufwandsträger erhält die Schule nach eigenen Aussagen nicht nur eine ideelle, sondern auch eine finanzielle und materielle Unterstützung (z. B. für die Anschaffung von Spielgeräten), was vor allem ihrer Ausstattung zugutekommt.

Hinsichtlich der Unterstützungsstrukturen hält die Schulleitung fest, dass es in der Region zum Zeitpunkt der Initiierung und Implementierung noch sehr wenig spezifische Fortbildungsangebote gab, weshalb sich die porträtierte Grundschule mit drei weiteren Ganztagsschulen im Schulamtsbezirk zu einem lokalen Netzwerk zusammenschloss. Dieses Netzwerk dient vor allem dem Erfahrungsaustausch, dem Praxistransfer sowie der Peer-to-Peer-Erfahrung, was sich nach Aussagen der Schulleitung positiv auf die schulinterne (Zusammen-)Arbeit auswirkt.

2. Raumdimension

Das Schulgebäude der Grundschule Künzing-Gergweis stammt aus dem Jahr 1966 und wurde originär von einer Hauptschule, also Sekundarstufenschülerinnen und -schülern, genutzt, was sich auch auf die Raumkonzeption niederschlug, da Schule damals vor allem als Lernort bzw. Lernraum verstanden wurde. Infolge der demografischen Entwicklung und schuladministrativer wie schulpolitischer Umstrukturierungen existiert an dem Standort seit dem Schuljahr 2009/10 keine Hauptschule mehr, sodass die Grundschule die frei werdenden Kapazitäten nach Umbaumaßnahmen in Höhe von circa 5,2 Millionen Euro nutzen konnte. Es war für das Raumkonzept förderlich, dass die Bedürfnisse einer ganztägigen Beschulung schon während der Generalsanierung im Schuljahr 2010/11 berücksichtigt werden konnten. An das Gebäude schließt sich ein weitläufiger Pausenhof an, welcher den Schülerinnen und Schülern genügend Freiraum und Möglichkeiten zum Spielen und zur Bewegung bietet. Auch Rasenflächen, Bäume und zahlreiche Sitzgelegenheiten sind vorhanden und laden zum ganztägigen Verweilen ein.

Zur besseren Orientierung sind die Türen in den einzelnen Stockwerken der Schule mit unterschiedlichen Farben gekennzeichnet. Im blauen Gang des Obergeschosses befinden sich die Klassenzimmer der Kombi- und Ganztagsklasse sowie der 4. Klasse. Der rote Gang im Erdgeschoss beherbergt die Regelklassen 1 bis 3. Die auf das Ganztagskonzept hin ausgelegten Zusatzräume sind ebenfalls farblich gekennzeichnet und befinden sich im Untergeschoss. In den einzelnen Stockwerken befinden sich für alle ganztägig zugänglich die Sanitäranlagen.

Die Schule verfügt insgesamt über sechs Klassenzimmer, zwei davon haben einen zusätzlichen Differenzierungsraum, was die Arbeit in Kleingruppen erleichtert. Die beiden doppelräumigen Klassenzimmer stehen der Kombiklasse 1/2 sowie der Ganztagsklasse 3/4 zur Verfügung. Die beiden Räume sind wiederum durch eine Tür miteinander verbunden, sodass die jeweilige Lehrkraft bei der Aufteilung der Klasse in Arbeitsgruppen beide Zimmer einsehen und ohne größeren Zeitverlust zwischen beiden Räumen wechseln kann. Jedes Klassenzimmer verfügt über eine kleine Klassenbücherei und über einige Computer, die in den Unterricht einbezogen werden können. Außerdem ist jedes Klassenzimmer mit einer Wandtafel, einem Overheadprojektor sowie diversen Pinnwänden ausgestattet.

Die Grundschule Künzing weist neben den großzügig ausgestatteten Klassenzimmern eine Vielzahl zusätzlicher Räumlichkeiten auf, um den vielfältigen Bedürfnissen einer Ganztagsschule gerecht zu werden. Einen solchen Raum stellt beispielsweise die »Leseoase« dar. Sie soll die Freude am Lesen wecken und die Schülerinnen und Schüler zum eigenständigen Lesen animieren. Schließlich ist Leseförderung nicht nur ein zentraler Baustein des pädagogischen Förderkonzeptes der Ganztagsschule, sondern Prinzip der ganzen Schule. Die Leseoase ist aber auch ein »Raum der Ruhe«, den die Schülerinnen und Schüler mit der Erlaubnis der Lehrkraft oder der Erzieherin in gewissen Zeiträumen zum Rückzug nutzen. Um die ruhige Atmosphäre zu bewahren, dürfen sich maximal vier bis fünf Kinder darin aufhalten und nur im Flüsterton miteinander reden. Die Leseoase steht in der regulären Unterrichtszeit vor allem den Schülerinnen und Schülern zur Verfügung, die während einer Lesestunde einen differenzierten Arbeitsauftrag oder zusätzlichen Lese-Förderunterricht bekommen bzw. sich dort mit ihren Lesepaten treffen. Des Weiteren lädt die Leseoase in der Mittagspause zum Entspannen ein und wird in der ungebundenen Freizeitphase genutzt. Sie ist mit gemütlichem Mobiliar ausgestattet, die Wände sind mit Bildern der Schüler geschmückt. So gelingt es, eine Wohlfühlatmosphäre zu schaffen und die Aufenthaltsqualität an der Ganztagsschule zu steigern. In der Leseoase gibt es nur eine Auswahl ansprechender Bücher, aber keine Musik, keinen PC und keine weiteren Spiele.

Im Untergeschoss der Grundschule Künzing-Gergweis befinden sich die beiden Werkräume mit zahlreichen Utensilien für einen abwechslungsreichen Werkunterricht, zum Beispiel Werkbänke, ein Abtropfbecken sowie hohe Schränke zur Aufbewahrung der Werkzeuge und Kunstwerke der Schüler. Die Fachräume werden in das ganztägige Raumkonzept möglichst umfassend einbezogen und nicht nur im regulären Fachunterricht, sondern auch für zusätzliche Neigungsangebote genutzt (z. B. Töpferkurs, Arbeitsgemeinschaft Holz). Ebenso ist im Untergeschoss der Schule ein Mehrzweckraum zu finden, der nach Bedarf zu drei kleinen Räumen umfunktioniert werden kann. Aktuell handelt es sich dabei um einen Fachraum für Werken und textiles Gestalten (WtG), einen Musikraum und ein Spielzimmer, das vor allem die Ganztagskinder nutzen. Die Arbeit mit flexiblen Raumteilern hat sich hierbei bewährt. Gerade im Ganztag kann so auf flexible Gruppengrößen innerhalb verschiedener Angebote reagiert werden. Ferner verfügt die Grundschule über ein Spielzimmer mit bequemer Sitzgruppe und diversen Gesellschaftsspielen – der Bedeutung des freien Spiels in Ganztagsangeboten wird somit gerade für jüngere Kinder Rechnung getragen.

In der Schule befindet sich ein kleiner Pausenverkaufsstand. Für die Mittagsversorgung und Mittagsbetreuung stehen im Untergeschoss eine Küche und ein Speiseraum zur Verfügung, der momentan für etwa 40 Personen ausgerichtet ist. Auch der Speiseraum kann mit Raumteilern in Einzelräume aufgeteilt werden, ist dadurch also für eine variable Zahl von Essensteilnehmern geeignet. Durch alle Räume des Untergeschosses gelangen die Schüler auf den großen Pausenhof, sodass im Anschluss an das Mittagessen ein direkter Zugang ins Freie möglich ist. Auf dem Pausenhof befinden sich eine Reihe von Spielgeräten (z. B. Schaukel, Rutsche, Tischtennisplatte) sowie ein großer Sandkasten. Zusätzlich gibt es Pausen- und Bewegungskisten, die Outdoor-Spielgeräte wie z. B. Sprungseile, Bälle oder Straßenkreiden enthalten. Bei schlechtem Wetter stehen den Schülerinnen und Schülern im Untergeschoss ebenfalls eine Tischtennisplatte und ein Kicker zur Verfügung.

Überdies verfügt die Ganztagsschule über eine eigene, modern ausgestattete Turnhalle. Das Raumnutzungskonzept ist dabei lokal abzustimmen, da die Turnhalle außerhalb des Schulbetriebs auch von Vereinen genutzt wird. Neben dem klassischen Ausstattungsrepertoire besitzt die Grundschule Künzing-Gergweis ein überdurchschnittliches Angebot an Sportgeräten, wie Einrädern, kindgemäßen leichten Turnmatten, diversen Kleingeräten usw. Die anliegenden Außenanlagen des Sportvereins dürfen von der Schule ebenfalls mitgenutzt werden.

Das große Foyer wird als Aula für Veranstaltungen, aber auch als Zentrum für informelle Treffen in der ungebundenen Freizeit genutzt. Tische und Stühle können flexibel zu Sitzecken zusammengestellt werden. Neben den Räumen, welche die Schülerinnen und Schüler aktiv nutzen, befinden sich im Zwischengeschoss die Verwaltungsräume der Schule, in unmittelbarer Nähe zum Rektorat, zum Konrektorat sowie zum Sekretariat, was die Verwaltungs- und Organisationsabläufe sowie die Kommunikation erleichtert. Lehrkräften, Erzieherinnen und außerschulischen Kräften steht ein großes Lehrerzimmer mit anliegender Kaffeeküche zur Verfügung. Durch dieses gelangt man zu einem kleinen Krankenzimmer, in dem kranke oder verletzte Schülerinnen und Schüler versorgt werden können, was gerade beim ganztägigen Aufenthalt wichtig ist. Im Dachgeschoss befinden sich das Silentium, ein Computerraum für die Lehrkräfte, sowie das Büro der Erzieherinnen. Dies verdeutlicht, dass das Raumkonzept bereits der erweiterten Personalstruktur einer Ganztagsschule Rechnung trägt.

Jedes Stockwerk kann mit einem Aufzug erreicht werden, was dem Anspruch einer inklusiven Bildungseinrichtung für die Beschulung von Kindern mit Behinderung entspricht und künftig noch mehr Bedeutung erhalten wird. Zur Sicherheit der Schüler ist der Haupteingang der Schule videoüberwacht und während des ganztägigen Schultages für Außenstehende geschlossen. Zutritt erhält man mit einem personalisierten Chipschlüssel, der dem jeweiligen Besitzer genau zugeordnet werden kann.

3. Personaldimension

Die Schlüsselposition der Schulleitung wird bei der Schulentwicklung der Ganztagsschule Künzing-Gergweis deutlich. Sie hat nicht nur die Einführung, sondern auch die fortlaufende Organisation und Weiterentwicklung des Ganztags initiiert. Seit der Neukonzeption hat sich ihre Arbeitszeit in der Anfangsphase »mehr oder minder um ein Drittel vervielfacht«, was die Ergebnisse der StEG hinsichtlich der Hauptverantwortung der Schulleitung unterstreicht. Neben der eigenen Lehrverpflichtung von 20 Unterrichtsstunden kümmert sich die Schulleitung insbesondere um organisatorische Belange des Teams, das an der Gestaltung des Ganztags federführend beteiligt ist.

Einen weiteren Schwerpunkt innerhalb der Personaldimension bildet neben dem erweiterten Führungsanspruch der Schulleitung die Kooperation von Lehrkräften und externem Personal. An der Grundschule Künzing-Gergweis sind im Schuljahr 2012 acht Klassenlehrkräfte, eine Tandemlehrkraft, die vor allem zur Differenzierung eingesetzt wird, und eine Lehramtsanwärterin tätig. Den Fachunterricht Religionslehre erteilt ein Pfarrer, den Fachunterricht Werken und textiles Gestalten (WtG) haben drei Fachlehrerinnen für Werken und textiles Gestalten inne. Zum Team der externen Kräfte gehören zwei Erzieherinnen und eine Köchin, wobei die Erzieherinnen nicht nur für die Betreuung mittags und am Nachmittag zuständig sind, sondern auch Übungsstunden übernehmen oder Spielkonzepte für Angebote der gebundenen und ungebundenen Freizeitgestaltung erstellen. Gerade die Erzieherinnen stellen eine tragende Säule des externen Personals dar. Während die eine in den Unterrichtsalltag der Ganztagsschule eingebunden ist, beispielsweise über Angebote der individuellen Lernförderung, ist die andere insbesondere am Nachmittag für die Betreuung der Mittagszeit bzw. -pause zuständig, sodass durchaus arbeitsteilig gearbeitet wird. Die Angebote zur Freizeitgestaltung werden dabei von ihr inhaltlich mit der jeweiligen Lehrkraft abgesprochen oder frei gewählt und konzipiert.

Die in der Ganztagsklasse tätige Lehrkraft bewarb sich gezielt an die Grundschule Künzing-Gergweis, hatte zuvor jedoch keine Erfahrung mit ganztägigen Organisationsformen. Anfängliche Bedenken, Befürchtungen und Vorurteile gegen die ganztägige Beschulung haben sich nach ihren Aussagen nicht bestätigt oder konnten positiv gewendet werden.

Die Mittagsverpflegung übernimmt eine qualifizierte Köchin, die neben einer gesunden und frischen Nahrung auch auf die Wünsche und Vorlieben der Schülerinnen und Schüler achtet und für diese eine wichtige Bezugsperson darstellt. Hier ist anzumerken, dass der quantitative Ausbau des Ganztagszuges erst am Anfang steht und daher eine sehr familiäre Atmosphäre auch beim Mittagessen herrscht. Dennoch ist der Schule daran gelegen, die Kost auch bei einer steigenden Zahl von Teilnehmerinnen und Teilnehmern am Ganztagsangebot möglichst frisch vor Ort zuzubereiten.

Die von der Schule gewählten Kooperationspartner orientieren sich zum einen an den lokalen Gegebenheiten und Interessen der Schülerschaft, zum anderen an den Erfordernissen eines ganzheitlichen Ganztagskonzeptes. Im Schuljahr 2012 arbeitet die Grundschule Künzing-Gergweis innerhalb des Ganztagsangebotes mit folgenden Kooperationspartnern zusammen:

- die Arbeiterwohlfahrt (AWO) Niederbayern-Oberpfalz, mit der die Schule bereits langjährige Kooperationserfahrungen in der Mittagsbetreuung der bisher angebotenen kind- und familiengerechten Halbtagsgrundschule hat
- Die AWO unterstützt die Schule nun auch im Ganztagsbetrieb, insbesondere in der Mittagsbetreuung; sie beschäftigt als Kooperationspartner eine Erzieherin, die eine kontinuierliche und verlässliche Ansprechpartnerin und vor allem eine pädagogische Bezugsperson für die Schülerinnen und Schüler in den Mittagspausen, Förderstunden, Spielzeiten und Freizeitphasen ist.
- das Museum Quintana Künzing, das regelmäßig Führungen für Schulklassen anbietet und die AG »Museumspädagogik und praktisches Gestalten« unterstützt
- Das Museum liegt nur 50 Meter von der Schule entfernt und ist so bequem zu Fuß zu erreichen. Projekte, die das Museum durchführt (z. B. im Schuljahr 2011/12: »Wir schlüpfen in die Rolle eines Römers«), werden auch für Ganztagsklassen angeboten.
- der örtliche Sportverein Künzing, der sich als externer Kooperationspartner für Sportförderung und Bewegungserziehung in der Ganztagsschule anbietet

- Der Fußball- und der Tennisplatz liegen nahe am Schulgelände und bieten den Ganztagsschülerinnen und -schülern die Möglichkeit, an Schnupperkursen und Arbeitsgemeinschaften teilzunehmen.
- das Rote Kreuz, das die Schule bei Erste-Hilfe-Kursen unterstützt
- eine in der Region angesiedelte Buchhandlung, deren Mitarbeiterin ehrenamtlich Leseprojekte der Schule begleitet, was sich hervorragend in das Leseoasenkonzept sowie den pädagogischen Schwerpunkt der Leseförderung integriert
- die lokale Musikschule, welche musikalische Projekte mitgestaltet und musikalische Begabungen der Schülerinnen und Schüler fördert
- Eine Chor-Arbeitsgemeinschaft, eine Instrumentalgruppe Flöte und eine Gitarrengruppe führen ebenfalls Übungen an der Schule durch. Die Chor-Arbeitsgemeinschaft studiert darüber hinaus ein Musical ein, das mehrmals im Schuljahr aufgeführt wird. Auch gestalten diese Gruppen Schulfeste und Schulfeiern, Gottesdienste sowie weitere Aktionen (z. B. öffentliches Baumpflanzen) und sind somit in die lokale Gemeindearbeit eingebunden.
- ehrenamtliches Engagement der Eltern, insbesondere als Lesepaten
- die Kirche, zumal viele Schülerinnen und Schüler dem christlichen Glauben angehören und die Vorbereitung auf den Gottesdienst so in den rhythmisierten Ganztag integriert werden kann
- wechselnde Kooperationspartner für befristete Aktionen und Projekte, wie beispielsweise ein Adventssingen im Seniorenheim, Kunstprojekte in einer Glashütte bzw. einem Bildungswerk, Präventionstheater »Mein Körper gehört mir«, Baumpflanzaktionen mit dem Gartenbauverein, Feuerwehrübungen usw.
- Kooperationspartner wählt die Schule nach aktuellem Bedarf, inhaltlicher und konzeptioneller Passung oder auch Jahreszeit (z. B. wechselnde Sportangebote) aus.

Die von der Schule angebotenen Arbeitsgemeinschaften im Freizeitbereich konzentrieren sich auf einen Nachmittag (Donnerstag), an dem alle Ganztagsschülerinnen und -schüler verpflichtend teilnehmen.

4. Zeitdimension

Die Ganztagschülerinnen und -schüler sind gemäß den konzeptionellen Vorgaben verpflichtet, an vier Tagen in der Woche (Montag bis Donnerstag) von 8.00 Uhr bis 15.30 Uhr das Ganztagsangebot der Schule wahrzunehmen. Am Freitag findet bisher kein Ganztagsangebot statt, sodass der Unterricht um 13.00 Uhr endet. Der Stundenplan der Grundschule Künzing-Gergweis zeigt, dass sich der rhythmisierte Unterricht auf den Vor- und Nachmittag erstreckt, wobei sich immer wieder Erholungs- und Entspannungsphasen finden. So wird den Kindern täglich eine freie Spielzeit eingeräumt, in der sich jeder individuell nach seinen Bedürfnissen und Interessen beschäftigen kann.

Die Unterrichtsstunden sind im Stundenplan nach wie vor – laut Schulleitung aus organisatorischen Gründen – in 45-Minuten-Einheiten untergliedert. Die zeitliche Einteilung obliegt jedoch der jeweiligen Klassenleitung; dadurch sind gerade in der Grundschule dank des Klassenlehrerprinzips flexible Arbeitszeiten und -phasen unabhängig vom Stundentakt möglich. Davon machen die Lehrkräfte eigenverantwortlich Gebrauch, auch wenn es nicht zwingend im Stundenplan ausgewiesen ist. Wichtig erscheint der Schule, die Eltern auf diese pädagogischen Freiräume der rhythmisierten Tagesgestaltung hinzuweisen. Das gemeinsame Mittagessen findet täglich zwischen 12.15 Uhr und 14.00 Uhr statt, wobei in diesem Zeitraum neben dem Essen genug Zeit für ungebundene Freizeit, Erholung und Aktivität bleibt.

5. Konzeptionelle Gestaltungs- und Zieldimension

Das schriftlich fixierte pädagogische Konzept der Schule ist primär am Artikel 131 der Bayerischen Verfassung orientiert, welcher besagt: »Die Schulen sollen nicht nur Wissen und Können vermitteln, sondern auch Herz und Charakter bilden« (Art. 131 BV). Gerade der zweite Aspekt des Artikels zielt auf einen ganzheitlichen Bildungs- und Erziehungsauftrag, der auch die Einführung der Ganztagsschule motivierte.

Laut Schulkonzept sollen die Schülerinnen und Schüler in ihrer Schulzeit die Möglichkeit haben, nicht nur in einen abwechslungsreichen und vielfältigen Tageslauf eingebunden zu sein, sondern im Sinne einer aktiv gelebten und pädagogisch motivierten Schülerpartizipation auch selbst daran mitzuwirken. Dank vielseitiger künstlerischer, musischer und sportlicher Angebote erfahren die Kinder und Jugendlichen, dass sich Erfolgserlebnisse und Freude nicht ausschließlich mit kognitiven Leistungen, sondern auf vielfältige, ganzheitliche Weise einstellen (z. B. durch musisches Talent oder kreative Gestaltung), was sich nachhaltig auf das Schulklima, die Motivation und Freude der Schülerinnen und Schüler auswirkt. Einen ausgewiesenen Schwerpunkt im Schulprofil stellen die Ausrichtung auf die individuellen Bedürfnisse der Schülerinnen und Schüler sowie der Umgang mit Heterogenität dar (z. B. spezifische Förderangebote für leistungsstärkere und leistungsschwächere Schülerinnen und Schüler); hierzu dienen zeitweise weitgehend homogene Lerngruppen, aber auch jahrgangsgemischte, heterogene Klassenstrukturen. Gerade der ganztägige Unterricht in jahrgangsgemischten Klassen stellt eine innovative Besonderheit der Grundschule Künzing-Gergweis dar. Die Überlegungen, wie es zur jahrgangsgemischten Ganztagsklasse kam, beschreibt die Schulleitung wie folgt:

»*Aufgrund einer Elternbefragung [...] stellten wir den wachsenden Elternbedarf nach einer Ganztagsbetreuung auch bei uns auf dem Land fest. Aus der demographischen Entwicklung der Schülerzahlen erkannten wir jedoch, dass es für unsere Grundschule auf die Dauer schwierig sein würde, in jeder Jahrgangsstufe durchgängig ein Ganztagsangebot stellen zu können. Nach einer ersten Erhebung kristallisierte sich deutlich heraus, dass eine Ganztagsbeschulung in einer jahrgangskombinierten Klasse es uns ermöglichen würde, die notwendige Schülerzahl zu erbringen. Aus pädagogischer Sicht hätten die Kombiklassenkinder den Vorteil, in einem zeitlich viel größeren Rahmen mit mehr Lehrerstunden individueller und differenzierter unterrichtet und gefördert zu werden. […] Für das Kollegium bedeutet ein solches Projekt eine Herausforderung in einem weitgehend frei zu gestaltenden Zeitraum pädagogische neue Erfahrungen zu machen, eine neue Art der kollegialen Zusammenarbeit zu erproben und letztendlich die ›neue Ganztagsschule‹ der Zukunft mitzuformen.«* (Rektorin der Grundschule Künzing-Gergweis 2011)

Die jahrgangsgemischte Ganztagsklasse bietet dabei nicht nur bessere personelle und finanzielle Bedingungen durch zusätzliches Personal und Intensivierungs- bzw. Förderstunden, sondern erlaubt es auch, vielfältige Aspekte der Differenzierung und Individualisierung sowie des sozialen Lernens durch einen ganzheitlich orientierten Bildungs- und Erziehungsansatz zu realisieren – zumal wir alle wissen, dass das Lebensalter nicht dem Entwicklungsalter entspricht. Bemängeln Lehrkräfte in der Halbtagsform zuweilen die fehlende Zeit oder unzureichende personelle und räumliche Rahmenbedingungen für die individualisierenden Maßnahmen in jahrgangsgemischten Gruppen, so bietet die Ganztagsschule hierzu einen förderlichen Rahmen. Auch hat sich an der Grundschule Künzing-Gergweis ein Helfersystem etabliert, um die Sozialkompetenz der Schülerinnen und Schüler zusätzlich zu fördern und zu erweitern.

Abschließend soll zur pädagogischen Gesamtkonzeption festgehalten werden, dass sich die Grundschule Künzing-Gergweis nicht nur als Lernort versteht, sondern auch als Lebensraum, in dem sich die Kinder wohlfühlen und gerne ihre Zeit verbringen, in dem sie Freude erleben und der von gegenseitigem Vertrauen und Wertschätzung geprägt ist. Dabei darf sich die pädagogische Konzeption nicht auf das Ganztagskonzept beschränken, sondern muss sich in allen Phasen des Unterrichts und Schullebens, auch der Halbtagsschule, wiederfinden. Ein Leitprinzip stellt dabei der fächerübergreifende Unterricht dar, in dem Lehrkräfte – egal ob Klassenleitung oder Fachlehrkraft –, Erzieherinnen und weitere externe Partner zusammenarbeiten, um eine ganzzeitliche Lernkultur – gemäß Pestalozzi ein »Lernen mit Kopf, Herz und Hand« – zu ermöglichen; dabei ist ein Wertkonsens in der Unterrichtsarbeit deutlich erkennbar. Vornehmlich der Projektunterricht dient an der Schule regelmäßig der ganzheitlichen Erschließung bestimmter Themenfelder und kann durch die zeitlichen, räumlichen, personellen und pädagogischen Möglichkeiten im Ganztagsangebot gestützt werden.

Die Weckung und Förderung sportlicher Neigungen und Interessen sind zentraler Bestandteil des Schulkonzeptes, verbunden mit der Zielsetzung, den Kindern Freude an der Bewegung zu vermitteln. Die Schule hält hierzu ein reichhaltiges Angebot vor, das von Leichtathletik, Geräteturnen, Schwimmen, Tennis und Fußball bis hin zu Squash reicht. Sie versucht, den vielfältigen Begabungen der Schülerinnen und Schüler durch eine möglichst große Auswahl und zahlreiche Kooperationspartner Rechnung zu tragen. Auch die musikalische Förderung und Erziehung stellen einen konzeptionellen Schwerpunkt dar und richten sich primär nach den Interessen und der Nachfrage der Schülerschaft. Der Chor und der Instrumentalunterricht werden teilweise von den Lehrkräften der Schule, teilweise mit Unterstützung von Kooperationspartnern angeboten. Die künstlerisch-ästhetische Erziehung sowie die Förderung der Kreativität werden durch Angebote aus den Bereichen Werken, Batiken, Basteln sowie jahreszeitliche Gestaltungsangebote abgedeckt.

Einen konzeptionellen Schwerpunkt stellt schließlich die Leseförderung dar, wie bereits in den Ausführungen zur Leseoase deutlich wurde. Die Schule bietet dazu nicht nur regelmäßig Projekte und Aktionen an (z. B. Dichterlesungen, Besuch der Stadtbücherei, Arbeit mit dem computergestützten Leseprogramm Antolin, Lese-Nacht, »Promi-Lesen«), vielmehr handelt es sich dabei um ein durchgängiges Unterrichtsprinzip. Ferner ist in jeder Klasse eine Klassenbücherei vorhanden, aus der die Schülerinnen und Schüler Bücher ausleihen dürfen, die aber auch in die tägliche Lernarbeit integriert wird.

Ihren sozialerzieherischen Beitrag umreißt die Schule in der Ganztagskonzeption nicht nur in Form des angesprochenen Helfersystems, sondern vor allem mit dem Terminus »Lebensbewältigung«. Die Schülerinnen und Schüler sollen aufgrund gewandelter Sozialisationsbedingungen einen strukturierten Tagesablauf mit festen Ritualen erleben, in dem ein paar wenige, aber gleichbleibende und verlässliche Bezugspersonen immer für sie da sind – gerade dies ist nicht mehr für alle Kinder selbstverständlich. Nur auf diese Weise kann zwischen den Kindern und Jugendlichen und der Institution Schule Kontinuität sowie eine Vertrauensbasis geschaffen und weiterentwickelt werden, die für die gemeinsame Arbeit unabdingbar ist. Hierbei stellt das gemeinsame Mittagessen eine zentrale Säule dieser pädagogischen Grundidee dar, weshalb alle Schülerinnen und Schüler verpflichtet sind, an dieser Mahlzeit teilzunehmen. Dieses Element kann als soziales Herzstück des Ganztagsangebotes bezeichnet werden, da es neben der Gelegenheit zu sozialem Lernen vielfältige Kommunikationsanlässe bietet.

6. Zusammenschau

Das Schulporträt wurde mit der Absicht verfasst, dem Leser einen Überblick über das Schulkonzept und dessen bisherige Umsetzung zu geben, dabei aber auch auf Besonderheiten der Schule hinzuweisen, vor allem die jahrgangsgemischte Beschulung in einer ganztägigen Organisationsform. Denn mit der Flexibilisierung der Schuleingangsstufe und der demografischen Entwicklung wird die Jahrgangsmischung in den kommenden Jahren immer mehr (Ganztags-)Schulen tangieren.

Schon im zweiten Jahr der Implementierung jahrgangskombinierter Ganztagsklassen hat die Grundschule zahlreiche Erfahrungen gemacht, die sie nicht nur für ihre eigene Fortentwicklung nutzen, sondern im Rahmen von Fortbildungen und Netzwerkveranstaltungen auch an andere Schulen weitergeben konnte. Die vorliegende Untersuchung hat gezeigt, dass die Vorurteile und Ängste der Lehrerschaft zu Beginn sehr groß waren – gerade bei denen, die zuvor keinerlei Erfahrung mit Ganztagsschule oder Jahrgangsmischung hatten –, im Laufe der Implementierung jedoch überwunden werden konnten. Hierbei bestätigten sich die Einstellungen und Haltungen erneut als Schlüsselfaktoren, da die Lehrkräfte offen und bereit sein müssen, sich auf eine ganztägige Schulkultur einzulassen.

Der Einblick in die Schulpraxis soll den Leserinnen und Lesern Mut machen, sich durch die Umstrukturierung zur Ganztagsschule zu einer ganzheitlich orientierten Bildungsinstitution zu wandeln, die verschiedenste Talente unserer Kinder aufgreift und fördert.

Fazit und Perspektive – von der Ganztagsschule zur Ganztagsbildung

Ganztagsschulen bieten die Chance, »dass sich die traditionelle Schule verändert, demokratischer wird, zu besseren Ergebnissen und Bildungserfolgen führt und in der Gesellschaft, vor allem konkret vor Ort ein Zentrum der Generationen werden kann« (Demmer/Eibeck/Höhmann/Schmerr 2005, S. 11). Allerdings werden sie »diese positive Funktion nur haben können, wenn sie nicht zu bloßen ›Verwahranstalten mit Suppenküche‹ werden« (ebd.), weshalb Demmer u. a. zu Recht vor »lieblosen Billiglösungen ohne ›Geist‹, Konzept und Engagement« (ebd.) warnen.

Insgesamt hat die Evaluation der Ganztagsangebote seit Beginn der durch das IZBB angestoßenen Schulentwicklungsprozesse zugenommen. Ein sowohl nationales als auch internationales Forschungsdesiderat stellen aufgrund der Komplexität der Wirkungsdimensionen (z. B. Erfordernis von Längsschnittuntersuchungen, Vergleichsgruppen) immer noch die Untersuchungen zu den Wirkungen von Ganztagsangeboten dar. Der Aktionsrat Bildung fordert daher eine Forschung, »die nicht nur leistungsbezogene Wirkungen des Ganztagsbesuchs untersucht, sondern darüber hinaus in den Blick nimmt, inwieweit Ganztagsschule im Sinne einer Persönlichkeitsentwicklung von Kindern und Jugendlichen einen Beitrag zur Förderung von Lernmotivation, Interessen sowie Arbeits- und Sozialverhalten leisten kann« (vbw 2013, S. 51).

Im Folgenden sollen drei Aspekte betont werden, welche sich nach meiner Ansicht als Herausforderung in der Ganztagsschulentwicklung der nächsten Jahre erweisen werden:

- Erstens wird neben dem weiteren quantitativen Ausbau von Ganztagsschulen an den Standorten, an denen bereits seit mehreren Jahren eine Ganztagsschule etabliert ist, weiterhin eine Bestandsaufnahme im Sinne der *Qualitäts*überprüfung und Qualitäts*entwicklung* nötig sein.
- Zweitens wird die Ganztagsschule aufgrund ihrer erweiterten organisatorischen und pädagogischen Möglichkeiten immer mehr als *Rahmenmodell für weitere Schulentwicklungsprozesse* dienen; hier seien als Beispiele nur der Unterricht in jahrgangsgemischten Klassen oder inklusive Schulentwicklungskonzepte genannt.
- Drittens muss es gelingen, nicht mehr nur von Ganztagsschule, sondern im Sinne von Coelen (2008) von *Ganztagsbildung* zu sprechen. Dies erfordert die Überwindung institutioneller Grenzen (z. B. Verhältnis Hort und Schule), die Integration vorschulischer Angebote (z. B. Kooperation Kindergarten, Kindertagesstätten und Ganztagsschule) sowie die Einbindung in eine lokale Bildungslandschaft (z. B. Kooperation mit lokalen Bildungseinrichtungen wie Musikschulen, Volkshochschulen usw.).

Setzt man sich zusammenfassend mit den Perspektiven der Weiterentwicklung von Ganztagsschulen auseinander, so rückt neben einer nachhaltigen Qualitätsentwicklung und Qualitätssicherung gerade angesichts der fortschreitenden Diskussion um Bildungsregionen und Bildungslandschaften die Überwindung institutioneller Grenzen in den Fokus. Dies ist aufgrund der demografischen Entwicklung mancherorts zwangsläufig erforderlich, um nicht dieselbe »Klientel« für die jeweiligen Betreuungs- und Förderangebote umwerben zu müssen. Zum anderen kann nur so eine kontinuierliche, vernetze, nachhaltige und ganzheitliche Infrastruktur für den Betreuungs-, Beschulungs- und Fördersektor geschaffen und gewährleistet werden. Coelen schlägt hierzu den Terminus »Ganztagsbildung« (vgl. Coelen 2008) vor, der ein Bildungsverständnis von Kindern und Jugendlichen in einem erweiterten Zeitrahmen impliziert, jedoch nicht institutionell festschreibt, wie dies der Ausdruck Ganztags-*Schule* tut. Coelen zielt dabei auf die Erziehung von Kindern und Jugendlichen zu mündigen Bürgerinnen und Bürgern, die sich in der regionalen, lokalen und kommunalen Öffentlichkeit vollzieht und dadurch zweifelsohne eine sozialräumliche Perspektive aufweist (Coelen 2004, S. 248).

Die Ganztagsschule bietet sich aber auch als organisatorisches und pädagogisches Modell für innovative Schulentwicklungskonzepte an. Angesichts der Inklusionsdebatte und der PISA-Studien wendet sich die Pädagogik wieder verstärkt Konzepten der individuellen Förderung und des gemeinsamen Lernens zu – und damit auch der Forderung nach veränderten schulischen Rahmenbedingungen. Gerade eine inklusive, alle Begabungen fördernde Schule sollte nach Burow »nicht nur eine Schule für alle, ungeachtet ihrer sozialen Herkunft und Voraussetzungen sein, sondern auch eine gesunde Schule, indem sie die ›ganzheitlichen‹ Bedürfnisse ihrer Mitglieder berücksichtigt« (Burow 2011, S. 61) – und hier liegt die Antwort einer Ganztagsschule als Schule zu Zukunft ganz eindeutig auf der Hand!

In diesem Sinne sollte das vorliegende Buch einen kompakten theoretischen Überblick über die Ganztagsschule liefern, dabei aber auch immer die Schulpraxis im Blick haben und die Leserinnen und Leser auf ihrem Weg zur Schule der Zukunft begleiten.

Teil V:
Serviceteil

1. Links und Kontakte

www.bmbf.de
Aktuelle Informationen zur Ganztagsschulentwicklung auf Bundesebene und zu einzelnen Länderinitiativen finden Sie auf der Homepage des Bundesministeriums für Bildung und Forschung. Empfehlenswert sind auch die Homepages der jeweiligen Landesministerien.

www.ganztag-blk.de/home/startseite.html
Das vierjährige Verbundprojekt hatte zum Ziel, Fortbildungsbausteine und Qualifikationsprofile für pädagogische Kräfte in Ganztagsschulen zu erarbeiten. Auch wenn die Laufzeit bereits 2008 endete, finden sich auf der Seite hilfreiche Fortbildungsmaterialien und Broschüren für die Praxis.

www.ganztagsschulen.org
Es handelt sich hierbei um die Ganztagsschulseite des Bundesministeriums für Bildung und Forschung, welche neben Informationen zum »Investitionsprogramm Zukunft, Bildung und Betreuung (IZBB)« auch hilfreiche Schulbeispiele bereitstellt.

www.ganztagsschulverband.de
Auf der Homepage des Ganztagsschulverbandes finden sich Informationen zur Entwicklung der Ganztagsschule, aktuelle Veranstaltungshinweise sowie weitere Links und Literaturempfehlungen.

www.ganztaegig-lernen.de
Dieses Internetportal des Programms »Ideen für mehr! Ganztägig lernen« stammt von der Deutschen Kinder- und Jugendstiftung (DKJS) und liefert neben hilfreichen Materialien und Praxisbeispielen auch Veranstaltungs- und Fortbildungshinweise (z.B. Netzwerk- und Transferforen) sowie Informationen zu aktuellen Themen wie Inklusion, individuelle Förderung, Berufsorientierung und Schulprofilarbeit. Über die Seite gelangt man zu den jeweiligen Serviceagenturen der einzelnen Bundesländer, welche wiederum als regionale Unterstützungssysteme und Ansprechpartner zur Verfügung stehen.

www.ganztagsschulen.bayern.de
Hierbei handelt es sich um das Internetangebot für Ganztagsschulen im Bundesland Bayern, das neben Schulkonzeptbeispielen auch Unterrichtsmaterialien und Formulare zum Download bereitstellt.

www.projekt-steg.de/
Die Seite informiert über die bundesweit angelegte StEG-Studie, die Grundlagen und Zielsetzungen des Projektes, aber auch über aktuelle Forschungsergebnisse. Eine Viel-

zahl von Studien aus dem Projekt steht für den Nutzer als Download zur Verfügung. Schülerinnen und Schüler können sich über einen eigens für sie eingerichteten Link kindgerecht über die Grundzüge der Studie informieren.

2. Grundlagenliteratur zur ersten Orientierung

Appel, St./Rutz, G.: Handbuch Ganztagsschule. Konzeption, Einrichtung und Organisation. Schwalbach/Ts. 2009.
Coelen, Th./Otto, H.-U. (Hrsg.): Grundbegriffe der Ganztagsbildung. Das Handbuch. Wiesbaden 2008.
Demmer, M./Eibeck, B./Höhmann, K./Schmerr, M. (Hrsg.): ABC der Ganztagsschule. Ein Handbuch für Ein- und Umsteiger. Schwalbach/Ts. 2005.
Dollinger, S.: Gute (Ganztags-)Schule? Die Frage nach Gelingensfaktoren für die Implementierung von Ganztagsschule. Bad Heilbrunn 2012.
Dollinger, S.: 127 Tipps für die Ganztagsschule. Weinheim/Basel 2013.
Kahl, H./Knauer, S. (Hrsg.): Bildungschancen in der neuen Ganztagsschule. Lernmöglichkeiten verwirklichen. Weinheim/Basel 2007.
Knauer, S./Durdel, A.(Hrsg.): Die neue Ganztagsschule. Gute Lernbedingungen gestalten. Weinheim/Basel 2006.

Seit 2003 erscheint jährlich ein Band des »Jahrbuchs Ganztagsschule« (herausgegeben von Appel/Ludwig/Rother/Rutz im Wochenschauverlag), der über den jeweils aktuellen Stand der Ganztagsschulentwicklung informiert, aktuelle Forschungsergebnisse aufgreift und Impulse für die Ganztagsschule in Theorie und Praxis gibt.

Literatur

Altrichter, H./Helm, Ch: Schulentwicklung und Systemreform. In: Altrichter, H./Helm, Ch.: Akteure und Instrumente der Schulentwicklung. Professionswissen für Lehrerinnen und Lehrer. Band 7. Baltmannsweiler 2011, S. 13–26.

Appel, St./Rutz, G.: Handbuch Ganztagsschule. Konzeption, Einrichtung und Organisation. Schwalbach/Ts. 2005.

Appel, St./Ludwig, H./Rother, U./Rutz, G. (Hrsg.): Jahrbuch Ganztagsschule 2008. Lernkultur. Schwalbach/Ts. 2008.

Appel, St./Rother, U. (Hrsg.): Jahrbuch Ganztagsschule 2012. Schulatmosphäre – Lebenswelt – Lernlandschaft. Schwalbach/Ts. 2011.

Appel, St./Rother, U. (Hrsg.): Jahrbuch Ganztagsschule 2013. Schulen ein Profil geben – Konzeptionsgestaltung in der Ganztagsschule. Schwalbach/Ts. 2013.

Arnoldt, B./Stecher, L.: Ganztagsschule aus der Sicht von Schülerinnen und Schülern. In: Pädagogik 59/2007, S. 42–45.

Arnoldt, B.: Kooperationspartner von Ganztagsschulen: Berücksichtigung der Vielfalt. In: Böcker, P./Laging, R. (Hrsg.): Bewegung, Spiel und Sport in der Ganztagsschule. Schulentwicklung, Sozialraumorientierung und Kooperation. Baltmannsweiler 2010, S. 95–103.

Bargel, T.: Ganztagsschule – Untersuchungen zu Angebot und Nachfrage, Versorgung und Bedarf. Bonn 1991.

Becker, H.: Politik und Partizipation in der Ganztagsschule. Schwalbach/Ts. 2008.

Bellenberg, G.: Wie Kinder aufwachsen. In: Böttcher, W./Klemm, K./Rauschenbach, T. (Hrsg.): Bildung und Soziales. Statistisches Handbuch zu Daten und Trends im Bildungsbereich. Weinheim/München 2001, S. 21–36.

Berkenmeyer, N./Bos, W./Manitius, V./Hermstein, B./Khalatbari, J.: Chancenspiegel 2013. Zur Chancengerechtigkeit und Leistungsfähigket der deutschen Schulsysteme mit einer Vertiefung zum schulischen Ganztag. Gütersloh 2013.

Bertelsmann Stiftung/Institut für Schulentwicklungsforschung Dortmund/Institut für Erziehungswissenschaft Jena (Hrsg.): Chancenspiegel. Zur Chancengerechtigkeit und Leistungsfähigkeit der deutschen Schulsysteme. Gütersloh 2013. http://www.chancen-spiegel.de (30.07.2013)

Bertelsmann Stiftung: Studie sieht Mangel an Ganztagsschulen. Gütersloh 2013b. http://www.handelsblatt.com/politik/deutschland/bertelsmann-stiftung-studie-sieht-mangel-an-ganztagsschulen/8591650.html (18.10.2013)

Bettmer, F: Partizipation. In: Coelen, Th./Otto, H.-U. (Hrsg.): Grundbegriffe der Ganztagsbildung. Wiesbaden 2008, S. 213–221.

Bettmer, F.: Partizipation und Anerkennung. Voraussetzungen einer demokratischen Öffnung der Schule aus Sicht der Wissenschaft. In: Prüß, F./Kortas, S./Schöpa, M. (Hrsg.): Die Ganztagsschule: von der Theorie zur Praxis. Anforderungen und Perspektiven für Erziehungswissenschaft und Schulentwicklung. Weinheim/München 2009, S. 171–183.

Bettmer, F.: Partizipation von Schülern und Eltern. In: Kamski, I./Holtappels, H.G./Schnetzer, T. (Hrsg.): Qualität von Ganztagsschule. Münster/New York/München/Berlin 2009b, S. 144–153.

Bîrcéa, C. u.a.: All-European study on education for democratic citizenship policies. Strasbourg 2004.

Böcker, P./Laging, R. (Hrsg.): Bewegung, Spiel und Sport in der Ganztagsschule. Schulentwicklung, Sozialraumorientierung und Kooperation. Baltmannsweiler 2010.

Bönsch, M./Kohnen, H./Möllers, B./Müller, G./Nather, W./Schüürmann, A.: Kompetenzorientierter Unterricht. Selbstständiges Lernen in der Grundschule. Braunschweig 2010.
Bostelmann, A. (Hrsg.): Das Portfoliokonzept in der Grundschule. Individualisiertes Lernen organisieren. Mülheim a.d.R. 2006.
Bröckling, Ch.: Den ganzen Tag Medien. oder: Chancen für Mehr…! In: Artikel Medienbrief 2/2006. http://ganztagsschulen.files.wordpress.com/2009/03/broeckling_neu.pdf (17.02.2013)
Bundesministerium für Bildung und Forschung (Hrsg.): Investitionsprogramm »Zukunft Bildung und Betreuung« – Ganztagsschulen. Zeit für mehr. Bonn o.J.
Bundesministerium für Bildung und Forschung (BMBF): Verwaltungsvereinbarung Investitionsprogramm »Zukunft Bildung und Betreuung« 2003–2007 vom 12.05.2003. Berlin 2003.
Bundesministerium für Bildung und Forschung (BMBF): Ganztagsschulen. Zeit für mehr. Das Investitionsprogramm Zukunft Bildung und Betreuung. Bonn 2003b.
http://www.bmbf.de/pub/ganztagsschulen-zeit_fuer_mehr.pdf (15.07.2013)
Bundesministerium für Familie, Senioren, Frauen und Jugend (Hrsg.): 13. Kinder- und Jugendbericht. Bericht über die Lebenssituation junger Menschen und die Leistungen der Kinder- und Jugendhilfe in Deutschland. Berlin 2009.
Burisch, M.: Das Burnout-Syndrom. Theorie der inneren Erschöpfung. Berlin u.a. 1994.
Burisch, M.: Das Burnout-Syndrom. Theorie der inneren Erschöpfung. Heidelberg 2006.
Burk, K.: Rhythmisierung. In: Demmer, M./Eibeck, B./Höhmann, K./Schmerr, M. (Hrsg.): ABC der Ganztagsschule. Ein Handbuch für Ein- und Umsteiger. Schwalbach/Ts. 2005, S. 164–165.
Burk, K./Deckert-Peaceman, H.: (Grund-)Schule ist mehr als Unterricht. In: Burk, K./Deckert-Peaceman, H.: Auf dem Weg zur Ganztags-Grundschule. Frankfurt a.M. 2006, S. 9–26.
Burow, O.-A.: Belastung als Chance. Gemeinsam ein angenehmes Arbeitsfeld schaffen. In: Pädagogik, 50, 12/1998, S. 20–22.
Burow, O.-A.: Begabtenförderung als Impuls für Schulentwicklung. In: Steenbuck, O./Quitmann, H./Esser, P. (Hrsg.): Inklusive Begabtenförderung in der Grundschule. Konzepte und Praxisbeispiele zur Schulentwicklung. Weinheim/Basel 2011, S. 49–64.
Busse, S./Helsper, W.: Schule und Familie. In: Helsper, W./Böhme, W. (Hrsg.): Handbuch Schulforschung. Wiesbaden 2008, S. 469–494.
Coelen, Th.: Kommunale Jugendbildung. Raumbezogene Identitätsbildung zwischen Schule und Jugendarbeit. In: Schirp, J./Schlichte, C./Stolz, H.-J.: Annäherungen. Beiträge zur Zusammenarbeit von Jugendhilfe und Schule. o.O. 2004, S. 109–124.
Coelen, Th.: Demokratiepotenziale und -grenzen von Ganztagsschule und Ganztagsbildung. Berlin 2008.
Coelen, Th./Otto, H.-U. (Hrsg.): Grundbegriffe der Ganztagsbildung. Das Handbuch. Wiesbaden 2008.
Deci, E.L./Ryan, R.M.: Promoting self-determinates education. Scandinavian Journal of Educational Research. 38(1)/1994, S. 3–14.
Deinet, U.: Sozialräumliche Verbindung, Stolpersteine und Schnittmengen in der Zusammenarbeit von Schule und Jugendhilfe. In: Deinet, U. (Hrsg.): Koopration von Jugendhilfe und Schule. Opladen 2001, S. 9–21.
Demmer, M./Eibeck, B./Höhmann, K./Schmerr, M. (Hrsg.): ABC der Ganztagsschule. Ein Handbuch für Ein- und Umsteiger. Schwalbach/Ts. 2005.
Deutsche Kinder- und Jugendstiftung: Bewegt! Das Bildungslandschaftsmagazin der Deutschen Kinder- und Jugendstiftung. Wie stehen die Chancen? 1/2012. Berlin 2012.
Deutsche Kinder- und Jugendstiftung gemeinnützige GmbH (DKJS) (Hrsg.): Lernkultur, Kooperationen und Wirkungen. Befunde aus der Ganztagsschulforschung. Dokumentation 08. Dortmund 2013.
Deutscher Bildungsrat (Hrsg.): Empfehlungen der Bildungskommission. Einrichtung von Schulversuchen mit Ganztagsschulen. Stuttgart 1969.
Dewey, J.: Experience and education. New York 1963.
Dewey, J.: Democracy and education. New York 2004.

Dieckmann, K./Höhmann, K./Tilmann, K.: Schulorganisation, Organisationskultur und Schulklima an ganztägigen Schulen. In: Holtappels, H.G./Klieme, E./Rauschenbach, R./Stecher, L. (Hrsg.): Ganztagsschule in Deutschland. Ergebnisse der Ausgangserhebung »Studie zur Entwicklung von Ganztagsschulen« (StEG). Weinheim/München 2008, S. 164–185.

Dollinger, S.: Elternbeiräte und Klassenelternsprecher der Grund- und Hauptschule als konstitutive Elemente einer gemeinsamen Bildungs- und Erziehungspartnerschaft von Schule und Elternhaus. In: Hanns Seidel Stiftung e.V. (Hrsg.): Leitfaden für Elternbeiräte in Bayern 2009, S. 35–80.

Dollinger, S.: Gute (Ganztags-)Schule? Die Frage nach Gelingensfaktoren für die Implementierung von Ganztagsschule. Bad Heilbrunn 2012.

Dollinger, S.: 127 Tipps für die Ganztagsschule. Weinheim 2013.

Dollinger, S.: Die Ganztagsschule als »role model« für inklusive Schule? – Lern- und Lebensraum Ganztagsschule als Schule für Alle. In: Schenz, Ch. (Hrsg.): Forschungsperspektiven einer demokratisch-inklusiven Grundschule. (noch unveröffentlichtes Manuskript, erscheint vorstl. 2014 im Lit-Verlag).

Durdel, A.: Unterstützungssysteme für Ganztagsschulen. In: Kamski, I./Holtappels, H.-G./Schnetzer, Th. (Hrsg.): Qualität von Ganztagsschule. Konzepte und Orientierungen für die Praxis. Münster 2009, S. 163–169.

Edelstein, W.: Partizipation und Demokratielernen in der Ganztagsschule. In: Appel, St./Ludwig, H./Ruth, G. (Hrsg.): Jahrbuch Ganztagsschule. Leben, lernen, leisten. Schwalbach/Ts. 2009, S. 80–93.

Eikel, A.: Demokratische Partizipation in der Schule. Berlin 2006.

Fabisch, N.: Fundraising – Spenden, Sponsoring und mehr…Hamburg 2002.

Fend, H: Schulklima. Soziale Einflußprozesse in der Schule. Weinheim 1977.

GGT e.V.: Programmatik des Ganztagsschulverbandes. http://www.ganztagsschulverband.de (30.01.2014)

Fauser, P.: Nachdenken über pädagogische Kultur. In: Die Deutsche Schule 81/1989, S. 5–25.

Feldhoff, T./Kanders, M./Rolff, H.-G.: Schulleitung in innerer Schulorganisation. In: Holtappels, H.G./Klemm, K./Rolff, H.-G.: Schulentwicklung durch Gestaltungsautonomie. Ergebnisse der Begleitforschung zum Modellvorhaben ›Selbstständige Schule‹ in Nordrhein-Westfalen. Münster 2008, S. 146–173.

Fischer, D.: Was ist Schulkultur und wie kann man sie entwickeln? In: Jäggle, M./Krobath, Th./Schelander, R. (Hrsg.): Religiöse Dimensionen in Schulkultur und Schulentwicklung. Wien 2008.

Fischer, N.: Individuelle Förderung in der Ganztagsschule? Ergebnisse der STudie zur Entwicklung von Ganztagsschulen. In: VBE Niedersachsen »zeitnah« 10–12/2011, S. 12–14.

Fleuren, D./Rosenbusch, Ch.: Abschlussbericht: Zweite Evaluation des Programms »Ideen für mehr! Ganztägig lernen«, Mainz 2009 (unveröffentlichtes Manuskript), zit. nach Durdel, A.: Unterstützungssysteme für Ganztagsschulen. In: Kamski, I./Holtappels, H.-G./Schnetzer, Th. (Hrsg.): Qualität von Ganztagsschule. Konzepte und Orientierungen für die Praxis. Münster 2009, S. 163–169.

Gräsel, C./Fußangel, K./Pröbstel, Ch.: Lehrkräfte zur Kooperation anregen – eine Aufgabe für Sisyphos? Zeitschrift für Pädagogik, 52, 2/2006, S. 205–219.

Graumann, O.: Gemeinsamer Unterricht in heterogenen Gruppen. Von lernbehindert bis hochbegabt. Bad Heilbrunn 2002.

Grochla, E./Vahle, M./Puhlmann, M./Lehmann, H.: Entlastung durch Delegation. Leitfaden zur Anwendung organisatorischer Maßnahmen in mittelständischen Betrieben. Berlin 1981.

Grün, O.: Delegation. In: Kieser, A./Reber, G./Wunderer, R. (Hrsg.): Handwörterbuch der Führung. Stuttgart 1987.

Gudjons, H.: Pädagogisches Grundwissen. Bad Heilbrunn 2008.

Harazd, B./Gieske, M./Rolff, H.-G.: Herausforderungen an die Schulleitung. In: Bos, W./Holtappels, H.G./Pfeiffer, H./Rolff, H.-G./Schulz-Zander, R. (Hrsg.): Jahrbuch der Schulentwicklung. Band 15. Daten, Beispiele und Perspektiven. Weinheim/München 2008, S. 225–256.

Hartinger, A./Fölling-Albers, M.: Schüler motivieren und interessieren. Bad Heilbrunn 2002.

Hauschildt, J.: Innovationsmanagement. München 2004.

Helsper, W.: Schulkulturen – die Schule als symbolische Sinnordnung. In: Zeitschrift für Pädagogik. 54/2008, Heft 1, S. 63–80.

Hentig, H.v.: »Humanisierung«. Eine verschämte Rückkehr zur Pädagogik? Andere Wege zur Veränderung der Schule. Stuttgart 1993.

Hermann, U.: Lehrende und helfende Erwachsene für ganztägig arbeitende und lernende Schüler. In: Wunder, D. (Hrsg.): Ein neuer Beruf? Lehrerinnen und Lehrer an Ganztagsschulen. Schwalcach/Ts. 2008, S. 9–40.

Herzig, S./Lange, A.: So funktioniert jahrgangsübergreifendes Lernen. Mülheim a.d.R. 2006.

Hildebrandt-Stramann, R./Laging, R.: Bewegungsorientierte Gestaltung von Ganztagsschulen – ausgewählte Befunde aus dem Projekt StuBSS. In: Appel, St./Rother, U. (Hrsg.): Jahrbuch Ganztagsschule 2013. Schulen ein Profil geben – Konzeptionsgestaltung in der Ganztagsschule. Schwalbach/Ts. 2013, S. 115–124.

Höhmann, K.: Organisation von Hausaufgaben in Ganztagsschulen. In: Höhmann, K./Kohler, B./Mergenthaler, Z./Wego, C.: Hausaufgaben an der Ganztagsschule. Praxisreihe Ganztagsschule, hrsg. von Appel, St./Rother, U./Rutz, G. Schwalbach/Ts. 2007, S. 37–62.

Holtappels, H.-G.: Ganztagsschule und Schulöffnung. Perspektiven für die Schulentwicklung. Weinheim/München 1994.

Holtappels, H.G.: Schulkultur und Innovation – Ansätze, Trends und Perspektiven der Schulentwicklung. In: Holtappels, H.G. (Hrsg.): Entwicklung von Schulkultur. Berlin 1995, S. 6–36.

Holtappels, H.G.: Ganztagsschule und Schulöffnung als Rahmen pädagogischer Schulreform. In: Appel, St./Ludwig, H./Rother, U./Rutz, G. (Hrsg.): Neue Chancen für die Bildung. Jahrbuch Ganztagsschule 2004. Schwalbach 2003, S. 164–187.

Holtappels, H.G.: Ganztagsschule. Erwartungen und Möglichkeiten, Chancen und Risiken. Essen 2004.

Holtappels, H.: Beteiligung von Kindern in der Schule. In: Deutsches Kinderhilfswerk e.V. (Hrsg.): Kinderreport Deutschland: Daten, Fakten, Hintergründe. München: kopaed verlagsgmbh 2004b, S. 259–275.

Holtappels, H.G.: Grundlagen der Ganztagsschule. In: Höhmann, K./Holtappels, H.-G. (Hrsg.): Ganztagsschule gestalten – Konzeption, Praxis, Impulse. Seelze 2006, S. 10–33.

Holtappels, H.G.: Qualitätsmodelle – Theorie und Konzeptionen. In: Kamski, I./Holtappels, H.G./Schnetzer, Th.(Hrsg.): Qualität von Ganztagsschule. Konzepte und Orientierungen für die Praxis. Münster 2009, S. 11–25.

Holtkemper, F.-J.: Pädagogische Überlegungen zur ganztägigen Bildung und Erziehung. In: Speck, J.: Münstersche Beiträge zu pädagogischen Zeitfragen: Zur Problematik der Ganztagsschule. Münster 1967.

Infratest dimap im Auftrag der Bertelsmannstiftung 2010. http://www.bertelsmann-stiftung.de/cps/rde/xchg/SID-10581513-2A3E87E4/bst/hs.xsl/nachrichten_102851.htm (03.10.2011)

Kahl, R.: Der dritte Pädagoge. Münsteraner Erklärung zur Erneuerung der Schulen und anderer Bildungshäuser. Münster 2009. http://www.reinhardkahl.de/pdfs/muensteraner_erklaerung.pdf (23.01.2013)

Holtappels, H.G./Rollett, W.: Individuelle Förderung an Ganztagsschulen. In: Kunze, I./Solzbacher, C. (Hrsg.): Individuelle Förderung in der Sekundarstufe I und II. Baltmannsweiler 2010, S. 291–308.

Kamski, I.: Kooperation in Ganztagsschulen – ein vielgestaltiger Qualitätsbereich. In: Kamski, I./ Holtappels, H. G./ Schnetzer, Th. (Hrsg.): Qualität von Ganztagsschule. Konzepte und Orientierungen für die Praxis. Münster 2009, S. 110–122.

Kieser, A.: Innovation. In: Grochla, E.: Handwörterbuch der Organisation. Stuttgart 1969, S. 741–750.

Kiper, H.: Die Ganztagsschule in der bildungspolitischen Diskussion. In: Spies, A./Stecklina, G. (Hrsg.): Die Ganztagsschule – Herausforderungen an Schule und Jugendhilfe. Bd. 1: Dimensionen und Reichweiten des Entwicklungsbedarfs. Bad Heilbrunn 2005, S. 172–193.

Kiper, H.: Betreuung, Kompensation, Förderung, Integration, Beratung als weitere schulische Aufgaben. In: Blömke, S./Bohl, T./Haag, L./Lang-Wojtasik, G./Sacher, W. (Hrsg.): Handbuch Schule. Bad Heilbrunn 2009, S. 80–87.

Klein, G.: Schulen brauchen Beratung. Kollegiumsorientierte Innovationsberatung als Beitrag zur Schulentwicklung. Grundlagen, Ansätze, Perspektiven. Marquartstein 1997.

Kleinbeck, U.: Arbeitsmotivation. Entstehung, Wirkung und Förderung. München 1996.

Klieme, E./Warwas, J.: Konzepte der individuellen Förderung. In: Aufgelesen. Staatliches Studienseminar für das Lehramt an berufsbildenden Schulen Ausgabe 12/2011. Neuwied 2011.

Kohler, B.: Hausaufgaben und Ganztagsschule. In: Höhmann, K./Kohler, B./Mergenthaler, Z./Wego, C.: Hausaufgaben an der Ganztagsschule. Praxisreihe Ganztagsschule, hrsg. von Appel, St./Rother, U./Rutz, G. Schwalbach/Ts. 2007, S. 9–36.

Kolbe, F.-U./Reh, S.: Welche Unterstützung brauchen Lehrkräfte an Ganztagsschulen? In: journal für lehrerinnen- und lehrerbildung, 9, 1/2009, S. 46–49.

Konsortium zur Studie der Entwicklung von Ganztagsschulen (StEG): Ganztagsschule: Entwicklung und Wirkungen. Ergebnisse zur Studie der Entwicklung von Ganztagsschulen 2005–2010. Eine Veröffentlichung des StEG-Konsortiums. Frankfurt am Main 2010.

Krenz, A.: Das Spiel ist der Beruf des Kindes: Das kindliche Spiel als Grundlage der Persönlichkeits- und Lernentwicklung von Kindern im Kindergartenalter.
http://www.win-future.de/downloads/das-spiel-ist-der-beruf-des-kindes.pdf (29.10.2013)

Ladenthin, V./Rekus, J.: Die Ganztagsschule: Alltag, Reform, Geschichte, Theorie. Weinheim/München 2005.

Laging, R.: Bewegungsangebote und Kooperation in Ganztagsschulen – Ausgewählte Ergebnisse aus den Erhebungen von StuBSS. In: Böcker, P./Laging, R. (Hrsg.): Bewegung, Spiel und Sport in der Ganztagsschule. Schulentwicklung, Sozialraumorientierung und Kooperation. Baltmannsweiler 2010, S. 75–93.

Laging, R./Derecik, A./Riegel, K./Stobbe, C.: Mit Bewegung Ganztagsschule gestalten: Beispiele und Anregungen aus bewegungsorientierten Schulportraits. Hohengehren 2010.

Ludwig, H.: Entstehung und Entwicklung der modernen Ganztagsschule in Deutschland, Band 1. Vom Ausgang des 19. Jahrhunderts bis zum Ende des 2. Weltkrieges. Köln/Weimar/Wien 1993a.

Ludwig, H.: Entstehung und Entwicklung der modernen Ganztagsschule in Deutschland, Band 2. Die Entwicklung der modernen Ganztagsschule in Deutschland nach dem Ende des 2. Weltkrieges bis zur Gegenwart (1945–1990). Köln 1993b.

Ludwig, H.: Die Entwicklung der modernen Ganztagsschule. In: Ladenthin, V./Rekus, J. (Hrsg.): Die Ganztagsschule. Alltag, Reform, Gesichte, Theorie. Weinheim/München 2005, S. 261–275.

Ludwig, H.: Geschichte der modernen Ganztagsschule. In: Coelen, T./Otto, H.-U. (Hrsg.): Grundbegriffe der Ganztagsbildung. Das Handbuch. Wiesbaden 2008, S. 517–526.

Luijk, H.: How Dutch executives spend their day. London 1963.

Mann, S./Cadmann, R.: Boredom at work can make us more creative. The British Psychological Society 2013.
http://www.bps.org.uk/news/boredom-work-can-make-us-more-creative (10.02.2014)

Max-Planck-Institut für Bildungsforschung: PISA im Überblick. Berlin o.J. URL: https://www.mpib-berlin.mpg.de/Pisa/PISA_im_Ueberblick.pdf

Maykus, S.: Ganztagsschule und Jugendhilfe. Kooperation als Herausforderung und Chance für die Gestaltung von Bildungsbedingungen junger Menschen. Schriftenreihe Der GanzTag in NRW – Beiträge zur Qualitätsentwicklung 1/2005. Münster 2005.

Meister, G./Schnetzer, T.: Innerschulische Kooperation – Chance und Restriktion in der Entwicklung ganztägiger Konzeptionen. In: Prüß, F./Kortas, S./Schöpa, M. (Hrsg.): Die Ganztagsschule: Von der Theorie zur Praxis. Weinheim/München 2009, S. 157–169.

Menke, S.: Qualitätsstandards für Ganztagsschulen – ein Bundesländervergleich. In: Kamski, I./Holtappels, H.G./Schnetzer, Th.(Hrsg.): Qualität von Ganztagsschule. Konzepte und Orientierungen für die Praxis. Münster 2009, S. 40–60.
OECD: Anwerbung, berufliche Entwicklung und Verbleib von qualifizierten Lehrerinnen und Lehrern. Länderbericht Deutschland. o.O. 2004. http://www.oecd.org/edu/teacherpolicy (04.12.2011)
Pauli, B.: Kooperation von Jugendarbeit und Schule: Chancen und Risiken. Schwalbach/Ts. 2006.
Paulus, P.: Die gute gesunde Schule. Eine neue Perspektive für die schulische Gesundheitsförderung. In: Bewegungserziehung, 61 (02) 2007, S. 27–31.
Prüß, F.: Ganztägige Bildung und ihre Bedeutung für Entwicklungsprozesse. In: Prüß, F./Hampf, J./Kortas, S./Schöpa, M. (Hrsg.): Die Ganztagsschule: von der Theorie zur Praxis. Anforderungen und Perspektiven für Erziehungswissenschaft und Schulentwicklung. Weinheim/München 2009, S. 33–58.
Prüß, F./Hamf, J./Kortas, S./Schöpa, M.: Die gesundheitsfördernde Ganztagsschule. In: Appel, St./Ludwig, H./Rother, U./Rutz, G. (Hrsg.): Jahrbuch Ganztagsschule 2009. Leben – Lernen – Leisten. Schwalbach/Ts. 2009, S. 178–188.
Rahm, S./Schröck, N.: Wer steuert die Schule? Zur Rekonstruktion dilemmatischer Ausgangslagen für Schulleitungshandlung in lernenden Schulen. Bad Heilbrunn 2008.
Regenthal, G.: Corporate Identity an Ganztagsschulen. Schwalbach/Ts. 2006.
Reinschmidt, Ch./Werner, V.: Alle(s) in Bewegung. Spiel- und Sportangebote für die Ganztagsschule. Mülheim a.d.R. 2010.
Richter, I.: Die sieben Todsünden der Bildungspolitik. Weinheim 2001.
Röhrs, H.: Das Spiel – ein Urphänomen des Lebens. In: Röhrs, H.: (Hrsg.): Das Spiel – ein Urphänomen des Lebens. Wiesbaden 1981, S. 3–22.
Rollett, W./Spillebeen, L./Holtappels, H.G.: Schulentwicklungsprozess an Ganztagsschulen – Bedeutung systematischer Qualitätsentwicklung und der Nutzung externer Unterstützung. In: journal für schulentwicklung: Schulentwicklung im ganztägigen Lernen. 2/2012. Innsbruck/Wien/Bozen 2012, S. 8–18.
Rolff, H.-G.: Wandel durch Selbstorganisation. Theoretische Grundlagen und praktische Hinweise für eine bessere Schule. Eine Veröffentlichung des Instituts für Schulentwicklungsforschung der Universität Dortmund. Weinheim/München 1995.
Rolff, H.-G.: Studien zu einer Theorie der Schulentwicklung. Weinheim/Basel 2007.
Rolff, H.-G./Buhren, C.G./Lindau-Bank, D./Müller, S.: Manual Schulentwicklung. Handlungskonzept zur pädagogischen Schulentwicklungsberatung (SchuB). Weinheim/Basel 2011.
Sacher, W.: An manche Eltern und Familien kommt man einfach nicht heran…Vorurteile, Kontaktbarrieren und Zugänge bei sogenannter Schwererreichbarkeit. In: AJS-Informationen. Analysen, Materialien, Arbeitshilfen zum Jugendschutz. 1/2012, S. 4–8.
Scheuerer, A.: »Rhythm Is It!« – Rhythmisierung, Ganztagsschule und schulische Förderung. In: Appel, St./Ludwig, H./Rother, U./Rutz, G. (Hrsg.): Jahrbuch Ganztagsschule 2008. Lernkultur. Schwalbach/Ts. 2008, S. 53–64.
Scheuerer, A.: Rhythmisierung als Herausforderung der Ganztagsschule. In: Appel, St./Rother, U. (Hrsg.): Jahrbuch Ganztagsschule 2013. Schulen ein Profil geben – Konzeptionsgestaltung in der Ganztagsschule. Schwalbach/Ts. 2013, S. 20–38.
Schneider, V.-L./Adelt, E./Beck, A./Decka, O. (Hrsg.): Materialien zum Schulbau. Pädagogische Architektur und Ganztag. Teil 1. Der GanzTag in NRW. Beiträge zur Qualitätsentwicklung, Heft 23. Münster 2012.
http://nrw.ganztaegig-lernen.de/sites/default/files/GanzTag_2012_23.pdf (23.10.2013)
Schönknecht, G./Hartinger, A.: Lernen begleiten – Lernergebnisse beurteilen. Modulbeschreibungen des Programms SINUS-Transfer Grundschule. Kiel 2010.
Schulz-Gade, H./Schulz-Gade, G.: Zur Bedeutung des freien Spiels in der Ganztagsschule – eine Skizze. In: Appel, St./Rother, U. (Hrsg.): Jahrbuch Ganztagsschule 2013. Schulen ein Profil geben – Konzeptionsgestaltung in der Ganztagsschule. Schwalbach/Ts. 2013, S. 39–48.

Schwänke, Ulf: Der Beruf des Lehrers. Professionalisierung und Autonomie im historischen Prozeß. Weinheim/München 1988.

Sekretariat der Ständigen Konferenz der Kultusminister der Länder in der Bundesrepublik Deutschland (KMK) (Hrsg.): Bericht über die allgemein bildenden Schulen in Ganztagsform in den Ländern der Bundesrepublik Deutschland. Schuljahr 2002/03. Beschluss der Kultusministerkonferenz vom 02.01.2004. Bonn 2004.

Spillebeen, L./Holtappels, H.G./Rollett, W.: Schulentwicklungsprozesse in Ganztagsschulen – Effekte schulischer Entwicklungsarbeit im Längsschnitt. In: Fischer, N./Holtappels, H.G./Klieme, E./Rauschenbach, T./Stecher, L./Züchner, I. (Hrsg.): Ganztagsschule: Entwicklung, Qualität, Wirkungen. Längsschnittbefunde der Studie zur Entwicklung von Ganztagsschulen. Weinheim/Basel 2011, S. 120–138.

Stadterneuerungs- und Stadtentwicklungsgesellschaft (steg) Hamburg mbH/Werkstatt 3: Schule ist Partner! Kooperation mit außerschulischen Partnern (Hrsg.): Fundraising macht Schule – Ein Leitfaden der Mittelakquise für Schulen und deren außerschulischen Partner zur Unterstützung eines Ganztagsschulprogramms. o.O. 2007.
http://www.ganztaegig-lernen.de/fundraising-macht-schule (23.07.2013)

Statistisches Bundesamt (Destatis)/Gesellschaft Sozialwissenschaftlicher Infrastruktureinrichtungen (GESIS-ZUMA)/Zentrum für Sozialindikatorenforschung/Wissenschaftszentrum Berlin (WZB) (Hrsg.): Datenreport 2008. Ein Sozialbericht für die Bundesrepublik Deutschland. Bonn 2008.

Thole, W.: Kinder- und Jugendarbeit. Eine Einführung. Weinheim 2000.

Thompson, V.A.: Bureaucracy and innovation. Alabama 1969.

Vereinigung der Bayerischen Wirtschaft – vbw (Hrsg.): Zwischenbilanz Ganztagsschulen: Betreuung oder Rhythmisierung? Gutachten. Münster 2013.

Vogel, P.: Bildungstheoretische Optionen zum Problem der Ganztagsbildung. In: Otto, H.-U. u.a. (Hrsg.): Zeitgemäße Bildung. Herausforderung für die Erziehungswissenschaft und die Bildungspolitik. München 2008, S. 14–20.

Vollstädt, W.: Individuelle Förderung in der Ganztagsschule: Qualitätsansprüche und Möglichkeiten. In: Appel, St./Ludwig, H./Rother, U./Rutz, G. (Hrsg.): Jahrbuch Ganztagsschule 2009. Leben – Lernen – Leisten. Schwalbach/Ts. 2009, S. 24–37.

Wahler, P./Preiß, Ch./Schaub, G.: Ganztagsangebote an der Schule. Erfahrungen – Probleme – Perspektiven. München 2005.

Weinert, F.E.: Vergleichende Leistungsmessung in Schulen – Eine umstrittene Selbstverständlichkeit. In: Weinert, F.E. (Hrsg.): Leistungsmessungen in Schulen. Weinheim/Basel 2001.

Wiere, A.: Wie wirkt die Ganztagsschule? Forschungsfragen und Befunde. In: Gängler, H./Markert, T. (Hrsg.): Vision und Alltag der Ganztagsschule. Die Ganztagsschulbewegung als bildungspolitische Kampagne und regionale Praxis. München/Weinheim 2011, S. 33–58.

Wildfeuer, W.: Partizipation in der Ganztagsschule – Bezüge, Anregungen, Beispiele. Berlin 2011.

Wilpert, B.: Führungstheorien – Entscheidungstheoretische Ansätze. In: Kieser, A./Reber, G./Wunder, R. (Hrsg.): Handwörterbuch Führung. Stuttgart 1987, S. 756–766.

Witte, E.: Organisation für Innovationsentscheidungen. Das Promotoren-Modell. Göttingen 1973.

Wunder, D. (Hrsg.): Ein neuer Beruf? Lehrinnen und Lehrer an Ganztagsschulen. Schwalbach/Ts. 2008.

Zickgraf, P.: Eine kurze Geschichte der Ganztagsschulen. Teil 1. Bundesministerium für Bildung und Forschung (Hrsg.). Berlin 2006. http://www.ganztagsschulen.org./5134.php (17.08.2012)

Züchner, I.: Ganztagsschule und Familie. In: Holtappels, H.-G./Klieme, E./Rauschenbach, T./Stecher, L. (Hrsg.): Ganztagsschule in Deutschland. Ergebnisse der Ausgangserhebung der »Studie zur Entwicklung von Ganztagsschulen« (SteG). Weinheim/München 2008, S. 314–332.

Schule entwickeln

Hans-Günter Rolff
Schulentwicklung kompakt
Modelle, Instrumente, Perspektiven
2013, 190 Seiten, broschiert.
ISBN 978-3-407-25697-3

- *Zum schnellen Einstieg in das Thema Schulentwicklung*
- *Aktuelle Forschungsergebnisse und Praxishilfen*
- *Von dem Pionier der Schulentwicklungsforschung*

Das Buch »Schulentwicklung kompakt« systematisiert die verschiedenen Überlegungen und Ansätze, die um den Modebegriff Schulentwicklung kreisen. Nach einem kurzen historischen Rückblick fasst der Bildungsforscher Hans-Günter Rolff die wichtigsten Aufgaben der Schulentwicklung zusammen – von der Arbeit mit Steuergruppen und Professionellen Lerngemeinschaften über Change Management bis hin zu Unterrichtsentwicklung und Evaluation. Zahlreiche Instrumente für die Praxis und ein ausführliches Sachregister runden das Buch ab.

Aus dem Inhalt:
- Was ist Schulentwicklung?
- Arbeit mit Steuergruppen
- Leitbilder, Schulprogramme und Schulprofile
- Bestandsaufnahme und Entwicklungsschwerpunkte
- Professionelle Lerngemeinschaften
- Gelingens- und Misslingensbedingungen von Schulentwicklung
- Ganzheitlichkeit statt Stückwerk – Perspektiven wirksamer Schulentwicklung

Zielgruppe
Lehrer/innen, Schulleiter/innen, pädagogische Führungskräfte, Berater/innen, Weiterbildner, Bildungsforscher, Hochschuldozenten

Beltz Verlag · Weinheim und Basel · Weitere Infos: www.beltz.de

Schule entwickeln

Claus G. Buhren/Hans-Günter Rolff (Hrsg.)
Handbuch Schulentwicklung und Schulentwicklungsberatung
2012, 384 Seiten, gebunden.
ISBN 978-3-407-83176-7

Dieses Standardwerk zur pädagogischen Schulentwicklung und Schulentwicklungsberatung beruht auf langjährigen Forschungs- und Praxiserfahrungen – in der Beratung von Schulen und in der Fortbildung von Lehrer/innen, Schulleitungen, Schulaufsicht und Schulentwicklungsberater/innen. Jedes Kapitel liefert neben einer kurzen Einführung eine Vielzahl von Anregungen, Materialien, Übungen und Beispielen für die Beratungspraxis. Zudem enthält das Buch einen umfangreichen Anhang mit Instrumenten und Kopiervorlagen (auch als Download).

Aus dem Inhalt:
- Schulentwicklung und externe Beratung/Begleitung
- Steuergruppen und interne Begleitung
- Diagnostizieren, Ziele klären, Evaluieren
- Schulentwicklungskonferenzen
- Projekte in Teams planen und durchführen
- Mit Konflikten und Widerständen umgehen
- Die Rolle der Schulleitung im Schulentwicklungsprozess
- Kollegiale Fallberatung und Supervision
- Unterrichtsentwicklung als Change Management

Zielgruppe
Lehrer/innen, Schulleiter/innen, pädagogische Führungskräfte, Berater/innen, Weiterbildner, Bildungsforscher, Hochschuldozenten

Beltz Verlag · Weinheim und Basel · Weitere Infos: www.beltz.de